教师专业发展学校探索书系

RENBEN SHENGTAI DE XIAOYUAN DEYU

人本生态的校园德育

主编 林跃文 杨映琳 连建雄 黄哲敏

暨南大学出版社
JINAN UNIVERSITY PRESS
中国·广州

图书在版编目（CIP）数据

人本生态的校园德育/林跃文，杨映琳，连建雄，黄哲敏主编 .—广州：暨南大学出版社，2013.10

（教师专业发展学校探索书系）

ISBN 978 - 7 - 5668 - 0753 - 3

Ⅰ. ①人… Ⅱ. ①林…②杨…③连…④黄… Ⅲ. ①德育—教学研究—中学—文集 Ⅳ. ①G631 - 53

中国版本图书馆 CIP 数据核字(2013)第 218438 号

出版发行：暨南大学出版社

地　址：中国广州暨南大学
电　话：总编室（8620）85221601
　　　　营销部（8620）85225284　85228291　85228292（邮购）
传　真：（8620）85221583（办公室）　85223774（营销部）
邮　编：510630
网　址：http：//www.jnupress.com　http：//press.jnu.edu.cn

排　版：广州市天河星辰文化发展部照排中心
印　刷：佛山市浩文彩色印刷有限公司

开　本：787mm × 960mm　1/16
印　张：13.25
字　数：252 千
版　次：2013 年 10 月第 1 版
印　次：2013 年 10 月第 1 次

定　价：28.00 元

目　录

导　言 ………………………………………………………………………（1）
人本生态的校园德育——潮州市金山实验学校德育工作经验介绍
……………………………………………………… 连建雄　黄哲敏（1）

第一编　班级建设与学生成长 ……………………………………………（8）
利用班级活动推动班级建设和学生发展 ……………… 黄惠华（8）
建设优良班风　培育时代英才 ………………………… 林沁瑶（15）
重视主题班会的德育效应 ……………………………… 邓美玲（23）
制定阶段目标　营造良好氛围 ………………………… 陈煜伟（28）
增强班级凝聚力，创建文明班级 ……………………… 钟　瑶（31）
班风建设的有效途径——主题班会 …………………… 邱丹群（34）
巧借主题班会实现德育内化——浅析主题班会与深化德育
工作的关系 ……………………………………………… 李诗训（37）
浅谈如何增强班级的凝聚力 …………………………… 张丽莲（42）
团结就会进步 …………………………………………… 金楚玲（45）

第二编　教师成长与读书致用 ……………………………………………（48）
真诚沟通润物无声　点滴关怀育人有情——我的班主任成长
历程 ……………………………………………………… 李素炫（48）
读《发展心理学》心得——走入学生内心，感受学生所需
……………………………………………………………… 陈泽焕（57）
拥有乐观心态，做快乐班主任 ………………………… 吴晓纯（64）

学修并进，传承探索——读《弟子规》有感 …………… 蔡杰华（73）
“爱”的力量——在班级管理中渗透爱的教育 ………… 蔡巧娜（77）
班主任成长案例 ……………………………………… 张晓洁（81）
读《班主任兵法》的一点心得 ……………………… 陈　芸（89）
用行为感染学生，用真诚打动孩子——班主任成长轨迹
……………………………………………………… 赵彩娇（92）

第三编　因材施教与直抵心灵 ………………………………（97）
直抵心灵的教育——善用暗示法肯定学生 ………… 刘　霞（97）
用爱心转化后进生 …………………………………… 陈　宇（101）
从严要求，也是一种直抵心灵的教育 ……………… 佘少伟（104）
用关爱浇灌心灵之花 ………………………………… 杨　浩（107）
直抵心灵的教育——关于早恋 ……………………… 阮奕璇（110）
班主任工作中的因势利导 …………………………… 陈之长（114）
促进中层生进步的班级发展战略 …………………… 林叙贤（119）
给我一首歌的时间——“因为爱，所以爱” ……… 赖湘萍（128）
教育——从“心”开始 ……………………………… 周玉冰（132）
批评无痕，润物无声 ………………………………… 张渲滢（134）
用爱心融化心灵之冰——转化后进生德育案例 …… 程思强（137）
润物细无声 …………………………………………… 周　冰（142）
爱，需要智慧 ………………………………………… 孙玲玲（145）
直抵心灵的教育——谈班级“文明用语与行为习惯”养成
……………………………………………………… 陈晓妮（148）
守护成长中的心灵 …………………………………… 吴冰封（152）
重塑心灵的人文教育 ………………………………… 张燕玲（154）
周记——师生心灵沟通的桥梁 ……………………… 张植琴（156）
直抵心灵的教育——关心、鼓励 …………………… 蔡晓丹（160）
发掘心灵宝石　点亮人性光辉——“道德讲堂”教育课记事
……………………………………………………… 辜镇江（162）
身体力行，润物无声 ………………………………… 郑锐佳（166）
教育是一项经营人心的事业——小记初中生思想、行为转化
工作 …………………………………………………… 周　斌（168）
用“心”教育 ………………………………………… 刘炎虹（172）
从“心”开始，构筑爱的教育 ……………………… 卢银辉（175）

新班主任如何当一个好“后妈” …………………………… 陈燕曼（179）
用爱心呵护心灵，让生命绽放光彩 …………………………… 徐 蓁（184）

第四编 道德讲堂（附教案） ……………………………………（186）
让爱住我家 ……………………………………………… 辜镇江（186）
爱心·奉献 ……………………………………………… 辜镇江（188）
孝敬父母，心有感恩 …………………………………… 阮奕璇（191）
感恩的心 ………………………………………………… 赖湘萍（195）
道德讲堂——舌尖上的文明 …………………………… 蔡杰华（197）
我爱我家·感恩父母 …………………………………… 吴少洁（204）

导　言

人本生态的校园德育

——潮州市金山实验学校德育工作经验介绍

连建雄　黄哲敏

教育的目的是促进人的基本素质的相对健全和可持续发展，要达到此目的，就必须营造良好的教育生态。品德教育更是如此，学校若要有效促进学生们道德品质、行为习惯和个性的健全发展，就必须先解决好学校德育生态的健全问题。我校依托潮州古城和金山名校的历史文化传统，在学校德育工作中，着重抓好德育环境的营造、德育内容的健全、德育主体的自主互动和德育成果的积淀传承等环节，逐步形成了良好的德育生态。

一、德育环境与德育内容

（一）拓展德育园地，完善教育生态

毋庸讳言，近几十年来中小学的教育重心确有偏于书山题海的应试倾向，与此相适应的乃是教育园地的狭窄和教育生态的畸形。有鉴于此，我校几年来在努力探索教育教学管理新路子的同时，也不遗余力地拓展校内外教育园地，逐步完善自身的教育生态。归纳起来，其基本做法有三：

一是完善校内教育园地，包括“金山百年校史馆”、“金山植物环保园地”、“金山图书馆”、“历代摩崖石刻”、“选堂书廊”、“千年园·南方精华纪念碑”、“金山学子心碑”等校内教育园地与设施。

二是拓展和整合校外教育园地，包括“潮州古城文化遗产”、“饶宗颐学术馆”、“潮汕星河馆”、“110 指挥中心和戒毒所”、“叶帅故居”、“黄遵宪故居”、“梅州客家院士广场”以及“厦门集美学村”等校外定点教育园地。对

上述教育园地的利用，我们都设计了相应的教育方案。例如，针对“潮州古城文化遗产”教育园地，我校历史组开发的校本课程包含古城、古桥、牌坊街、古庙宇、古民居、戏曲、工艺、饮食、游神赛会及宗族文化十个单元，并相应组建了学生兴趣班，开展校外探究活动。

三是开展和完善校园节庆与学生社团活动，包括“新生军训”、“迎新生音乐会”、“校庆运动会及团体操”、“校庆文艺晚会”、“五四歌咏比赛”、“校园开放日系列活动”、“金山览胜（周末对外导游）活动”以及英语角等十多项学生社团活动。

实践证明，上述校内外教育园地的开拓和利用，为我校广大学生的素质教育和健康成长，提供了广阔的活动空间与和谐的生态环境，它们的开拓与利用将会延续“人杰地灵”的美妙传说。

（二）丰富德育内容，促进全面发展

关爱每一个学生，关心学生各方面的成长，为学生的终身发展打下坚实的基础，是新课标的基本理念。根据这样的教育理念，我校在营造优良的校园环境氛围的基础上，结合本校师生的特点，有计划地开展各种形式的学生自我教育活动，逐步培养学生的良好思想品德、行为习惯和学习能力，使学生在德、智、体、美、劳各方面得到全面发展。学生自我教育活动主要有：

第一，“行为知荣辱”：新生入学教育的第一课是“金山学生行为荣辱观”，简称“十荣十耻”。师生们通过共同学习、讨论和实践，逐步培养广大学生在仪表、环境、师友、课堂、操场、食堂、宿舍及交通秩序等方面的文明意识和良好习惯。在此基础上，校学生自主管理委员会（下设执勤、纪律、文宣和宿管四个部门），对学生在校内各场所的行为和班风、班容进行纠察、评比，开展文明班流动红旗竞赛，并通过年级会、广播站、宣传栏等阵地弘扬正气，抵制歪风。

第二，“心灵明爱憎”：学校政教处经常开展以“爱家庭、爱学校、爱家乡、爱祖国、爱地球”为主题的“五爱”征文、演讲比赛、手抄报比赛以及写“感恩信”给老师和家长的活动，教育广大学生“常怀感恩之心，常有珍惜之念，常负责任之感，常葆报国之志”，使学生逐步养成感恩反哺、甘于奉献的品格与价值观。校团委会也经常组织“奉献爱心，扶贫助学”捐书捐款活动，并与凤凰镇华侨中学和福南小学结成帮扶对子，通过城乡之间学生的交流互助活动，培养学生的爱心和社会责任感。与此同时，学校经常开展“拒绝毒品，远离网吧”等主题班会，邀请公安干警举行“学法守纪”、“交通安全”、“防灾抗震”等主题讲座或展览。另外，学校还与市检察院讲师团联合举行“预防在校未成年人犯罪”教育活动，使学生的法纪观念和是非判断能力日益增强。

第三，“学习有榜样”：学校重视开发社会大课堂和名人乡贤的教育资源，校团委会有计划地组织团员学生开展各种外出参观学习活动，如参观饶宗颐学术纪念馆，参观汕头“星河馆”学生科技创新大赛作品，参观厦门集美学村陈嘉庚纪念馆等。同时还邀请社会贤达来校为师生传经送宝，如请著名侨领陈伟南先生来校开讲座，交流求学问、办事业等人生经验，使广大师生领悟“事业的成功在于努力，人生的价值在于奉献”等积极向上的人生真谛，使发奋成才、报效祖国的理想成为金山学子的共同志向和奋斗动力。

第四，“知行求合一”：学校为培养学生“兴趣广泛、合作自治、探究创新、甘于奉献”的精神品格，克服学生“知”、“行”脱节的弱点，还鼓励学生自主策划、创办和管理各种学生社团，如记者社、文学社、文艺社、英语协会、毽球协会、书画协会和摄影社等。通过这些社团的活动，锻炼了学生组织、交际、调查、研究、制作广告及展示等方面的能力。同时，校团委会还以各班团支部为基本单位，开展以“师生与学校共同成长”为宗旨的金山校园“净化·美化·优化”三化综合实践课题活动：通过团员学生的调查研究提出“净化校园风气”和克服学生不良行为习惯的倡议与“文明公约”；通过集体设计和自己动手来“美化校园环境”，展示金山的灵秀和学子的灵气；通过探究试验和借鉴推广，进一步优化校园关于发展德、智、体、美、劳等方面的各种活动的形式和制度，使金山成为广大师生勤教乐学的和谐家园。

第五，“艺体有个性”：我校各教育部门在实施艺术教育和体育教育的过程中，都注重个性化和多样化的原则，积极开展学生喜见乐闻的插花、泥塑、书法、绘画、卡通、古筝、戏剧、诗歌等艺术实践活动和校园集体舞、健美操、团体操、太极拳等健体实践活动。这些个性化的教育实践活动，为青少年学生培养了有益身心且让他们终生难忘的艺术爱好和体育兴趣。

二、德育过程与德育方法

（一）开展自我教育，倡导知行合一

我校在开展各种德育实践活动时，注意发挥学生的自主性和创造性，鼓励师生充分利用和拓展校内外各种资源，吸引广大学生积极参与到人文性、实践性和综合性更强的学习活动中，以开阔知识视野、增强动手能力、完善身心素养和发展个性特长，逐步培养其知行合一的良好素养，为其一生的可持续发展打下坚实的基础。

例如，我校开展的金山校园“净化·美化·优化”三化综合实践课题活动，就是以班级团支部为载体，以校园环境和学生生活为对象，以促进校园生活的文明、健康、高效及和谐为探究方向，以团队的调查研究和改革实践为活动方法，以师生与学校的共同成长为终极目标的学生自我教育活动。在该活动中，学校团委集体完成的题为“金山校园八景评选与宣传活动”的总结报告及非毕业班各团支部课题组的调研报告共25篇，其研究方向大体可分为“校园美化”、“人际和谐”、“校园生活完善”等方面。涉及“校园美化”的子课题成果包括“金山校园八景评选与宣传活动”等6篇；涉及“人际和谐”的子课题成果包括“团结友爱，构建和谐班级”等5篇；涉及“校园生活完善”的子课题包括“中学生饮食习惯与健康”、“自主管理，构建和谐的食堂环境”、“关于改善图书馆环境及管理的调研”、“绿色上网，净化心灵，构建和谐校园”、“明智管理开支，学会健康理财”和“宿舍是我家，美化靠大家”等12篇；此外还有题为“关于校园‘留言壁’文化传承的调研”和“营造富有人文气息的学习环境”的两篇有关校园文化的营造与利用的调研报告。

上述综合实践活动及课题成果的基本特点是：①学生活动的自主性：综合实践活动只是提供了几个完善校园与学生生活的大方向，让学生自组子课题小组，自定调研方向，自订实践计划，自主解决问题，自行总结展示，因而各子课题组学生的主观能动性和选择性都得到了充分的体现。如初二（11）班开展的“关于校园‘留言壁’文化传承的调研”活动，与众不同而又不离“构建人本生态成长乐园”的大方向。②学生活动的探究性：既然综合实践活动所确定的大方向是完善校园和学生生活，那么各个子课题组的学生从发现问题、调研问题、解决问题到总结交流等环节，都应具有探究与验证的性质。如初二（10）班调研的“身体力行，创建文明校道环境”课题，就显示了该组同学多方面思考的能力与丰富的创意。③学生活动的实践性：综合实践活动不仅要求学生通过课题形式亲身实践认识问题和解决问题的调研方法，而且倡导学生们想到做到，带头完善自身言行与校园生活，从子课题的调研计划和总结报告来看，同学们确实做到了这两点，也从实践中获得了较深刻的体验。如初一（11）班的“保护环境，共建绿色校园”子课题组，虽然其调研报告比较简单，但该组成员带领同学们为全校数十种花木配置标本牌的实际行动，就是“知行合一”的好榜样。④学生活动的综合性：各类综合实践活动虽然要求学生们量力而行，自主选择感兴趣且有可行性的调研课题，但是无论题目大小，学生们都要搜集资料信息，分析解决问题，总结展示成果。这些环节都离不开分工合作与多种能力的综合运用。如校团委会组织开展的“金山校园八景评选与宣传活动”，从选景命题、摄影展示、评选统计、写导游词到组建导游队为新生及来访的小学师生讲解金山风景名胜，充分磨炼和提高了团员骨干多方面的能力与素质。

上述教育活动得到广大师生的欢迎，坚持下去自然会在潜移默化中产生良好的教育效果。今日的金山，环境更美，校风更淳，就是有力的证明。

（二）加强班级建设，传承班级文化

90后初中生过分强调个性和自我，人际交往能力较弱，合作精神不足，因而加强班级建设，创造和传承班级文化，以增强班级的凝聚力，充分发挥班集体对学生全方位、深层次的熏陶教育功能，具有重要的现实意义。我们希望通过开展各种班级活动，来建设“有机团结型”班级，并使广大学生在班级活动中逐步形成健全的人格，学会理解、认同、合作、互助和分享。例如：

1. 求同存异的系列主题班会

一个班级是一个家。我们的学生来自不同的小学，不同的家庭，能力有差异，性格有不同，素质更是良莠不齐。主题班会课能够使学生既正视自己的不足又能发现自己的亮点，并为自己找到一个恰当的定位；也能使他们奋进向上，健康快乐地成长。

例如某班级召开的“我爱我‘家’”主题班会课就很成功。其成功在于每个同学都能互相欣赏，互找亮点。这次主题班会里有一个环节是这样的，老师让每个小组的组长把一个月来每位同学的亮点都讲出来，班里的每个同学的亮点都得到宣传、认可，这使同学们更加团结，更加珍惜彼此之间的友谊。又如某班级召开的“说声‘对不起’”主题班会，真诚地说声对不起，很多矛盾就解决了。好多主题班会都朝这样的方向开展，同学们都尽情地把这种情感表达出来，从而形成积极、团结、向上的班集体。再如“文明礼仪”主题班会，利用多媒体和黑板报，通过展示、提问、抢答、表演等各个环节对学生进行多项行为规范的培养，使文明礼仪内化到学生的行为中，并成为一种自觉的习惯。还有针对社会上青少年生存状态及我国的生命教育现状召开的“珍爱生命，健康成长”，帮助学生树立正确目标的“预则立，不预则废”，引导学生正确处理男女生关系的“窗里窗外”，指导学生进一步了解自身心理特点的“夸夸我自己”等主题班会，都能让学生们在畅谈观点、展现才能中得到教育。这样的班会，使同学之间加强了了解，更重要的是使大家发现了自己所在的班级是一个充满活力、生机勃勃的集体，为生活在这样的集体而自豪愉悦，这就为今后的学习、生活奠定了一个良好的基础。

2. 励志班训与爱校爱班感言评选

同学们把对自己的人生有激励作用的格言收集起来，作为班里的励志格言；把学子的心灵感受化成校园格言，然后刻在“学子心碑”上，并教育自己的师弟师妹，同时也可以激励自己，再接再厉，积极向上，勇于登攀。另一方面，这所学校作为百年名校，它的学子们既承担着传承文化、建设家园的重任，同时又必须学习和践行“学子心碑”上的格言，建立健全自己的精神品格。如此，作为十三四岁的青少年，他们就明白自己人生的主要任务、人生方向和报国志向。例如2012届4班的“以进取写成长，让快乐记时光”，2013届6班的“学无止境方出色，胸少得失乃成功”，2013届12班的“金山乐读终成器，千里追梦共婵娟”等励志格言。励志格言、班训和爱校爱班感言的评选活动，既能陶冶学子的情操，又可增强班级的凝聚力。

3. 学情差异调查与互助合作学习

学习对子的组建，学习小组的组成，是非常重要的。同在一个班学习的学生的成绩差异实在太大，他们的学习品质、综合能力、心理素质和人格魅力都不一样，同在一个班学习，这就需要我们去建立互帮互助的学习小组，使他们能携手共进，最后达到共同健康成长、快乐学习的目的。要推动互助学习，就必须先开展学情调查。学情调查是针对班级学生在学习目的与兴趣、学习方法与计划、学科基础与成绩等方面的个体差异与阶段性变化，进行教师摸底和学生自查（一般在期中、期末考前后)，并通过问卷调查和现身说法等方式让学生互相了解、互相借鉴，进而为班级内部组建学习对子、学习小组和小老师辅导员队伍提供参考依据。通过学情差异的调查与互助合作小组的组建，我校很多班级的凝聚力大为增强。同学们在学习中彼此了解、沟通和合作，不但能健康成长，共同进步，而且也结下了深厚的友谊。

4. 多彩的集体活动与班级写真集

集体活动与班级写真集，能留下美好的回忆，能在学生心中种下永恒的爱的种子，这一切，是激励金山人的无穷动力。老师对运动会、开放日、拔河比赛、朗诵、演讲、现场作文、志愿者活动、好人好事等多姿多彩的生活剪影进行展示。能让每一次集体活动中有更多同学的亮点与才华能得到大家的赞赏，能让每个同学在每个阶段的的亮点和进步都永恒地留在相片或DV里，这就是最宝贵的精神财富。一个班有了这样的样本，能使他们懂得整个活动过程有理解，有协作，又能共同分享成功的快乐。通过多彩的集体活动和班级写真集的展示，同学们在相互理解、共同协作的基础上，更团结向上，从而增强班级的凝聚力。

5. 班级建设的其他环节

除上述四个方面之外，我校还在“班规公约与队列礼仪”、“班级Q群与文明上网”、“班委建设与班干培养”和“家长会与家长委员会建设”等班级建设环节进行了积极的实践和深入的探究，从而使我校以班级为依托的德育工作向更全面、更完善的方向顺利发展，逐步积淀和丰富了金山名校的班级文化。

6. 班级文化的积淀与传承

一个班级要想健康地发展，就要有班级的特色文化。任何文化都不是孤立的，都是在某一种文化或某一些文化的基础上发展而来的。班级文化也不例外，它是一个积淀、传承和发展的过程。例如我校班级建设的成果“学子心碑”，现已镌刻2007～2013届共七届学生的班训感言，成为新生入学训练的重要教材。近年我校各班的主题班会案例已编辑成《主题班会案例选》一书，由暨南大学出版社出版，成为师生们开展德育工作的宝贵资料。又如我校蔡杰华老师连续带了两届7班，她亲昵地称两个班为“老七”和“小七”，这两个称呼道出了历届7班亮点文化的传承性。在新生入学训练期间，该老师及时地向同学们讲述近几届7班的文化，让学生们在爱校的同时爱上班级，为后期发展班级特色文化奠定基础。班级建立初期，班级的墙壁上仍然留有上届7班的痕迹。她借此鼓励同学们向师兄师姐学习，打造一个全新的7班。在同学们轰轰烈烈的设计、讨论和票选中，班级的墙壁焕然一新，充满朝气。该老师传承中国传统节日文化，为班级嵌入“家”的元素，形成班级感恩文化。她开展了以“感恩的心”为主题的系列主题班会：在教师节、感恩节、母亲节、父亲节等重大节日到来之际，教育学生学会感恩父母、老师、同学与集体，激发同学们的感恩之情。

三、结语

综上所述，我校在“构建人本生态成长乐园”这一办学理念的指导下，充分发掘和利用各种教育资源，落实和创新各种有效育人的德育活动，进一步完善优良的校风，成为市内外闻名的初中品牌学校。2008年6月和2009年6月，教育部核心刊物《人民教育》先后以“构建人本生态的成长乐园”和“金山——师生共同的文化家园”为题刊登了长篇推介文章及校园系列相片。2011年，《中国德育》第4期上发表了题为“建设‘人本生态’校园，催生向上、宜人校风”的论文，全面介绍了我校的办学理念和成效，收到了很好的反响。上述办学业绩表明，这所既古老又年轻的学校——金山实验学校，已迈出了德育管理的新步伐。

第一编　班级建设与学生成长

利用班级活动推动班级建设和学生发展

黄惠华

［摘要］班级活动可以发现平时难以发现的某些学生的长处，也可以培养学生的集体主义精神，更重要的是能获得良机，取得良好的教育成效。丰富多彩的班级活动是塑造学生人格的广阔天地，是增强班级凝聚力的重要手段，是培养学生能力的摇篮，是提高学生素质的重要途径。班主任要利用班级活动推动班级建设和学生发展。

［关键词］班级活动；班级建设；学生发展

班级活动是学校教育活动的重要组成部分，是班级教育的常见形式，是对学生进行教育的主要渠道，是发展学生素质的基本途径。因此，班主任必须根据班级建设目标，以学生为主体，以培养为核心，以素质发展为价值取向，指导学生设计并开展丰富多彩的班级活动，这对培养学生良好的德育素质有着极其重要的作用。作为一位年轻的班主任，我一直在思考以下问题：如何做好班级建设工作？如何发挥一个班的主观能动性，从而使这个班集体始终保持积极上进的态势？通过对班级管理的研究和对学生特点的分析，我认为班主任应在班级建设的不同阶段指导开展相应的活动，从而使班集体产生巨大的吸引力和凝聚力。

一、借助多种班级活动形成积极向上、活泼和谐的班级氛围

正确的集体舆论和良好的班风是学生集体发挥其教育功能的重要因素。良好的班风是在班级活动中形成、发展起来的。在健康、有益的班级活动中，正

确、合理和健康的东西得到了弘扬与肯定，错误、不良的东西则为大家所不齿。久而久之，正确的集体舆论和良好的班风就会逐渐形成并发展起来。班主任应该借助多种活动形成正确的集体舆论和良好的班风。

（一）积极向上的主题班会

主题班会是学校实施素质教育的一种有效途径，也是学校进行德育的一种组织形式，更是班主任工作的主要阵地。因此，班主任在班会中一定要启发、引导学生摆脱被动接受教育的地位，使学生成为自我教育的主体。那么，怎样才能使学生成为班会的主体呢？让学生自己策划、实施班会，是让学生成为班级主体的最重要的措施。

每个学期初，根据学校的工作计划和班级管理目标，我都会有意识地让班干部集思广益，让同学们精心设计适合自己的年龄特点的主题班会，制订好一学期的主题班会计划，并挑选主持人，做到人人参与，富有个性。在这个过程中，学生的自治能力得到提高。

当学生之间发生矛盾时，我不仅会认真地解决矛盾，调解双方的关系，而且常常利用这些学生中常见的鲜活事例，开展主题班会、辩论、出专题墙报等多种形式的班级活动，对学生进行因势利导与教育。如针对如何看待友谊，如何区分友谊与哥们儿义气等问题进行辩论活动。这些活动不仅教育了闹矛盾的学生双方，也对全班进行了生动、形象的教育，培养了健康的班级舆论，树立正气，形成了良好的班风。

（二）寓教于乐的社团活动

206 班的孩子们多才多艺，我抓住这一点，平时注意组织引导培养，在校园开放日期间，我组织学生参加了文艺节目、书法、绘画、插花等丰富多样的活动。开放日既给了学生一个展现自己才艺的机会，又丰富了学生的课余生活。

很值得一提的是其中的四个活动：

（1）英语话剧表演。学校开放日有表演活动，为了以新颖的节目来亮相，206班学生大胆积极地构思剧本，自己准备服装、道具，通过英语话剧表演的形式，将创新版的《白雪公主和七个小矮人》表演得惟妙惟肖。通过层层选拔，最终将精彩的表演搬上校园开放日的舞台。而这个话剧小组的同学英语口语并不都是很流利的，如饰演王子的戴粲泓、饰演公主的杨曼佳等，但是因为表演的要求，大家都愿意学，甚至花上比平时多几倍的时间来排练。学生在排练的过程中，互相学习、互相指导，既激发了学生对英语学习的兴趣，又锻炼了学生自身能力，使学生获得了成就感。

（2）班级活动写真海报。用海报形式对班级活动进行展示是校园开放日的一大亮点。几个班干部和班主任开会讨论，结合校训，将活动分成四部分：勤奋篇、活泼篇、求实篇、向上篇。第一，将班级活动进行分类整理；第二，安排学生对活动的过程及意义进行描述；第三，安排熟悉电脑操作的学生集合活动相片、文字表达进行排版设计。大家分工合作，不仅提高了成员之间的合作意识，还增强了学生之间的凝聚力，对优化班级学风、营造和谐班级的氛围起到积极作用。

（3）班级演讲比赛。“一个人有了责任，就有了灵魂，他的胸怀就会比蓝天更宽阔；一个人有了责任，就有了信念，他的意志就会比高山更加坚不可摧。”本班组织了一次主题为“责任伴我行”的演讲比赛，同学们纷纷踊跃参加，用自己精彩的演讲阐述了自己对人生、责任的看法。

虽然是一次小型的演讲比赛，但是同学们对于责任的深刻理解却可见一班。学生还没有真正长大，但是他们可以做到对自己、对他人负责，认识到如果没有承担起自己的责任，我们终将失去自我，也失去他人。责任，从我做起。

（4）爱心义卖活动。这也是最让我感动和自豪的活动，因为这次活动不仅展示了206班孩子的爱心，更展示了学生组织大型活动的创意和能力。校园开放日的爱心义卖活动，是我校开放日活动的重头戏。206班曾举办过这种活动，并且收到不错的教育效果，所以今年学校把这个活动的主办权交给我班。刚接手这个任务，我既高兴又沉重，高兴的是学校对206班的信任，沉重的是该怎样在原来的基础上取得突破，争取创新方案，更加吸引来校参观的学生及家长的注意。

班干部经过激烈讨论之后，着手进行安排：第一，安排三位同学在校园发倡议书，宣讲这次募捐的目的及意义，渲染活动气氛，激发大家的热情；第二，由三位团干部带领八位同学整理募捐来的东西，分类统计，贴上标价，这也是最繁琐的一步；第三，把赠品装箱。为什么会有赠品呢？那是为了突破以往的形式，这次活动增加了“抽签”这一环节，一是增添该活动的新鲜感，二是能把一些难以打上标价的东西当做礼物送给爱心人士。另外，就算你抽不到礼物，也能收到一张充满感激之情的纸条。比如：“心与心在对话，眼与眼在传情，感谢您的善心和爱心，为贫困和重病的孩子奉送一份绵薄而真诚的帮助！”第四，志愿者招募，而我就是志愿者之一。

于是，经过一个星期繁忙而紧张的布置后，活动在浓烈的友爱、慈善的氛围中开幕了。活动开展得很顺利，不管是小孩还是大人，都带走了自己喜欢的小礼物，同时留下了自己的爱心。

一滴雨露能使失色的花儿增添颜色，一颗爱心也能让迷茫的脚步有了方向。而今，我们发起这一次爱心义卖，也许只是杯水车薪，但我们相信，这个看似微不足道却传递着人世间最美好的真情的活动，让每一个需要照顾的人都有机会感受到社会的点滴关怀，让他们了解我们的心意，唤起他们心中的希望。

参与活动的小域深有感触地说：“与他们相比，我们拥有健全的身体，有机会接受更好的教育，就更应该努力学习，为自己的理想奋斗拼搏。”

因此，举办这次活动，对学生来说，不仅让他们的沟通、合作、展示等能力得到锻炼，还使他们受到了一次深刻的思想教育。同学们在关爱、帮助他人的同时，艰苦奋斗、勤于进取的意识亦在心头悄悄萌芽。

这些活动的开展，有利于班级工作的顺利开展，有利于充分调动学生的积极性，凝聚战斗力，有利于发挥每个人的才能，张扬学生的个性，体现教育的丰富性，让学生在丰富的活动中展现才华、快乐成长，此外还有利于提高班主任教育管理的效率。

二、抓住时机引导学生参与班级活动，培养学生主人翁精神

班级是学校教育工作的基本单位，班级活动是班主任组织、培养和教育学生集体，并通过学生集体教育影响学生个体的一种有效的教育手段，也是学生集体进行自我教育的一种重要方法。

开学第一天，我班需要把同学们所需的所有新课本从图书馆搬进课室，而我班课室正位于学校教学楼最高层，所以搬书对我班来说是一个费力的工程。我并没有直接点名要求某个学生下去搬书，而是说："大概需要 10 个男生下去为集体服务——搬书，有哪些同学愿意跟我下去？"然后我径直走向楼梯。回头默数一下，以 3 个班干部为首的 7 个男同学跟了上来。我虽然嘴上没说什么，但心里感觉有点遗憾。搬书过程中，我只看见 5 个男生在费力地搬书，而其他两个早就趁机跑去校园溜达了。因为开学初课本很多，加上人手有限，所以整个搬书过程花费了将近 35 分钟。站在讲台上，我愤怒的情绪达到顶点，但我还是压制着自己，表扬了那 5 个认真搬书的男生，对其他学生那种自私自利、坐享其成的做法进行了严厉的批评教育。大家反思了 3 分钟后，女生钟伟钿第一个站起来，说："老师，我来发书。""老师，我也要参加！"……从此以后，只要是搬书，班长一声令下，几乎全体男生都参加。

期中考后每班推荐新团员，很多学生觉得这是一件班主任和班干部商议就可以决定的事情，也是一件操作起来很简单的事。但为了调动学生参与班级事务的积极性，我决定采用"演讲竞选"的方式。第一，我通报学生申请入团的基本要求，强调成绩并不是判断一个学生能否成为团员的唯一标准；另外，演讲稿中必须有对团组织的认识和对入团动机的介绍，并表明自己在入团成功

与否时的思想动态。第二，由团支书和组织委员组织报名。第三，给学生充足的准备时间，以让他们能做到脱稿演讲。在接下来的那一周的班会课上，我们的演讲竞选开始了，全班未入团的44人中有23人参加竞选，最后由全班学生投票选举。整个过程包括了从报名到演讲比赛再到赛后对各个参赛手的演讲特点进行分析并鼓励他们，尤其是对一些难得有勇气参赛但落选的同学要做好安抚工作，这比以往的推荐形式复杂了许多。活动持续了将近两周，花费了我班不少精力和时间，但是我觉得举行这种活动很有价值，因为这种活动形式在学生看来更具民主化、高透明度特征，更能吸引同学们参与其中，从而增强同学们的主人翁精神。所以，期末评选三好学生、优秀班干和优秀团员时也可以采用这种形式，以充分调动学生的积极性。

参与班级活动，同学们之间的距离明显拉近了，情感开始交融了，心中逐渐有了集体的观念。随着时间的推移，学生们的集体荣誉感、责任感增强了，原来松散的学生群体逐渐成为了学校的积极班集体。同时，在参与这些活动的过程中，学生逐渐理解了个人与集体的关系，认识到了“我”是集体中的一员，“我”的行为关系到集体的荣辱，“我”有责任为集体作贡献，学生在参与和体验中达到了自我教育的目的。

三、利用班级活动锻炼班干部的组织能力和责任感

班干部主要是实行轮值制，从原班干部中选拔工作出色的同学担任值日班干部，让其明确做值日班干部不仅仅是荣誉，更是一份责任、一份压力，并力求在自己的工作中发挥先锋模范作用。

刚开始时，班干部对班级管理工作需要有一定的适应期，这样势必给班级管理工作带来一定的影响。所以适当的时候，班主任很有必要给予正确的指导，协助值日班干部树立威信，更好地开展工作。有一次，小灿和刘勋吵架，并将刘勋的书扔出了教室，刘勋很生气，就推了小灿一下，然后两人就在教室里打了起来。这时生活委员钊晓和班长斯跃急忙劝架。得知事情起因是小灿开玩笑侮辱刘勋后，班干部责令小灿帮刘勋捡书并道歉。小灿很不服气，推开班长，径直走出教室。这时，我的出现迫使他不得不往回走。在了解了事情的来龙去脉后，我肯定了两位班干部的做法，要求小灿必须服从班干部的指挥。

一段时间后，他们的工作逐渐步入正轨并摸索出较为成熟的工作思路。这时，班主任可以追加一两位值日班干部，并让他们与现任值日班干部一起参与班级管理，在工作中观察学习，现场取经。这样，原班干部在实践中充当了下一轮班干部的培训老师，一来将对班级工作成效的影响降到最低，二来可以培养学生的合作意识和综合素质。

“养兵千日，用兵一时”，平时对班干部队伍的培养所花的工夫，在关键的时候就能体现其价值。有一次，课间几个男生在教室传篮球，对其他学生的安全造成很大威胁。班干部及时制止了这些同学的违规行为，并为他们分析这种行为可能造成的严重后果。从此以后，有体育课的当天，他们都主动在早读时间把球寄放在教师办公室。

期中考后，年级组织大型的拔河比赛，这正是考验班级凝聚力的时候，但我却在这个关键时刻由于受伤请病假而未能指导学生做筹备工作，也无法到现场给学生们加油。但是，事后在听了班干部的汇报及同事的诉说后得知，在我养病期间，班干部先组织学生报名、挑选运动员、啦啦队员，买纱布、止痛药膏等，比赛当天带领全体学生有序到操场观看比赛。全班同学也很懂事，没给班干部添乱，都很好地保持了206班的形象。而站在206班运动员最前方的是我们班平时最调皮的陈璇楷同学，上场时还发着烧，班长担心其病情加重，要求他休息，但是他依然留下来参加比赛。尽管我们没能进入复赛，但是大家没有遗憾，因为在这个过程中，大家齐心协力，我们的心是紧紧连在一起的。我很欣慰，206班的孩子们能勇于尝试和正确看待失败，206班的班干部在关键时刻能独当一面，206班的凝聚力是经得起考验的。

真正的班级活动应该以学生为主体，充分发挥学生的自主性、能动性和创造性。一旦离开了学生的主体地位，班级活动就成了“班主任活动”，那么，它对学生的教育意义将大打折扣。在实践中，除学校的一些重要活动由我指定方案外，常规的班级活动一般都是先让学生撰写策划方案，再由我进行补充和修改的。

四、结语

班级活动对于学生来说，既可以获得内心的满足和才华的展示，更能得到能力的锻炼和提高。对于班主任来说，既可以发现平时难以发现的某些学生的长处，也可以培养学生的集体主义精神，更重要的是能获得良机，取得良好的教育成效。因此，丰富多彩的班级活动是塑造学生人格的广阔天地，是增强班级凝聚力的重要手段，是培养学生能力的摇篮，是提高学生素质的重要途径。只有把对学生素质的培养贯穿在班级活动中，学生才会有长足的进步和提高。

建设优良班风　培育时代英才

林沁瑶

初一的新生，带着满怀的憧憬，踏进了期待已久的梦中校园，组成了新的班集体，一切都是崭新的开始。班级是学生成长的依托，发展的平台，班集体就是学生成长的土壤。一个优秀的班集体犹如一块肥沃的土地，在肥沃的土地上，才能耕种出丰硕的果实。新班级逐渐成长的过程，对这个班级以后的发展有着至关重要的作用，成也在它，败也在它。作为初一级的班主任，应该抓紧新生入学的最佳教育契机，帮助初一新生开始新的学习生活，以如何建设一个优秀的班集体为工作的核心问题。在工作中充分重视对学生人格的培养，各项活动的安排应体现“以人为本”，使学生学会求知与思考，学会为人与处事。一句话，要把学生作为一个“君子”或“英才”来培养、来塑造。

一、调整心态，明确目标

经过了暑假的休息，学生往往有两种倾向，一种是踌躇满志、豪情满怀、信心十足，一种是瞻前顾后、患得患失、无所适从。初一的新生还处在考上理想中学的喜庆氛围中，处在悠闲的状态中，往往模糊了自己的目标，还处在混沌的境地。而有些学生对将小学生身份转换为中学生角色感到迷茫。这个时候，应该让学生明确目标比发展智力更重要，应该具体化地把目标分为集体目标和个人目标。

（1）集体目标。把整个班集体建设成一个相亲相爱、互帮互助的大家庭，让它真正成为一个让学生快乐成长的乐园。更重要的是要让这个班集体以后成为12班每一个成员最宝贵的资源。

（2）个人目标。引导学生从跨进中学的第一天起，就给自己定一个目标，准备做一个什么样的人，是品德高尚的君子，是博览群书、妙笔生花的才子，还是将来在某一领域有独特才能的专才。就算没大的目标，至少也应该给自己定一个近期发展目标，比如要以某位模范为学习目标来完善自身，这次单元考试一定要取得怎样的进步，口头表达能力要如何提高等。

二、抓住时机，树立榜样

无论在生活上还是在学习上，我喜欢先把自己亲身经历的事情及感受讲述给学生们听，与他们一起分享我的成长历程。因为我认为真人真事能更好地吸引学生的注意力，更具有真情实感并让人印象深刻。同时，想让孩子们成为一个什么样的人，就必须先得让自己成为那样的人。不想让孩子们成为一个易沮丧、易泄气的人，不想让他们被挫折和失败打倒，就要给孩子们树立一个自信、顽强、勇敢的好榜样。希望他们仁慈和蔼，就一定要先让自己友善待人，先让他们体会到如果自己能做到这样，在他人的心目中会是怎么样的一种美好形象。只有体会到了收获成果的喜悦，才能更加有动力让自己做得更好。让我印象较深的有这样一件事：

那是新生入学培训的第二天，学校组织了我们班的学生一起游览了金山的美丽胜景并见识了金山古老而独特的文化。一路上，每抵达一个名胜风景，都有礼仪队的成员为新生们详细生动地讲解每处风景的历史及意义。当到了校史馆门前的摩崖石刻时，迎接我们的是一位“威严”的小伙子，他身穿整齐端庄的校服，精神抖擞，面带微笑，举止文雅，自信大方，口若悬河，声如洪钟，似乎整座金山都发出一道金色的光芒。有如此优秀的师兄，新生们都被深深地吸引住了，脸上流露出震撼的神情。回到教室里，我问学生觉得学校的风景怎么样及有什么收获时，孩子们纷纷发表意见并对礼仪队员啧啧称赞，还评出最出色的讲解员。趁这个时候，我对学生进行思想教育：“一年后的你们是否能做到这样呢？如果希望自己以后也可以在师弟师妹们心目中有如此光辉的形象，那你们在此时就应该以优秀的师兄师姐为目标，不断努力，赶上并超越他们。”然后我告诉学生自己在大学的时候是如何一步一步迈向理想的彼岸的。我给他们讲述了一个故事：我踏进大学的第一天，有一位端庄美丽的师姐来迎接我，她给我的第一感觉就是素质高，亲和力强，我被她深深地吸引住了。后来，我打听到她是我们学校学生会的主要学生干部，品学兼优。所以我就暗地里下定决心，要不断地向她靠近，两年后的我也要像她一样焕发光彩。经过持之以恒的努力，我最终实现了自己的愿望，也出色地完成了学业。我告诉他们，每到达一个地方，都应该找到一个自己的“形象”代言人，然后以他（她）为目标不断地向他（她）靠近。在整个过程中，孩子们都目不转睛地望着我，眼睛里都迸出了希望的火花。果然，在今后的一段时间里，我发现有不少学生明确了奋斗目标，向优秀模范看齐，严格要求个人言行。孩子们真的把我的一席话语听进了心里。

三、珍惜荣誉，凝聚集体

抓好两次大型活动——军训和运动会。如果在军训和运动会能取得一定的成绩，那么这也是建设班集体并使之产生凝聚力的契机。只有班集体有一定的佳绩，才能使本班的学生对班集体有认同感。初一新生，由于刚来到新学校，难免会感到孤独。而军训和运动会则是他们相互结识的大好机会，他们容易在这过程中走到一起。在活动中，同学们为追求一个共同目标而团结一致、不断努力，培养了班集体意识。因此，军训与运动会的成功，是学生树立班集体意识，增强集体荣誉感的重要途径。同时，在活动中，学生们相互帮助，学会恰当地处理一些摩擦和矛盾，进而增进了学生之间的友谊。当学生取得优秀成果时，老师应当及时地表扬与鼓励，激励他们不断前进。

四、春分润物，保持激情

巧夺教育时机，暂且避免学习话题。经过了六年级一年紧张的复习，孩子们早已厌倦了“学习”这两个字，开学对他们来说似乎就是把获得解放的他们重新抓回了坚固的大牢。因此，在开学之初，班主任应尽可能地避开学习的话题，更好地利用他们对新学校的新鲜感与好奇心，从学生喜爱的话题入手，例如如何装饰教室，开展什么主题班会，举行什么有趣的活动等，让学生分组探讨，最终收集意见，以此来鞭策良好班风的建设。良好的班风是学习的保证，只有建立良好的班风，才能使全班大多数同学心情舒畅地在班集体中学习、生活，学风问题也就基本得以解决。

善用间接的教学方法，取得孩子的认同。我们常常感叹孩子不听父母和老师的劝导，为他们漠视我们的良苦用心而叹惜。其实，何不换种思路和角度？不妨尝试一下间接教育法，即不直接针对孩子的问题说教，而是通过旁敲侧击式的方法对孩子进行教育引导。间接教育法表现为以下两点：①在日常工作中，注意用美好的事物来熏陶学生，如经常朗读优秀的诗歌、散文，播放动听的音乐、精彩的电影等，通过放大美好事物的“好”，让学生感觉到它时刻存在身边；②用关于父母之爱、朋友之情、恩师之德、慈善之心等的一些感人实例感染学生，让学生感受到身边充满无尽的爱。例如，在开学的第一节班会课，我就让学生一起回想之前为了实现成为金山实验学校的一份子这个梦想时，挥洒了多少辛勤的汗水。通过自身的刻苦学习还有家长各方面的付出，学生才换来今天的成功，这一切都是得之不易的。进而，让学生清楚在这所学校读书所付出的昂贵学费是家长们在外辛苦工作而挣来的，使之更珍惜在这里的每一天。

家长会的前一天，在自习课上，我先让学生观看视频《可怜天下父母心》，然后讲述自己听闻的一些关于父母是如何全心全意地为子女付出的事例，之后再让学生讲讲自己的父母是如何对待自己的，最后，让学生每个人都写一封信给自己的父母，内容主要是感谢父母以及最想与父母说的话。当时，有不少女生边写边偷偷地擦着眼泪，用真情在撰写着这封信。家长会上，我把这些信发到家长手中的同时，让同学们表演了事先准备好的一个关于父母是如何关爱自己的小话剧，紧接着就是《感恩父母》的诗歌朗诵。当场，不少家长热泪盈眶，都说自己的孩子长大了。虽然之前家长有收到过类似的信件，但这次的意义却不一样。家长会过后，我还收到一些家长给孩子写的回信。

五、投入真爱，金石为开

爱是教育力量的源泉，是教育成功的基础。从严要求是我的治班原则。但我的严不是凶，而是一种投入更多爱的严厉。正因为如此，我的严厉能被学生所接受。

班上有一个调皮的学生，新生入学时我看出他那“捣蛋”的派头，心中就有数了。在军训时，我先借着那种气场，让他领悟到老师的权威。但我知道要“收服”他，不是容易的事情。果然，开学不久，他屡次出现迟到、早退、拖欠作业等违反纪律的现象。有一次，上课铃响了很久，他才一摇一晃地走向教室，气喘吁吁，嘴唇发白，想必是刚做完剧烈运动。我喝住了他，把他带到了办公室。我不说话，只是用眼睛狠狠地瞪着他，我想，他是能读懂我的眼神的。我在他身上花了很多时间，而他却毫无改进，真是恨铁不成钢。在我的直视下，他羞愧地低下了头，良久，我才冷冷地说：“说。”随后他告诉我，他迟到是因为课间的时候跟同学去操场玩得太疯狂，而早上又没有吃饭，所以没有力气快速跑回教室。我虽然知道那可能只是借口，但毕竟是大冷的天，身体健康要紧。随后，我递给他一些面包和一杯我亲自冲的热牛奶，然后告诉他快点吃，别饿着了。或许这一切完全出乎了他的意料，他很惊讶又很惭愧地道了声谢谢。从此，这个学生再也没给班里添乱子了。

爱，可以融化冰冷的心；爱，可以感染着每一个学生，让师生的心交融在一起。所以，教师应该每时每刻都提醒自己要用爱心去教育学生，收到的将是意想不到的回报。

我自己就有这样的一段经历。曾有一段时间，我因为身体原因而请假，没能来上班。一天，两天，三天过去了，学生们纷纷发来了问候与祝福的短信。一天傍晚，电话里头响起了一个熟悉的声音，那是班里的一位学生打来的电话：“老师，身体好些了吗？同学们都很想你，却又不敢打电话打扰你，但我终于忍不住拿起了电话，你要回来了吧?”那声音显然既是兴奋的，又是颤抖着的。过了几分钟，我收到了这位学生的家长发来的信息：“林老师，孩子跟你打完电话之后哭得一塌糊涂，说她很想你，这些天你没有去上课，她的功课都落下了，都在等你回去上课。”当我收到这信息时，我感到无比激动，热泪盈眶，因为我知道那是学生对老师的爱。从这件事上我体会到了用真心去爱学生是能得到丰厚的心灵回报的，而这是只有我们教师才能拥有的精神财富。就为了学生这份纯真的爱戴之情，也为了一名教师的神圣职责和忠诚之心，我尽快赶回学校上课并在以后的工作中倾尽全力、努力付出。

六、因势引导，分层推进

“抓两头，带中间”，增强班级凝聚力。即对班级的优秀学生予以鼓励，对于班级中的一部分暂时落后的学生避免“一棒子打死”和单纯的说教，而是根据其问题的原因有针对性地开展工作，把主要工作放在激发他们的自信心和自觉性上，如果有进步就立刻给予充分的肯定和表扬。这样一来，鼓励好学生形成了班级前进的强劲动力，激励后进生形成了班级前进的强大推动力，整个班级就像高速运行的列车，不断前进。

开学不久，班里的某一位男生出现拖欠作业的现象，那天中午放学后当队列已经到达学校门口时，我突然才想起这件事情，于是就让那位男同学在校门等我。可是，当我急忙回到校门口的时候，他已经偷偷地跑回家了。我知道那是一位纪律懒散、成绩很差的学生，而且在读小学的时候对老师就有了一定的反抗情绪。那天下午，我找来那位学生，先亲切地关心他来到新学校之后的情况，然后问他自己单独回家是否孤独与危险，进而才问他中午是怎么一回事。我故意对他说我带完队之后就匆忙回来，却没有看到他，本来以为他可能上洗手间去了。因为感觉他会是一个讲信用的人，不可能失约，所以我就在门口傻傻地等他。等到 12 点过后，我觉得饿，就先离开了。我询问他事实是否正如我所猜想的。那位男生听到我这样的话语之后，不好意思地低下头告诉我是他自己不想留下而先溜走的。从此，这位同学没再犯这样的错误。

采取赞扬激励的方法，把“异类”的学生融入集体。一个班级六十多名学生，家庭情况各异，心理状况也各不相同。总有一些孤僻冷漠的学生，成绩也很不理想，整天一声不响地坐在自己的座位上甘当“丑小鸭”，胆怯得甚至不敢跟老师对视。那么，对于这些同学，应尽可能寻找机会与之交流，上课多找些简单易答的问题来提问他们，并尽力赞扬他们，同时安排他们为班级做一些具体的事情，比如负责管理图书、记录课间操情况、负责班级卫生等，逐渐地，他们就会走出孤独的角落，融入到班集体中，对班集体产生亲近感和归属感，班级气氛也会变得和谐起来。

七、精雕细琢，内外兼修

有句话说："抓在细微处，落在实效中。"眼细，心细，手细，班主任工作只有细致入微，才能使班级管理见成效。

首先，从班主任角度，对学生的学习、生活观察要细，无微不至；对学生指导要细，深入到每个细节。要认真对待学生学习中的细小错误，把小错误扼杀在襁褓中，这样，一个班的学风才会好起来。这主要体现在如何引导学生塑造良好的形象上。

"爱美之心，人皆有之。"如果告诉学生，如何使他们变得更加美丽，他们怎么会不感兴趣呢？老师应引导学生明白什么才是真正的美。美是对人的行为、思想、言论符合规范的一种赞赏。只要拥有整洁的仪表，文明的举止，纯洁的心灵，青春的朝气和高尚的人格，我们就是校园内最美的一道风景线。那么怎样才能使好的中学生形象遍布在美丽的校园里呢？

（1）形象优美。得体大方，着装整齐，符合学生身份，这就要求学生要扮演好中学生的角色，穿着打扮符合身份才是一种美。

（2）人格高尚。高尚的人格是一种发自内心的高贵气质的自然流露，也是美的表现。它主要体现在平时注重礼仪，说话得体，行为大方，强调好的生活习惯、好的学习习惯的重要性。例如：升国旗时肃立，高声唱国歌，那是一种爱国的美；不浪费粮食，那是一种节约的美；随手捡起地上的一张纸屑，那是爱护环境的美；不说脏话，那是一种自律的美。我们要在日常生活中积极吸收新的美的事物，抵制丑的恶的事物，不断提高自己的精神境界和审美能力，展现人格魅力。

刚开学，学生还无法意识到主动向老师问好的重要性。因此，我利用一次偶然的机会，向学生阐述了这样一件事情：暑假里，我常常遇到一些同学和我打招呼，一句简单的"老师好"，常常引来周围无数羡慕的目光，不是羡慕我，而是羡慕这些同学受到了这么好的家庭教育和学校教育，有这么高的素质。

（3）内涵丰富。引导学生领会丰富的知识、良好的修养，是到老不变的美。知识也是中学生形象的一种表现。丰富的知识积累对我们自身有一种潜移默化的作用，它能使你思想敏锐，聪明睿智，胸怀博大，深沉豁达，使你的"内容"丰富。

（4）自信自强。自信，能使人更加焕发光彩。因此，要善于引导学生发现他们身上的"闪光点"，扬长避短，鼓励学生，努力为学生搭建能充分展示自己的集体大舞台，让学生在集体活动中尽情展现，让学生从活动中获得成功的喜悦，增强自信。新生入学培训的第一天，学生自我介绍时，我采取学生自愿的原则，鼓励学生主动上台演讲，由个别同学起带头作用，不断地激励那些胆怯的同学征服自己，踏上讲台。在热烈的气氛之下，全班有 61 位同学都主动上台，作自我介绍。

班里有一个女孩，个子高大，身材肥胖，因此导致性格有些古怪，总是喜欢把自己封闭在一个小小的黑暗角落里，生怕被别人发现她的存在，完全没有勇气去接触其他的同学。每当集体活动的时候，我总会发现有一双充满渴望而又逃避眼神接触的眼睛在远处望着。一次偶然的机会，我发现这个女孩琵琶演奏得很不错。因此，我费了九牛二虎之力劝说她参加主题班会的演出。刚开始，她很高兴，可能是因为感觉有人还在乎自己的存在，可是后来她又犹豫了。经过我的一番劝说，她终于答应参加演出。优美动听的音乐赢得了一阵阵的掌声，小女孩脸上绽放出从未有过的喜悦。那是一种满足，一种自信。从此，班级活动里多了这个可爱女孩的身影。

其次，从学生角度，要求学生培养细心的品质与周密的思维。细心不能仅仅在做题时才注意培养，而应该在平时的学习、生活中经常性地、有意识地培养。比如说桌椅要摆放整齐，当人离开座位时，随手将椅子推入课桌底下。让学生养成良好的学习生活习惯，一来能帮助学生克服粗心的毛病，二来能使学生终身受益。

八、互助学习，和谐共进

一个优秀的班集体，离不开优异的学习成绩。即使军训与运动会可以获得佳绩，证明班级还是团结的，但是假如整体的学习成绩不理想，那么之前所获的奖项又如何使他人信服呢？所以还应该将学生推向互助学习、和谐共进的另一个台阶上。

明确学习的目的，端正学习的态度。让学生明白，为自己而学，为父母而学，为荣誉而学。教师要多激励学生一定要先把学习学好，“吃得苦中苦，方为人上人”。学生应该意志坚强，不怕困难，乐于进取，在快乐中学习。

正确看待竞争对手，良性竞争。在一个班集体中，学生有竞争意识对学习可以起到一定的推动作用，但是必须让他们明确竞争对象跟目的。“竞争的目的是共同进步”，教师应引导学生：不要只把班里的同学当成是竞争对手，班里的人退步了，不一定代表你就是进步的，竞争应以一同前进为目的。我教育学生，真正的竞争对手是全市所有同年级的学生。考满分的并不只是一个人，而可以是很多人。应该把班里的每一位同学看成自己的兄弟姐妹，不落下任何一位同学。

营造学习气氛，注重学习方法。首先采取激将法，渲染浓厚的学习气氛。经常表扬一些学习很认真的同学，给学生讲述某些同学每天如何安排一天的时间，怎么样认真地对待学习，取得多么可喜的成绩。然后选出有能力的学习品行好的班级带头人。在班内形成一种积极上进，不甘落后的学习气氛。同时要引导说服学生，放下架子，虚心好学，养成不懂就问的良好学习风气。在班里，我们成立了一个“百科医疗所”，请各科的“小状元”当各科的“小医生”，班里的学生有任何“疑难杂症”都可以找相应的“医生”就诊。当考试前夕，就组织这些“小医生”为全班同学一起排疑解难，具体的做法就是利用自习时间，先让学生复习安排的内容，然后由各科“小医生”为全班讲解各单元的重点知识点与重点练习，和全班同学一起学习，达到资源共享的目的。进而，加强个人学习，并帮助成绩差的同学。几个成绩相对较差的同学，都配置有“私人医生”，专门为他们一对一服务。例如，在复习期间，规定了他们复习的内容，经“私人医生”检查后才可过关。

有节奏地学习。想让学生持之以恒地保持着学习的激情，那是很难的。因此，我采取的是有节奏的学习，时抓时放。“放”的时候为他们多搞一些有趣的活动，尽可能地玩得愉快，例如我们这学期就开展了 3 次主题班会，在运动会前期就让他们积极地准备运动会，让学生更好地体会到该学习的时候学习，该放松的时候就尽情玩耍。

总之，教无定法。在班级建设的过程中，我们要明确建设班级的目标，以培育时代英才为重任，根据实时情况，不断地改进方法，建设优良班风。成绩和荣誉只能证明昨天，而今天，我们只有不断提高专业素养并真诚对待每位学生，才能让班级里的每位学生健康快乐地成长。作为教师，我们应该不断提高自身的教育教学水平，积极参加校内外的教师业务培训和教学交流学习活动，把他人的优秀方法合理运用到课堂上，在教学中尝试多种教学方法，力求最大限度地调动学生学习的积极性，使他们更好地掌握知识。

重视主题班会的德育效应

邓美玲

主题班会的基本特性有两个：一是教育活动的集体性和互动性；二是教育活动的专题性与针对性。这两个特性就是主题班会的价值和魅力所在。

首先，主题班会是一项重要的集体活动，是班主任进行班集体教育并影响学生的一种教育形式，它可以有效地调动学生们的高度热情和智慧对自己进行自我教育。著名教育家马卡连柯说：“教育了集体，团结了集体，加强了集体，以后，集体的本身就能成为很大的教育力量。”

其次，主题班会应选择切合学生需要和特点的教育性主题。主题班会是向学生进行思想政治教育、道德教育、法制教育和心理健康教育的一条重要渠道，是班主任工作的一项重要内容，亦是学校德育工作的重要途径之一。它有利于学生形成良好的思想品德和健康的心理素质，培养学生的自主能力和组织能力，营造和谐的班级氛围。总而言之，主题班会是德育的聚光灯，其重要性应引起我们教育者的高度重视。作为一个年轻的班主任，我深知开展主题班会是展开德育工作的有效途径。下面我就谈谈自己担任班主任工作以来在这方面的一些思考。

作为班主任，首先要从思想上对主题班会给予足够的重视。主题班会能充分发挥集体的智慧和力量，让个人在集体活动中受教育、受熏陶，从而提高综合素质。如果主题班会组织得好，它对学生思想的转化和良好班风的形成有不可低估的作用。那么，怎样组织和召开主题班会，才能更好地发挥其德育作用呢？结合我自己开展主题班会的经历，我对如下三个方面感触颇深。

一、选好班会的主题是关键

主题是整个活动的灵魂，好似一条红线贯穿于活动的始终，具有导向性作用，它将确立班会的发展方向，因此，主题的确立和策划至关重要。在选题的过程中要注意以下几点。

（1）要有目的性。主题班会需有明确的教育目的，它并不是一种形式，而是为了解决班级中存在的某一个问题或某一类问题而展开的。因此，班会主题的确定与设计，必须具有鲜明的目的性，绝不能搞形式，走过场。班主任在确定主题时必须做好计划工作，对班会要达到什么目的、取得什么样的效果等做一个设想，这样就可以防止盲目性，避免浪费物力、人力。

（2）要有针对性。也就是班会的开展要满足学生的心理需求，要知道他们渴望得到什么，是学习方法的指导，还是升入中学后交际方面的指导，还是对确立人生目标的指导等。要做到这一点，班主任平时需善于调查研究，课后多与不同层次的学生交流。总之，班主任对本班学生的精神状态、学习风气、舆论、班风和当前存在的主要问题等都要做到心中有数。这样班会的主题内容才能贴近学生实际，学生才会感受到班会与他们是密切相关的，这样他们才会关心并积极参与到班会活动中。班主任工作也能做到有的放矢，取得事半功倍的效果。

例如，在初一第一学期开学之初，班里很多学生还不能适应初中的生活，甚至不知道自己上了中学要怎么做。通过调查、课后与学生交流谈心之后，我及时开展了“角色转变——我是个中学生”主题班会，帮助班里学生尽快地从小学过渡到中学，适应即将展开的初中生涯。期中考后，针对部分学生成绩突然下降的情况，我通过多方面的调查，分析其成绩退步的不同原因，然后召开“学习方法交流会”的主题班会。这两次的主题班会都很有针对性，针对某个时期出现的某个问题，并且召开得非常及时，因此，让我在短时间内达到了预期的目的，每个学生通过班会也及时找到了适合自己的解决问题的方法。

又如，到了初一第二学期，我经常听到一些班主任在课余时间抱怨，说受到寒假、春节等的影响，再加上上学期期末考试不理想的打击，部分学生在第二学期初明显出现厌学、弃学和缺乏学习兴趣的现象，在做了谈心、批评、讲道理等一系列的工作后，收效甚微。我想，当还没深入了解学生内心的时候，一切的大道理或是一味的批评作用都不大。班主任针对这一现象可以用辩论赛的方式在全班开展“学海无涯苦作舟，还是乐作舟”的主题班会，让学生通过辩论的方式说出自己心中的一些真实想法，班主任只有在倾听并了解了学生的内心后，才能采取恰当并行之有效的应对措施。更重要的是，大部分厌学的学生在这个全班参与的活动中，能激发出一定的自我调整意识，有意识地让自己重新融入集体中，继而融入集体的学习氛围中。

总之，只要确立主题时秉着“从学生中来，到学生中去”的宗旨，体现“以人为本”的教育理念，主题班会便能够收到较好的德育效果。

二、班会的开展要注意形式多样、寓教于乐

初中阶段，正是学生人生观、世界观和价值观形成的黄金时期。此时，他们正处在长身体、长知识的阶段，活泼好动、兴趣广泛，对什么事情都有新鲜

感，但往往很反感老师站在高处，以管制者或权威者的身份跟他们谈大道理。因此，班会开展的形式应适合初中生的这些特点，只有这样，才能寓思想教育于班会之中。班会要开得热烈、活泼，让学生在欢乐愉快的过程中思想受到教育、情操得到陶冶、情感得到升华，这样才能真正达到德育效果。

虽说班会的开展有各种丰富多彩的活动形式，但也不能盲目地为了形式而开展，那样会让学生觉得华而不实，班会结束后也很难在学生心中留下“痕迹”。我觉得比较实用的有如下形式：①主题演讲；②相关知识竞赛；③辩论会；④文艺表演会；⑤游戏活动；⑥经验介绍会等。还有一点班主任应该要有的智慧，就是不管你采取哪种形式开展班会，一定要保证能在你自己的掌控范围内，如果不能，就宁可采用较传统的形式。

三、会后要善于总结反思

班主任除认真考虑主题班会的主题、设计外，还要认真考虑如何深化主题和巩固成果，认真做好班会课的总结、反馈工作。这样做的目的不仅能为本次班会划上一个完满的句号，更能为下一次班会作铺垫，甚至还能将总结出的经验运用到未来的教学实践中，解决实际问题。

（1）班会结束时要善于总结。做好班会总结是班主任的一项重要任务。总结应该起到画龙点睛的作用，使学生从班主任的总结中受到新启示、发现新境界、确立新目标，悟出自己以前未能悟出的道理。毕竟在主题班会当中，学生的认识有时并不是一致的，有积极的，也会有消极的，有时还会有分歧，甚至从他们的发言中你还会发现个别学生思想比较极端。在这种情况下，班主任就要利用总结来启发、诱导和点拨，使同学们能正确认识到事物的本质，认识到召开班会的目的，认识到自己今后应努力的方向。

同时，总结时还要注意不要正面批评或否定学生，不然会降低他们下次参与班会课的积极性。应该多表扬，少批评，要善于发现每个学生的优点并及时给予肯定或表扬，尤其是对那些敢说真话、实话并愿意分享自己心得体会的学生，班主任在总结时更应及时表扬和肯定，在全班其他同学面前树立榜样。这样做的好处是让学生每次参与班会都有成功的体验，让他们感到自己的参与、付出是有价值的，这样就会促使他们更积极地参与到今后的主题班会中。

（2）要注意结果的反馈。主题班会结束后，班主任要了解班会的作用与效果，看是否达到了预期的目的。同时，班主任要及时研究反馈信息，总结成功经验，吸取失败教训，更重要的是要走到学生中去听取意见，争取下次的主题班会更完美、更有实效。此外，在主题班会之后，要及时抓住学生思想情感方面的变化，继续加以引导，促其进步。力争在每次主题班会之后，让学生们的心灵深处都留下一些有价值的东西，并使他们在行动上有所表现。

有一次，针对班里部分后进生意志消沉、失去信心甚至自暴自弃的现象，为了进一步做好班级后进生的转化工作，我设计了一次“我为他（她）鼓掌”的主题班会，号召学生从他人身上发掘闪光点，并予以表扬鼓励。班会过程中我暗自观察这些被表扬的后进生，有的当场红着脸，有的悄悄低下了头，显得很不好意思。班会过后，一连几天我边观察边和这些后进生谈心，进一步鼓励他们，并通过与科任老师、家长的交流了解到他们不同程度的进步。其中一位平时上课爱开小差、骄傲、爱美且有点浮躁的女生，在她的周记本中真挚地向我诉说了自己被表扬后的愧疚感，并主动保证以后一定严格要求自己，把精力投入到学习中，文中有一句话让我对她刮目相看：“人有脸树有皮，今后我也要为自己争口气。”

四、要充分利用主题班会取得的成果

班主任还要善于总结、积累主题班会过程中得出的一些行之有效的方法，并适时地将其运用到实际问题中。

记得有一年的家长会，许多家长跟我反映孩子因痴迷看电视，晚上在家写作业时总是找借口从房间跑出来，又找借口在电视机前多待几分钟，为此家长们很苦恼。在交流中我得知，他们多是采用直接告知的方式来教导或批评孩子，比如数落孩子看电视时间太长、规定每天只能看多长时间、强行关电视、要求孩子回房间学习等。但结果呢？不仅没有戒掉孩子的电视瘾，甚者引起了孩子的逆反心理，激化了他们对看电视的渴望和对学习的厌烦。当时针对这个问题，我及时地组织召开了主题班会，向学生提出了四个问题：①看电视的利与弊；②从小学至今你是如何对待看电视这件事的？③如果你是父母，针对孩子沉迷看电视这个问题你会怎么说，怎么做？④有什么好方法可以让我们不染上电视瘾？全班同学以交流辩论的方式对此展开了激烈的讨论。

俗话说“三个臭皮匠赛过一个诸葛亮”，从学生们的讨论发言中，我受到很深的启发。班会后我进行了反思，总结出了一些解决此类问题行之有效的方法，那之后再次遇到有这种困扰的家长，我就会提出一些更适用的建议。我告诉家长不要再使用那些强制性的手段，正确的做法是，在孩子很想看电视的时候让他心安理得地去看，不要让他一边看电视一边觉得有负罪感。另外，家长自己在看电视上要学会有节制，以身作则，用行动取得说服力。如果连家长自己做起来都有难度、都不想做的事，为什么要求孩子能做到呢？不要让孩子因为“听话”或害怕家长才不看电视，要培养他们的理性认识和上进心，让少看电视成为他们自觉自愿的选择。我还建议家长要有意识地培养孩子的阅读习惯，这也是防止他们染上电视瘾的一个好方法。因为如果他喜欢阅读，就会从书籍的世界中发现别的感兴趣的事物，同时他的思想也会更成熟、更理性，就会知道事情的轻重缓急，不会舍得让电视浪费自己的时间。这些经验都是我从那次主题班会中总结出来的。通过这个例子，我想说的是，做好班会后的反思、总结工作能使班主任更好地成长，一定程度上提高班主任的专业技能。

总之，主题班会是班级管理的一个重要环节，也是一门学问，需要我们不断地去探索和研究，更需要我们不断地去实践。一堂好的主题班会，能够使学生终生不忘，留有深刻的记忆。这是因为这种主题班会真正触及到了学生的灵魂，真正为他们的成长注入营养。一堂好的主题班会，能够使学生的心理受到良性的触动，使学生乐于展示自己的能力和才华，使师生思想交融，使班主任的教育意图自然地转化为学生的需要。这样的主题班会活动使学生在头脑中建立起一系列条件反射，形成道德行为上高层次的动力定型，从而取得最佳的德育效果。

为了使学生养成良好的行为习惯和学习习惯，班主任必须从办好每一次主题班会抓起。只要班主任有高度的热心和强烈的责任心，发挥自己的聪明才智，认真精心地准备，就一定能使主题班会真正达到教育学生的目的，让主题班会的影响扎根到学生心中，引导学生往健康的方向发展。

制定阶段目标　营造良好氛围

陈煜伟

一个班级取得的成绩很大程度上由一个班级的氛围所决定。营造良好的班级氛围能直接提高班级的整体成绩，激发学生的学习兴趣；能提高班级的凝聚力，加强学生之间的团结协作；能改善班级的纪律，促使学生养成良好的行为习惯。因此如何营造好一个班级的氛围成为班级管理建设中最为重要的一个环节。

如何营造班级良好的氛围也是每一个班主任接任新班级开展工作的首要任务，这一点在初一新生班级中尤为明显。通过向其他老班主任的学习和请教，结合自己几年的班主任实践，我觉得为班级制定明确可行的阶段性目标能对营造一个班级的良好氛围有比较大的影响，开展得当能够取得比较好的效果。

那班级明确可行的阶段性目标应该如何制定并达成呢？

一、落实双基，找寻突破

“双基”就是学生成绩及个性的基本资料和班级已经形成或可能形成的基本氛围。在为学生制定阶段性目标、营造氛围之前，班主任做好“双基”的落实工作是十分必要的，它是目标制定和行动实施的依据。

学生成绩及个性的基本资料，我们可以通过对学生的升学成绩进行归纳分类，从整体上进行了解。这是一个很重要的环节，通过筛选，我们可以很轻易地从中挑选出几个潜力大的学生作为我们活动实施的载体，并使其成为榜样。而后，可以通过对班级原有的班干部组成（或学生资料中对学生个人经历的记录）的了解，结合开学阶段相互认识过程中的考察，挑选出几个在班级中威信较高（或者能力为他人信服）的学生，使之成为我们活动的主导者。

而班级已形成或可能形成的基本氛围，可以通过对班级当中主要群体的了解，结合原先科任老师反映的情况，大概确定并分析其成因，找寻突破口，草拟班级发展方向及教师工作目标。

二、循序渐进，有的放矢

有个大家都熟悉的物理现象，那就是合力的方向决定物体运动的方向和力度。当力都朝一个地方使的时候力量是最大的，要是能够把一个集体的所有力气都向相同的方向使，那么这个集体的力量也就能达到最大。班级管理亦是如此。当你能够引导、协助全体学生达成共识，朝着同一个目标前进，那么整个集体就会发挥最大的能量。所以明确的方向，也即明确的班级目标，对于营造一个良好的班级氛围显得尤为重要。而目标的制定必须做到循序渐进，有的放矢。

（一）目标的制定必须明确可行

这就是要保证我们的实践对象对于目标的认识有着直观的感受，心里很清楚自己要做什么，而且知道可以怎么去做。比如说，你总是希望自己的班级能够把成绩提上去，成为全年级第一。可是这个年龄阶段的孩子们虽然知道第一的概念，但是总感觉它太抽象，太遥不可及了。他们会这么想：班级成为全年级第一，不就是要自己好好读书吗？这不是跟上学的任务是一样的吗？反正和平时一样做同样的事情就好了。这样一来，孩子对目标的认识不清晰，而且在实际操作中并无多大改变，收到的效果自然也就不明显了。

“明确”：保证每个人都知道要干什么。明确目标，如告诉同学们我们这个阶段的目标就是要努力争取在入学两个月内拿下流动红旗，并通过班会课或问卷调查等形式引导学生明确拿下流动红旗的具体要求。如此，同学们就能够明确分工，谁负责，谁检查，谁监管，谁落实，所有的任务都能够具体施行，集体也就能够在同学们点滴奋斗的过程中一起进步，在他们相互协作的过程中，班级和谐友爱的气氛也就慢慢形成了。

“可行”：让每个人都能够干点什么。不是每个目标学生都能够实现的，脱离了“双基”的指导，任何班级目标都是空谈。那我们可以怎么做呢？其实很简单，让孩子们做他们会做的。对待不同的孩子，我们应该有不同的要求。如某个孩子比较调皮，那么班级的校服来了，就让其发放校服为班级做点事吧；某个孩子比较文静，那么班级的公布栏需要点缀时，就让其为班级出点力吧。结合“双基”去了解孩子，结合我们的目标让每个学生都有事可做，让每个学生都知道他们都在为班级付出，这就是“可行”。

（二）目标的制定必须是阶段性的

这是同学们特定的年龄特征所决定的，同学们往往只会看到眼前的成绩，而且特别需要这些能够较快实现的成绩目标来肯定自己，所以阶段性的目标能够很好地解决这个问题。让孩子在不断制定目标、不断实现目标的过程中获得成就感，获得彼此的肯定，并最终形成良好的集体氛围。

举个例子。针对初一新生的具体情况，我们可以按照“学年—学期—学月”不同的时间长短来制定不同的计划，当中“学月”计划尤为重要。每个学月应该有每个学月不同的具体目标。我自己根据班级的实际情况是这么操作的：入学训练，在军训中必须有所作为，取得名次并跟上年级制定的卫生要求；第二学月中，争取拿下卫生优秀班集体的荣誉，接下来是月考和期中考，那么就要成绩纪律一齐抓；在第三学月伊始就应明确班级学习成绩的具体情况，并为班级制定可以达到的学业成绩目标；第四学月开始带动学生冲刺流动红旗；最后一个学月在原有的基础上保持或增加因成绩进步而受表彰的学生人数。通过这样一系列分阶段目标的实现，学生会在不知不觉中与集体共同进步，在不断实现的目标中肯定自己，融入集体，良好的班级氛围也就日渐形成了。

班级建设是一个长期而细致的工作，无论是对“双基”的落实，还是对阶段性目标的制定和实施，这当中都需要每个班主任付出自己的耐心、真心和爱心，才能将事情办好，使得管理技巧得以奏效，真正营造一种良好的班级氛围。

增强班级凝聚力，创建文明班级

钟　瑶

初一的新生来自不同的家庭，不同的小学。每个人都是一个独立的个体，接下来他们将要连续三年生活在同一个“家”——101 班。一个良好的班级，需要一种良好的班级文化。增强班级凝聚力是班级文化建设的核心，它是一种吸引力、向心力、亲和力，更是一种推进班风建设的动力。

一、用制度去管班，培养学生的班级责任感

班级是需要制度去管理的。好的制度应该是公正、公开并能够发扬民主的；好的制度应该是能够奖勤罚懒，鼓励先进，鞭策后进的；好的制度应该也是人性化的，能够充分考虑到人性的优点与弱点。在惩罚学生时，一定要让他（她）明白，这个惩罚并非来自教师，而是来自制度，从而提高制度的权威性，增强班级凝聚力。

班里很多同学都是独生子女，在家里很少劳动。不少同学在轮流卫生值日时，出现偷懒的现象。为了培养学生对班级的责任感，养成打扫教室卫生的良好习惯，应制定相关的制度：如发现学生没打扫卫生，第一次罚扫地 1 天，第二次罚扫地 1 周。经过一个月的执行，班里扫地偷懒的同学基本没有了，班里的卫生环境越来越好，每个同学对班级这个大家庭开始负起了“呵护”的责任。

二、用真心爱学生，激发学生的班级归属感

作为“一家之长”，班主任应该爱护班级这个大家庭中的每一位成员，真正地从内心爱他们，关心他们各方面的发展和成长中的忧乐。这样能使他们感觉到老师真心的爱护，体会到大家庭的温暖，从而使得班集体真正成为团结向上、充满温暖、充满关爱且有极强凝聚力的集体。

1. 及时表扬班里的好人好事

经过一段时间的观察，我发现我们班的学生是一群爱表现自己、想得到其他人的认可的学生。所以每一个学月，我都会对班里的好人好事进行总结。在开学的第一个学月，我表扬班里的学习委员黄同学，每天很早到教室，给同学

开门，放学后总是最后一个离开教室。平时还积极参与班里的义务劳动。黄同学不仅出色地完成班干部工作，而且学习成绩稳步上升。表扬学生能让每个学生懂得，其实老师很用心地在观察他们，只要他们表现出色，就能够得到老师的认可和同学们的赞扬。

2. 关心学生的学习生活情况

学生的日常生活，往往会影响他们的学习状态。平时放学后，我都会到教室，了解他们当天的学习生活情况，比如今天哪门功课比较难，或发生了哪些有趣的事情。让学生觉得老师不仅仅是关心他们的学习，还关心他们的生活。毕竟初一的孩子们还比较小，需要老师更多的关心。我利用课余的时间，到内宿区关心同学们的生活，了解他们在生活上存在的困难，并帮助他们及时解决，让他们感到这个“家”的温暖。

三、巧用课外活动，培养学生的集体主义精神

课外活动可以培养学生的能力，同时培养学生的集体主义精神。记得开学第一个月的新生军训，同学们顶着烈日站军姿。虽然班里的同学刚认识不久，但每次军训休息的时候，在班干部的带动下，班里的同学都会互相交流。那些在军训过程中身体不适的同学，有同学会给他们倒水，鼓励他们。师生们在集体活动中的互相关心和帮助，让人觉得这是一个有爱的大家庭，是一个有凝聚力和战斗力的班集体。

军训汇操的时候，由于我们班第一个表演，有些同学因紧张而表现失常，不能发挥他们应有的水平。汇操结束后，不少同学很失望、后悔。后来当公布我们班获得二等奖的时候，全班同学都欢呼起来，紧紧地抱在一起。在军训结束班会上，我跟同学们说：“我们获得了二等奖，这些都是班里每一位同学用汗水换来的成果。这个荣誉属于我们班里的每一个同学。在这次比赛中，虽然我们出现失误，但还能获得这份荣誉，说明我们班的同学是很出色的。老师希望在以后的日子里，我们班的同学能够发挥集体主义精神。相信我们会是一个出色的班级。”

现在班里的同学无论是在学习上还是在生活上，都能够自觉地相互帮助，形成了一个有集体主义精神的班集体。在这样一个班集体中，谁都不想“掉队”，大家也不会让谁“掉队”！

四、利用主题班会引导学生自我教育、共同成长

不少家长跟我反映，自从升上初中后，自己的子女很少跟他们沟通，经常因为彼此观点不相同而发生争吵。子女没法明白家长的苦心，这让家长感到很

苦恼。

作为老师，我们不仅要教学生怎么读书，还要教他们如何做人，因此我班开展了“感恩的心”主题班会。我专门从网上下载了视频《感恩的心》，用实际的例子向学生说明，父母在自己的成长过程中，付出很多很多，这些是我们容易忽略的地方。当视频播放结束后，班里大部分同学都哭了。然后我趁热打铁用自己经历过的实际例子来打动学生，触动同学们的内心深处。最后，由学生发言，说出在日常生活中，他们如何对自己的父母表示感谢。这一课让感恩的心一直伴随在他们的身边。此后，每当科任老师身体稍有不适，同学们都会主动关心老师的身体情况，这让老师们觉得我们班的同学都很有爱心。

一个良好的班级，需要有很强的凝聚力。增强班级凝聚力，说起来容易，做起来难。这需要在平时的工作中不断地摸索，在发现问题后不断地进行完善！

班风建设的有效途径——主题班会

邱丹群

主题班会，是指班主任及学生根据当前形势和学校的中心工作，联系学生的实际情况，围绕某一个主题，指导班委会或团支部组织领导而开展的学生自我教育活动，目的在于向学生宣传某个思想观点或培养学生的某种道德品质。

中学生正处在人生观、世界观的形成阶段，人生阅历有限，具有辨别是非能力弱、模仿能力强、猎奇心理重的年龄特点。来自社会各个方面的影响，尤其是当前网络及其他传播媒介的普及，使学生在接收大量有用信息的同时，也更容易接触到更多不良信息，因此他们容易在是非观念上出现偏差，甚至一些本来正确的观念，也容易因为某些原因而扭曲，盲从一些不良行为。开展主题班会，目的是及时宣传正面的观念，强化学生正确的道德观念，增强学生的判断能力，从而使他们能够自觉抵制不良风气的侵蚀，以此引导学生形成良好的行为习惯。但是初中生正处在青春期的成长阶段，开始有了自己的想法，由于青春期的叛逆性，他们经常对家长和老师的教育存在一定程度的反抗心理，而更容易接受同龄人、特别是同学的影响。而主题班会的教育正是通过学生的集体教育和自主教育来实现的，由于学生亲身参与了主题班会的整个策划组织过程，因此其内容更容易为学生接受，也容易在学生中形成正确的共识，最终达到集体教育的目的，并形成良好风气。

一、如何利用主题班会进行班风建设

一次成功的主题班会，会对学生的思想产生巨大的震动和感染力，会对学生的行为产生深远的影响和教育，也是进行班风建设的有效途径。那么如何才能让主题班会成为教育学生以及建设班风的有效途径呢？作为班主任，我认为主要从以下方面着手。

（一）班会主题的确立

首先，班会课主题的确立必须有很强的针对性和可操作性，教育的目的一定要明确。要深入了解学生，班主任应针对学生中近期存在的倾向性问题及时作出分析，并且进行正确归因，寻找解决问题的方法，找到教育的突破口。

初二上学期开学后不久，班里一名女生小陈放在教室里的课本被人恶意撕破，而且上面还夹了一张辱骂她的纸条，小陈对此伤心不已，一些正义感较强的学生也很气愤。通过了解，我猜测到是另一名姓吴的女生所为，而小陈和小吴两人不久前发生过矛盾。结合以前班里的一些情况，我觉察到，部分学生不懂得合理处理人际关系，经常过分以自我为中心，几乎完全忽略别人的感受。因此，我在班里开展了一次“友谊地久天长”的主题班会。在这个主题班会课上，我将小陈和小吴的矛盾以小品的形式展示出来，然后让学生进行评论，还特地让小陈和小吴的好朋友发表了自己的看法。

通过讨论，学生们得出结论：同学之间有矛盾应该坦诚相对，一起解决问题，小吴采取这种方式是错误的；小陈虽然是受害者，但是也可能存在一定的过错，同样要反省自己；小陈不必因此而伤心，不必拿别人的错误来惩罚自己。小品讨论之后，我进一步引申到平时同学之间如何相处的问题上，请学生讲出自己在和同学相处时做得不妥的地方，进行自我批评。就这样，同学们你一言，我一语，说出了自己和别人相处时的矛盾，也相互提供了很多解决矛盾的办法，主题班会在活跃的气氛中圆满地结束了。

主题班会后，小吴主动向小陈道歉，两人和好如初。而在之后的周记里，很多学生都提到了这次主题班会，告诉我这次主题班会化解了自己和别人之间的矛盾。而整个班集体也在主题班会后，显得更加团结上进了。

所以，班会主题的确立，一定要有很强的针对性，要了解学生的心理，知道他们在想什么，需要哪一方面的指导，才能够真正打动学生的心，教育才会有明显的效果。

（二）主题班会的形式

初中生大多数性格活泼，喜欢新颖、有趣且参与性强的活动，因此，在主题班会形式的设计上，也要适应初中生的性格特点，力求形式多种多样，如表演、朗诵、辩论、调查、讨论、播放视频及游戏等。每次主题班会，可以适当选择其中若干形式，使班会内容充实，趣味性强，也更容易为学生所接受。如我在组织“文明礼仪”主题班会时，先通过一段视频和学生自己编导的小品，对比展示了文明行为和不文明现象，然后通过组织学生讨论，得出结论：讲文明守礼仪的公民才是好公民。在此基础上，通过发放简单的调查问卷，调查学生对不文明行为的态度，而调查的结果是大多数学生都表示不接受不文明行为，特别是很多女同学批评了在学生当中比较常见的不文明行为——说脏话。最后进行的是文明礼仪的知识竞赛，其间学生们都争相竞答。由于主题班会中运用了多种形式，学生参与度很高，那些平时不注意文明礼仪的学生也从中意识到自己的行为令人厌恶，于是开始重视并努力改正自己一些不文明的行为习惯。班会后，学生讲文明守礼仪的意识大为加强，不文明的行为也明显减少，班会取得了很好的教育效果。

因此，形式多样的主题班会不仅会让学生感到有新意，能激起学生心灵的共鸣，并让学生在参与过程中受到教育，而且还能在活动中折射出知识性、创造性和思想性，符合教育科学的客观规律。

二、主题班会结束后的强化教育

教育从来都是一项长期的工作，思想教育更是如此。一次成功的主题班会，能在学生中形成思想上的共识，对增强班集体凝聚力、促进班风建设有很大的作用。但是，班会的成功结束并不意味着对学生教育的结束。由于学生思想的不稳定性，以及周围环境的影响，各种问题也会随之发生。这就要求班主任对学生思想行为进行追踪，善于抓住各种机会，把主题班会中所体现出来的有益因素放大强化，让班会上形成的良好思想转化为学生自身的优秀品质以及行为习惯，伴随其终身。

另一方面，由于在主题班会上所形成的思想上的统一是相对的，这也就意味着会有不同观点的存在，这些不同的观点可能是正面的，也可能是负面的。作为班主任，要及时关注这些不同的观点。对于正面的不同观点，班主任可以鼓励学生保留，甚至应用到日常班级管理中。如在“好好学习”的主题班会中，就有学生提出了学习光靠自己勤奋刻苦还不行，还需要互相帮助的建议。因此，在班会结束后，我在班里组织了学习互助小组，利用课余时间开展互助学习，通过学习小组内部的互助活动以及小组之间的竞争，班级的学习氛围有了很大提高，部分学生的成绩也取得了明显进步。

对于负面的观点，班主任也要谨慎对待。班主任可以通过个别交谈、帮教等不同方式进行说服，阻止这种负面观点的蔓延，以防其在班级中造成不良影响，破坏整个集体在班会上所达成的共识，并影响班级风气。如在“文明礼仪”主题班会后，我发现仍有个别学生认为说脏话是豪爽、有男子汉气概的表现，因此在班会结束后，我和这名学生进行了交谈，通过讲述名人伟人的故事，让他认识到真正的男子汉气概是一种沉稳、内敛、敢做敢当和正义的品质，而不是靠说脏话来表现的，从而纠正了这名学生的错误观点。

在主题班会后进行及时的跟进，并适当根据学生的不同情况进行指导，保证了主题班会的教育效果。

巧借主题班会实现德育内化

——浅析主题班会与深化德育工作的关系

李诗训

[摘要] 德育是教育中一个重要的环节，主题班会是学校德育课的有效补充和延伸，是学校加强德育工作、提高德育实效性的重要途径。作为班主任，在班级管理中应真正做到道德内化，使思想道德教育真正入耳、入脑、入心，又使其进一步转化为每位学生的自觉行动。在此方面，科学有效的主题班会能起到积极的促进作用。

[关键词] 德育；主题班会；班主任

十年树木，百年树人。教育工作者的职责是教书育人，而班主任是班级的直接管理者，在班级管理中对学生进行思想道德教育是班主任的职责和义务。主题班会是实施这一责任和义务的有效途径和形式，形式生动、主题突出，集趣味性、艺术性、知识性于一体的主题班会历来是深受学生欢迎的德育教育模式。班主任作为班集体的组织者、领导者，应当发挥主题班会在德育教育中的作用，使之如同春风化雨，沁入学生的心扉，滋润学生的心田。

我认为，有效的主题班会课应是师生智慧的结晶，是师生之间情感的交融，也是学生接受教育和自我教育的黄金时段。如果主题班会能做到主题鲜明、内容充实、形式活泼，将会取得意想不到的效果。结合自身的班主任工作，我就如何创设德育主题班会提出以下看法。

一、围绕“三有”，增强班主任在德育主题班会中的作用

首先，班主任对主题班会要做到“有心”，要善于抓住德育渗透的契机。班主任要对主题班会渗透德育有充分、深刻的认识，并形成一种职业习惯。在主题班会的筹备过程中，要始终把有没有正确的思想认识，是否进行德育渗透视为首要问题。只有处处有心留意，才能“见缝插针”地捕捉到学生所需要的道德教育。

班主任的“有心”应体现在生活中的方方面面，留意社会上的时事热点，结合学生的实际情况，有意识、有目的地确定班会的主题，以达到对学生进行

德育教育的目的。譬如，2011 年 3 月，日本发生了里氏 9 级大地震，各大媒体都以大篇幅对其进行全方位的报导，同学们在周记里也表现出对此事的关注。我意识到这是一个教育学生的大好时机，于是我选取适当时机召开了“地震与地震自救”的主题班会，让同学们对地震有更全面的了解，学习并演示了地震自救的方法。同时，主持人在提出“在日本大地震后，我们能做些什么?”这一问题时，我及时引导同学们从人道主义的角度出发，去关注灾区人民，让他们明白天灾面前，大家必须更加团结，尽力为灾区作出贡献，由此较好地实现了本次班会进行德育渗透的目标。这一例子告诉我们，只有紧密联系生活实际，高度重视学生的思想认识，让学生能随同教师真正地投入感情，从中受到启发，才谈得上是真正的德育渗透。

其次，班主任对主题班会要做到“有识”，要全方位扩充知识，提高技能。班主任利用主题班会渗透德育，往往要运用各方面的知识。中华文明上下五千年，囊括了政治、经济、军事、外交、科学、艺术、宗教、风俗等各个方面。这就对班主任提出了一个最基本的硬要求——宏博、专精、扎实的学识功底。如果仅仅拘泥于已有的经验和课本所涉及的内容，而不注意随时随地吸收研究的新成果，不懂得触类旁通、吐故纳新，那这样的主题班会虽然能做到面面俱到、条理清晰，但缺乏信息量和剖析事理的深度，因而难免照本宣科，缺乏德育渗透的力度，少有刻骨铭心的教育效果。

在准备“生命是一张单程车票”的主题班会期间，我阅读了大量的心理学资料，抓住学生青春期的心理特征（包括自尊心强、逆反心理、苦闷心理等），针对初中生开始萌发的因对生命的关注和思考而产生的问题进行剖析。围绕这些分析结果，我细心选取了“个人”和“亲情”作为切入点，充分利用文字、图片和视频资源，力求将文学、历史、人伦、哲学等领域的内容融会贯通。班会进行过程中，我首先引用了毕淑敏的《我很重要》、张晓风的《敬畏生命》等文章，以优美而深蕴哲理的语言让学生们对生命有更为感性的认识，引导他们珍惜生命、热爱生命。当同学们为生命的坚韧和神圣而感动时，我又播放了四段视频，包括两段纪录片和两段电影片段。第一段视频讲述了生命的形成历程，播放后我适时地对生命诞生过程中的偶然性和艰巨性进行点拨。另一段视频集合了古今中外的灾祸场景，让同学们感受一下生命在巨大的外力面前是如何地无能为力，又是怎样在瞬间灰飞烟灭。这一段视频播放后，我让同学们针对它，或把它与第一段视频结合起来谈谈自己最深切的体会。最后，我连续播放了《唐山大地震》那位母亲亲眼看着女儿的双腿被锯掉，以及《活着》中家珍在有庆的坟前喃喃自语的感人片段，以此让学生更直接地体会到，一个人的生命会牵动所有亲人的心。在后来学生们的周记中，我欣慰地发现他们都对生命进行了思考，尽管思考的程度深浅不一，但对生命的珍爱和敬畏已经成为了他们的共识。

常言道，给学生一匙水，老师必须有一桶水。这是有深刻的哲理和事实依据的。教师只有掌握较为渊博的知识，才可能形成综合知识、迁移知识的能力；才可能在主题班会中见微知著、深入浅出；才可能在德育工作中不断启迪学生心智，碰撞出思想的火花。

再次，班主任对主题班会要做到“有才”，要懂得下放权力，统筹安排。班主任掌握了渊博的专业知识，仅仅是为开展德育工作提供了一个坚实的基础。在主题班会的开展中，班主任更要做到既不包办，也不放任，这就要求班主任有识人、用人之才，有引导、协调之才。在主题班会的设计安排中，班主任要做到胸有成竹，帮助学生出点子，帮助学生协调各方面的关系。在班会总结中注重升华提炼，对班会中的成功之处及时肯定，并能一针见血地提出不足之处。

以“感恩之心，与爱同行”的主题班会为例。在这一主题确定之后，班里两位文艺积极分子主动请缨，表示要组织此次班会。一周之后，他们上交了班会活动的名单，我仔细审查后，筛选出与主题有关的节目，并让他们着手去排练。学生的思维十分活跃，班会的组织形式多种多样，我适时在选材及表演方面去引导他们贴近主题，让学生在歌唱、小品表演及诗朗诵等各个环节中，真真切切地体会到感恩于社会的重要性和必要性。在班会的进行过程中，全体同学对“感恩”这一主题的认识达到了一个新的高度。因此，班主任之才，重在引导和启发，让学生动脑动手，实现德育的内化。

有心、有识、有才，构成了班主任老师的整体素质，这是一个有机的整体，缺一不可。如今的班主任队伍中，具有良好或较好师德的老师总是占绝大多数，掌握基本教育学科知识、教育教学技能的老师也是占绝大多数的。而在考试的重压下，在将德育工作放到首要位置这一方面并未形成真正的共识，“说起来重要，做起来次要”倒是较为普遍的现象。因此，相当一部分老师对加强“内功”修炼并不断拓宽知识面的认识缺乏相应的重视。正因为如此，提高德育的思想认识，加强班主任专业基础是当务之急。

二、确保“四性”，实现主题班会中的道德内化

主题班会的德育效果是明显而直接的，但由于它是一种特殊的教育方式，往往也容易流于形式或漫无目的地进行，结果使班会课成了“理论课”或“批评课”，激发不了学生的兴趣，也达不到预期的效果。我从自身的班主任工作实践中体会到，要实现主题班会中的道德内化，必须讲究“四性”。

一是班会主题要讲究目的性。开展主题班会前，班主任需要制订好计划，应对常规教育工作与开展有意义的班会活动进行全盘考虑，做到心中有底，工作有序。同时，班主任要从学校各个时期的中心工作、班级的优势和特长、学生的思想生活实际出发，制订全面的班会课教学计划。初一、初二和初三各个年级应根据学生身心发展的不同特点，侧重于不同的教育角度，并确定相应的班会主题。

二是班会内容要讲究教育性。育人重在育心，教育学生重在思想转化。要使班会教育收到切实效果，必须启发学生自我教育，发挥学生在教育过程中的主体作用，变学生被动受教育为主动受教育。“晓之以理，才能导之以行。”德育的成功之处在于：让学生把道德认识内化为道德需要，道德需要升华为道德信念，道德信念转化为道德行为。这其中，明理教育是最常用、最主要的方法。

为了让学生努力学习，树立远大的志向，我结合本班学生的实际情况，有针对性地设计了主题班会“能学会学是一种幸福”。通过一系列的班会活动对学生进行正面的思想教育，让学生识其义、悟其真、明其理，帮助学生端正思想，明确目标，了解现实，展望未来。学生应懂得时代发展的形势、要求，从而树立报效祖国的宏大志向，并逐步树立起正确的人生观、世界观和价值观，完善自己健康高尚的人格品质。为了达到这个目的，我们应注重挖掘金山百年名校涌现的仁人志士的成才事迹，以深厚的文化底蕴激励学生立大志，并为此而奋斗。

三是班会过程要讲究参与性。课堂教学要体现以学生为主体的原则，主题班会则更应体现这一点。班会活动应是学生唱“主角”，让学生自己讨论计划、选择形式、组织实施和小结讲评，班主任则以组织者、参与者的身份，与学生一起参加活动。作为班主任，我们要指导学生讨论如何制订方案，指导学生做好资料、道具和场地等方面的准备工作，活动前提醒主持人考虑可能出现的问题和解决的办法，活动中适时鼓励学生，帮助学生们顺利完成任务。班会活动的开展不仅要符合学生的年龄特征，而且要结合学生的兴趣爱好、知识体系、情感体验和心理特点。要面向全体学生，竭力让不同层次的学生轮流当主角、做主持人，使尽可能多的学生在班级的舞台上得到锻炼，激励越来越多的学生积极参与。

四是班会形式要讲究多样性。班级的主题班会，要适应青少年的年龄特点、兴趣爱好，避免枯燥无味的空洞说教和单一不变的程式，把健康向上的内容用多种多样的形式展现出来，使主题班会常开常新，多姿多彩。例如，针对学生使用手机较为普遍、频繁的现象，我组织了“中学生使用手机的利与弊”

的辩论赛；在学雷锋月期间，我班组织了“学习雷锋，建设金山”主题班会，让学生们讲身边的小故事，以故事会的形式让同学们认识到身边雷锋式的人物，学习雷锋精神。通过多种多样的主题班会形式，我们不仅可以培养学生的非智力因素，还可以发挥学生在学习活动中的潜在智能等。同时还要借助学校现代化教学设备，展现有声有图有字的各种材料和录像，要拓宽思路，丰富内容，不能仅限于学生身边的学习、生活和工作，而应开阔视野，引导学生关注社会的发展进步。我们可以让学生的活动范围扩展到校外及社会各界，使班级活动由封闭式转为开放式，从而将校内、校外、社会和家庭的力量统一起来，发挥最大合力，促进学生健康发展。

三、做好跟踪教育，及时巩固德育成果

要使主题班会真正为班级德育服务，绝不能忽略最后一个环节，就是进一步深化主题和巩固成果，即在班会后要进行跟踪教育。在主题班会活动之后，学生态度得到端正，思想得到完善，心理得到放松，这样的班会课才真正有效果。因此，班主任还要做好信息反馈和情况跟踪，了解学生的想法，观察学生的做法，及时提醒，加以引导，避免“时过境迁”，以确保主题班会在道德内化方面起积极作用。

教育界有这样一种说法：“体育不好出废品，智育不好出次品，德育不好出危险品。”这句话充分说明了德育的重要作用。德育是树人之要，德育实施是一个长期而艰苦的工作。作为班主任，如果能充分利用主题班会这种形式，精心设计班会活动方案，切实开展能对学生起到真正教育作用的主题班会活动，那么对提高教育实效会起到事半功倍的作用。在主题班会这个教育阵地上，对学生进行道德教育并不能仅仅停留于形式，而要走进学生的心灵深处，与学生产生共鸣，从而摆脱“苦口婆心”却无用的尴尬，使孩子们亲近德育，让德育变得丰富、生动起来，孕育出美丽的道德和行为习惯之花。

参考文献

1. 魏书生．魏书生班主任工作艺术．南京：河海大学出版社，2005.
2. 张万祥．给年轻班主任的建议．上海：华东师范大学出版社，2006.
3. 李学农等．初中班主任．南京：南京师范大学出版社，2007.
4. 梁华村．班主任如何组织主题班会．班主任，2004（2）．
5. 贾玉香．主题班会及其形式．班主任，2006（5）．
6. 李敏．主题班会创新构想．苏州教育学院学报，2000（4）．

浅谈如何增强班级的凝聚力

张丽莲

现代社会十分注重团队精神，这就要求作为基础教育工作者的我们必须在学校教育中培养学生的团队精神，也就是增强班级的凝聚力。假如每一个同学在谈及自己班级的老师和同学的时候都能够在称谓前加上一个“我们班”，这就说明班主任的教育工作取得了一定的成效。对班级凝聚力的培养主要体现在三个方面：学生作为班级成员的归属感，学生对班主任和班干部的认同感，以及每个学生对班级的责任感。

一、了解学生，求同存异

了解学生，求同存异，是增强班级凝聚力的基本前提。有句名言说：“世界上没有两片完全相同的树叶。”同样的道理，人与人之间也存在着差异。一个班级有几十位学生，他们的学习状况、自身素质、性格特点、家庭环境、兴趣爱好等方面都有所不同，因此，要增强班级的凝聚力，作为班主任首先要做的就是充分了解本班学生，只有全面、准确地把握班里每一位学生的个性特点，在此基础上开展的班级教育教学工作才能取得事半功倍的效果。所以，在接手新的班级时，我通过多途径、多渠道了解班里学生的个性，如通过以往班主任、任课老师、本班学生以及与学生家长的交流了解情况。在对每位学生进行全面了解之后，我结合他们的个性特点给他们分配工作任务，与他们共同制订适合自己的学习计划，尽可能做到尊重差异性，不将个人的主观意愿强加给学生，不希望学生千篇一律、毫无个性。我通过求同存异、因材施教，充分彰显学生的个性，让他们在班级这个大家庭里充分展现自己的才能，让他们愿意为班级贡献自己的聪明才智。正是由于之前对他们的全面了解，师生之间有了沟通的前提，学生也受到老师的感染，学会了尊重、了解和宽容他人，班级师生关系其乐融融，班级凝聚力在不知不觉中得到增强。

二、师生共同参与形式多样的活动

师生共同参与形式多样的活动，是增强班级凝聚力的必由之路。增强班级的凝聚力，要求每个学生要增强自己的责任感，意识到自己对班集体有一份责任和义务。事实上，学生的主人翁责任意识不是班主任给予的，而是在主动参与班级管理的活动中形成的。参与多种形式的活动对增强班级凝聚力至关重要，尤其是在班集体形成阶段。师生可以在活动中增进彼此的了解，可以化解一些不必要的矛盾，同时能够增进同学间的友谊，形成合力。

例如：①布置教室。这是一个很好的机会，我让学生发挥自身的聪明才智，和学生一起动手，将教室布置成自己理想中的样子，让教室给人以“家”的感觉。②学校团委会组织的三月“雷锋月”活动，我并不是简单地凭借自己的经验和主观臆断去告诉他们怎么去做，而是让学生开动脑筋，最大限度发动学生，最后在大家的一致认可下选择为学校修复课桌椅，这样做对同学们来说很有新鲜感，大家忙得不亦乐乎，也得到了学校老师、同学的一致认可。③主题班会。确定好班会的主题以后，就把班会交给学生去开展，既让班主任省力，又让学生得到锻炼。在班会策划和开展过程中，学生展示自己的才华，能够促成师生、学生之间的互相了解，增强学生对自己和对班级的自信。像之前组织的“校园安全”主题班会、“团结、拼搏、奋进”主题班会等都取得了良好的教育效果。④制定班规。我要求同学们集思广益，提出宝贵的意见和建议并对一些合理性建议予以采纳，因此我们的班规在师生的共同努力下变得更加完善。因为这是师生共同商量的结果，所以能够更好地得到落实。⑤合唱比赛。学校今年举行的合唱比赛不仅学生在刻苦练习，作为指挥的我也认真练习，最后我们通过共同努力取得了优异的成绩，师生间的友谊变得更深厚，班级的凝聚力由此增强。⑥校运会。参加学校运动会，老师争当啦啦队队长，为本班的同学呐喊助威。这些活动，使他们身心愉快，充分享受大家庭的温暖。活动的次数多了，同学们的共同话题、共同回忆也就多了，自然而然地就会将自己融入到集体之中。

三、发挥班主任和班委的指导作用

发挥班主任和班委的指导作用，是增强班级凝聚力的重要保证。对于一个班级来说，增强班级凝聚力固然需要师生的共同努力，但是，真正发挥积极作用的应该是学生。我们班主任应该学会解放自己，而绝不能做学生的保姆。换句话说，要学会做一个“懒班主任”。为此，我的原则是：凡是学生能做的事，我坚决不做。

抓好班委领导班子是形成班级凝聚力的关键。我经过观察发现，有些班级班干部的职位很多，大家虽然可以起到相互约束的作用，但是这样掌控起来很麻烦，遇到什么琐碎的事全都要自己去找人，增加了自己的工作量。同时，我也希望培养班干部的能力，希望由他们去召集一些同学来协助自己的工作，并在工作总结的时候由负责的班委或者我通过各种形式对他们予以表扬，而这些参与工作的同学并不是由我指定的。这样做一举多得：既能增强班干部的工作能力，又能提高工作效率，还能调动同学们参与班级工作的积极性，无形中又可团结同学。而在参与的同学得到表扬、受到激励的同时，班干部的威信也会得到提高，他们干起来也更有劲，以后工作起来也更得心应手，形成良性循环。所以，我对班干部反复强调的一点是：如果你这个领域的事情全部都由你自己一个人完成，哪怕做得再好，我也不会表扬你，还要批评你，因为你没有注意到团结同学，发挥同学的主观能动性。我从开学之初就反复强调这个观点，现在班委已经达成了共识。一个学期以来，我感觉我班班委的工作能力提高得很快，有时他们的主动性超乎我的想象。如果班委得力，对于班级凝聚力的形成可以起到以少带多的作用。

为了形成班级凝聚力，让学生自主管理班级，并不是说班主任形同虚设，事实上，班主任的导向作用是非常重要的。如何指导班委科学、有效地工作是我们需要认真思考的问题。班主任应懂得从正面给予班委更多的鼓励与表扬，要做他们坚实的后盾，让他们敢于大胆有序地开展各项工作。当他们在工作中碰到困难无法解决时，班主任应及时加以点拨、引导。这样，班委的工作热情才能够得以保持，工作能力也能够不断提高。

总之，增强班级的凝聚力需要我们都具有主人翁的精神，需要我们将班级当成自己的家，需要我们的共同努力。如果说一个班级是一艘航船，那么班主任就是舵手，要注意航向，而学生就是船上的水手，各司其职，忠于职守，大家向着同一个方向行进。只有这样，“船”才会航行得又快又稳。

团结就会进步

金楚玲

三月的春风徐徐吹来，拂过人们的脸，更温暖了大家的心。看，操场一角正举行着“让爱的阳光照耀金山”的爱心义卖活动，整个现场热火朝天。看着学生们忙碌的身影，温暖的笑容，我也不禁微微一笑。是的，经过不懈的努力，我们初一（6）班成为了一个团结向上、具有凝聚力的班级。同学们为了这次义卖会，都主动地参与，合理分工，积极做好准备工作，全班同学可谓是“拧成一股绳，劲往一处使”。

随着“新课程标准”的实施，教育改革和实践的不断深入，班主任的工作将显得越来越重要。其实，作为班主任，我们的目的就是要把学生教好、管好和培养好，让集体中的每一个学生团结起来，心往一处想，把班集体搞好。这样，良好的班集体才会激励着学生不断积极进取，使得学生心情愉快，更加积极、充满激情地投入到学习、生活当中。

我们班第一次期中考的成绩不甚理想，班里纪律虽不算差，但总觉得缺乏一股力量，一股团结一致、奋发向上的力量。那么，我是如何培养学生的团结精神，使班级具有更强的凝聚力的呢？以下是我的几点工作体会：

一、选好自己的左右臂，让其发挥最大力量

首先，在班级管理中，要及时发现和培养好班干部。比如在选举出班干部之后我跟他们说明，他们每人有一个月的试用期。这样会激发班干部的潜能。一个月后，我发现某科代表能力极强，而某班干部做事认真积极却组织能力稍弱。于是一个月之后，我将他们两个人的职位作了调整，也重新确定了班干部队伍。事实证明，他们之后在各自的岗位上都作出了更大的贡献。其次，要用好班干部。班主任要十分注意发挥他们各自的才能去组织和管理班级。大胆放权给他们，发挥他们的主观能动性与工作的积极性，使他们有一个宽松的工作环境，使他们真正成为班主任的得力助手与班级的顶梁柱。

二、发挥班主任的“火车头”作用，积极组织好集体活动

班级活动在班级建设、班级管理、学生能力培养等诸多方面的作用是巨大

的。丰富多彩的班级活动不仅能促进班集体认同感的形成，还能密切学生与教师、学生与学生之间的关系，增强学生之间的协作精神，激发学生的上进心，增强班级的凝聚力。

期中考过后刚好有一项重大赛事——校园运动会。为激发学生的热情，我告诉他们，我们金山实验学校的校运会就是小型“奥运会”。跟奥运会一样，赛前不仅有方阵表演，也有集体舞表演，更有运动员出场，当然最重要的是各项赛事。并且，我强调校运会重在参与，重在团结。得奖的运动员是英雄，但是英雄离不开在背后支持他们的同学们。这样，无论是运动员还是啦啦队、后勤人员，都有很高的积极性，想着为班级作贡献。而班干部在校运会当中的组织能力也可得到很好的锻炼，获得班里同学的认同。体育委员积极组织报名、训练工作，学习委员负责组织记者队，生活委员负责组织后勤工作，宣传委员负责啦啦队，班长每天及时宣告捷报……可以说，这次活动为学生之间架起了桥梁，密切了师生、同学之间的关系，使我们由相识相知到相亲相爱，也使同学们互相理解，互相关怀，增进了友谊，增强了合作意识。

三、确定班级共同奋斗目标

班级的共同奋斗目标，是班集体的理想和前进的方向。班集体如果没有共同追求的奋斗目标，就会失去前进的动力。所以在班级管理中首先要有一个明确的班集体的奋斗目标，进而才能增强班级的凝聚力。对一个班集体来说，既要有远期目标，又要有近期目标。特别是近期目标，要切合实际，一步一个脚印，让学生易于接近，易于实现。只有实现了一个又一个近期目标，才能引导学生实现其理想的远大目标，并为实现这些目标而努力。所以我们需要发挥整个集体中每个学生的积极性，促使其形成集体荣誉感和责任感。

校运会过后，我适时提出班级共同奋斗的目标。对于初中一年级的孩子来说，实现过大的目标需要较长的奋斗过程，需要付出极大的努力，这反而影响了他们追求目标的积极性和自信心。因此，在制定班级目标时，我以“一小步也是进步”的近期目标为主，提出在学习上一定要团结一致，共同进步。于是，在班干部的协助下，班里开始出现了“学习小组”活动。学生们按照我的分配分为几个不同的小组，每天找时间一起学习，相互帮忙解决问题。一段时间之后，由科代表出题考查，看看哪个组的同学学习效率最高。这样，不仅提高了学生的积极性，也促进了他们学习上的进步。期末考的时候，在全班同学的努力下，班级的成绩有了明显的进步。在以后的工作中，我将会根据他们的具体情况，再确定下一个近期目标。我相信只要继续这样脚踏实地一步步走下去，他们离真正的成功并不遥远。

总之，只有学生有了共同的奋斗目标，形成了强大的凝聚力，才能使班级在各个方面拥有强大的战斗力，才能让班级朝着健康和谐的方向发展。

以上仅是我在班级工作管理中的一点体会，良好班风的形成远不只以上几个方面的内容。作为班级管理者，我会持续不断地去研究、探索和实践班级管理工作，期望能为所有的学生净化出一穹蓝天，推动班级工作健康、稳定地发展。

第二编　教师成长与读书致用

真诚沟通润物无声　点滴关怀育人有情

——我的班主任成长历程

李素炫

经常听老教师说，没有当过班主任的教师不是完整的教师，可见当班主任的经历对教师个人的成长有着重要的意义。但我也时常听年轻的教师叹息班主任工作的艰辛，言谈间流露出对那些同龄且不用当班主任的教师的羡慕，可见当班主任的确很累。我是一个将满十年教龄的老师，从参加工作的第一年开始，连续当了七年的班主任。回首当班主任的日子，仿佛看到自己一路走来的成长轨迹，虽有过艰辛和迷茫，但更多的是成长的愉悦！我于此从记忆中摘取印象最深的一些片段或事件，纪念我的班主任生涯，也希望给读这篇文章的您带来感悟。

一、新手篇——我与学生一起成长的那三年

我初当班主任时，带着新手上路的新奇、憧憬还有忐忑之感。我很幸运，因为我所在的学校是当地最好的学校，跟我同年级的老师很多都是富有经验且愿意指导新人的前辈。在他们的帮助下，我很快地投入到工作中去。我从吴老师那里学到了纪律严明对集体的重要性，从陈老师那里学到和风细雨般的关怀最能走进学生的心灵，从曾老师那里学到高度的责任心是支撑教师不断努力的信念……牛顿说过："如果我能看得更远一些，是因为我站在巨人的肩膀上。"我常常想，自己可以成长得那么快，是因为老教师们把他们的经验无私地传授给了我，让我少走了不少弯路。

接受入职培训时，老校长勉励我们要争取用三年时间站稳讲台。在班主任生涯的前三年，我带着同一班学生，从初一一直到初三毕业。三年下来，我与学生一起成长，从班主任新手成长为优秀的班主任。

新手上路第一招：班有班规，家有家法。

很多年轻班主任容易犯的错是没有在班级形成的前期就让学生明确学校的要求及班主任的要求是什么，等到学生犯错的时候才进行批评与教育。很多时候，学生对于哪些可以做、哪些不可以做和哪些一定要做并不清楚。所以，建立班规就是要让学生明白自己的原则和底线。

开学第二周，我利用班会课将自己事先拟好的《初一（1）班班级公约初稿》一条接一条地向学生宣读（注：当时还没有投影设备）。内容包括学生的仪容仪表要求、课堂上的纪律要求、课间活动的相关规定、班级卫生的安排、同学相处的文明礼貌等。每说一条，我都会告诉他们这样要求的原因。因为我知道，他们已经不是老师说一句就听一句的小学生了，他们的自我意识正在慢慢变得强烈，要让他们按你设想的去做，就必须把话说到他们认同的点上。为了营造一种民主的氛围，我特地告诉他们这是初稿，同学们可以在三天内提出自己的意见以完善该公约，一旦定稿，每个同学都要认真执行。

说实话，我当时这样做只是想把自己的意志通过这种方式转变成学生的公共意志，并不指望学生真的来提意见和建议。但是，班会课下课后，竟然真的有学生跑来提出自己的建议。其中有一个学生建议我可以做成小组间的行为规范竞赛，我采纳了该建议。那是我第一次认识到学生对于班级的活动和相关的事务其实抱有极大的热情，关键是班主任有没有能力引导好这股热情！

因为我对班级常规纪律的重视，我们班在年级的各项班风评比活动中常获第一名。每周的流动红旗都挂在我们班。每周星期一课间操，当政教主任宣布评比结果的时候，同学们那骄傲的神情至今仍历历在目。在初二下学期期末，我们班一举拿下“文明班级”、“卫生先进班”、“体育先进班”等荣誉称号。作为班主任的我也因此被评为学校年度“优秀班主任”。这成为每次学生聚会时被学生们津津乐道的一件大事。

思想决定行动，学生的每一个行为背后都有自己的原因。所以，要想让学生有良好的行为，就得让他从思想上重视和认同你的观念和要求，并规范他的行为。由于此次成功的经验，在以后的班主任工作中，我一直贯彻的理念是：班级要有让大家都认同的规矩和公约并认真予以执行。

新手上路第二招：遵循规律，灵活创新。

作为年轻的班主任，虚心向经验丰富的优秀班主任学习，传承他们的成功做法是成长的重要基石，但如果一味模仿别人，不动脑，不思考，不开辟属于自己的新路子，就会进入一个瓶颈，很难再有所进步了。所以，创新和传承一样重要。

记得初一时，由于我们班的学生总体来说比较活跃，上课的课堂气氛比较热烈，其中有三五个孩子比较喜欢说话。虽然他们不是恶意捣乱，但这些不和谐的声音还是影响到老师的讲课情绪和班级的听课情绪，常有科任老师向我反映意见。

一开始，我采用正面教育的形式，利用班会课，给孩子们分析利弊，说明这种行为对全班同学学习造成的不良影响，结果没过几天他们就又恢复了原状。对此，我甚为气愤，改为采取狂风暴雨式的教育形式，不仅对几位不遵守纪律、在课堂上随意发表意见的同学进行严厉批评，还针对全班同学没对这种行为进行舆论监督而进行了言辞激烈的评判。结果，在我的盛怒之下，好的状态持续了比较长的时间，但之后又再次故态复萌。

怎么办？有什么办法可以让孩子们从内心清楚地认识到这种行为的不良性，从而改变过来呢？那段时间，我一直都在思考，跟周围的人讨论，想要吸取灵感。同时，我翻阅教育学和心理学的相关书籍，想要找到方法。一次偶然的机会，我在书上看到这样一则小故事："你知道婴儿为什么会在人多的场合哭吗？有人会说那是因为太吵了，他害怕；有人会说那是因为他想引起大家的注意。真的是这样吗？有个心理学家为了了解真正的原因，他就蹲下来从婴儿的位置来看世界。他发现婴儿没有办法看到别人的脸，只能看到大家的腿。因为看不到人的脸，婴儿无法与人交流，所以产生恐惧感。"这段话让我很受启发。是的，我们在思考问题时，总是站在自己的位置上去"猜想"别人的想法和感受，或是站在"一般人"的立场上去想别人"应该"有什么想法和感受，而忽略了当事人的看法。站在别人的角度思考问题，做到真正为对方着想，才能更好地解决问题。这就是心理学家提倡的"换位思考"。简单地说就是理解别人的想法、感受，从对方的立场来看事情。

是啊，刀没割到自己身上不知道疼！只有让那些喜欢在课堂上说话的孩子真正感受到他的行为给老师和其他同学带来的不便和不愉快之感，才能纠正自己的行为。在这种认识基础上，我制订了一个计划。

星期一的班会课，我跟同学们宣布这节课要开故事会，要请两位同学来讲故事，我随机点两位同学，点到的同学就先到隔壁办公室准备。我故意点了5号和45号，因为他们的尾数都是"5"，没有引起大家的怀疑。（这两个号码的学生刚好都是我要教育的重点对象。）就在他们准备的时间里，我就与班里的同学们"密谋"如何对付他们。我告诉同学们，在他们讲故事的时候，不管他们讲得多精彩，大家都要装出毫无兴趣的样子，大家可以在下面看自己的书甚至跟同桌说悄悄话。一切准备就绪。5号同学被请进来，他开始讲故事。

这是个性格活泼的孩子，有点孩子气，人缘不错，就是自控能力弱些。一开始他还兴致勃勃地讲着，慢慢地发现不对劲，大家好像不买他的账，他有些心虚，越讲声音越小，头越来越低，总算勉强把故事讲完，然后便垂头丧气地回到座位。轮到 45 号同学上场了，这是个高高胖胖的学生，喜欢打篮球。一开始的情况跟上一位同学一样，不同的是这位同学在发现大家根本就没在听他讲故事的时候，作出的反应截然不同。他不断地提高音量，甚至还加上肢体语言来吸引别人的注意。当他发现这些方法不奏效时，大声地说了句："大家请注意听我讲!"此话一出，大家总算给了他一点面子，让他把故事讲完。

到揭开谜底的时候了，我走上讲台宣布事情的真相。我表扬在场的同学们演得很好，没有让两位同学看出破绽，同学们兴奋不已。我又真诚地表扬了两位同学故事讲得很好，告诉他们刚才发生的一切都是老师故意安排的，目的是让他们感受一下当自己在讲台上绘声绘色地讲课时，底下的同学不认真听时的感受。讲完这些，课堂一下子严肃起来，大家都受到了震撼。两位讲故事的同学说刚才在台上他们很沮丧，现在他们能理解老师的感受了。其他同学也在这节特殊的班会课中受到启发，在以后很长的时间里，上课的气氛好了很多。

是的，很多时候，我们并不知道自己的行为给别人带来多大的困扰和影响，甚至是伤害。我们只有真正地体会到这种感觉，才会约束自己的行为。我的设计，让两位学生站在老师的位置去感受，这种感受是深刻的，它的力量比任何言语都要强大。

在这个过程中，不仅学生受到教育，作为老师的我也有意外的收获。同样是面对大家的心不在焉，一个人消极对待，让大家的情绪影响到自己，故事也就越讲越不好；另一个人却不愿放弃，想尽办法吸引大家注意，采取积极的方法解决问题，最后还是得到大家的支持。这两种不同的表现让我深受启发。当学生在课堂上不能集中精神听讲时，我们教师受到这种负面情绪的影响，进而影响到自己讲课的质量，为此我们可能会埋怨和责怪学生。这固然是学生的错，但换个角度想，如果我们在遇到这种情况时，像上面提到的 45 号同学一样，努力地让自己的课上得更精彩，就一定会吸引学生的注意，受到他们的喜爱。

经过这件事，我感受最深的是，作为年轻教师，你也许没有老教师那么多的成功经验，但正是因为没有过往经验的限制，你可能会有很多创新的做法，也能取得很好的效果，重要的是，你能用心去思考。当然，所有的创新都应该建立在符合教育规律和学生成长的客观规律的前提之上。因此，年轻的班主任应该多读书，多学习，充实自身的素养和学识，才能走得更远。

新手上路第三招：把握时机，突显效果。

教育人是讲究时机的。很多时候，我们做足了准备却没有取得想要的教育效果，但也有些时候，你完全没有准备，却是“无心插柳柳成荫”。所以，作为班主任，我们要善于在突发事件中发现教育的时机，并适时进行相应的教育。当然，这要求班主任要有一定的教育机智，把握最恰当的时机。在这里，我想跟大家分享一个案例。

2005 年的 6 月 30 日，那是初三学生回校拿成绩单的日子，也是学生最后一次集体回校的日子。按惯例，学生回校拿了成绩单就可各自回家等待录取通知。在发完成绩单后，我突然觉得就这样让学生回家，不免一阵伤感。就在这时，有个学生提议说：“让班长唱首歌吧。”我说：“那就让班长唱一首吧。”班长很大方地走上讲台，唱起他最拿手歌曲——张学友的《祝福》，很是动情，很多同学都跟着唱起来。我当时就冒出一个念头，要不我们就开个毕业班会吧。于是，初三（1）班的毕业班会拉开了帷幕。由于没有事先准备，所以我建议同学们在最后一节课上，把初中三年里你最想表达的谢意或歉意表达出来，很多性格外向的同学纷纷响应。有些同学确实用语言表达不出来，就干脆用歌声来表达。《同桌的你》、《栀子花开》等都成了班级大合唱。最大的惊喜来自一位同学带来的校运会时的录像片段，让我们在影像中重温了当时的美好。时间过得很快，离别的时候到了，做最后发言的是我，至今我仍记得，当时我说：“感谢同学们与我一起走过成长的三年，在这三年里，我与同学们一起成长，我会把每一位同学最可爱的形象留在记忆里。最后，我想送给大家两个字——‘坚毅’（我用力地在黑板上写下大大的两个字），在以后的人生中，我希望大家在任何时候都能做到坚强并且有毅力，实现自己的每一个目标。”一个临时起意的毕业班会，一个形式简单却温馨的毕业班会，成了全体同学美好的集体回忆。

暑假后的那个教师节，一个学生给我发了一条祝福短信，她说道：“初中三年大部分时间我很愉快，自由自在的。偷偷告诉你，在广州军训时，还有后来碰到一些不尽如人意的事情的时候，我经常想起你最后一节课写在黑板上的‘坚毅’二字，因为，离开了家乡的人有时会特别脆弱和无助。”我为自己的话能带给学生力量而感到骄傲和欣慰。

二、成熟篇——个人魅力成就班主任风格

送走了一批学生，又迎来了一批新学生，此时的我已经不是刚踏上讲台的我，我成了初一级的年级组长，跟我并肩作战的是一群比我更年轻的班主任，我肩负的任务不仅是带好自己的班级，还要给年轻的班主任以指导和榜样。所以，我除了总结、发扬自身在前三年班主任工作中的成功经验之外，还要努力

寻求突破。

那时，一位学生的来信给我带来了启发。她在信中写道："……真的很喜欢您干脆、直爽的个性，您真的是我初中三年来最钦佩、最喜欢的老师。本来我的数学是不怎么样的，但是对您的尊重和喜欢，使我对数学充满了'征服'的欲望，想要将它学好，以受到您足够多的重视……最喜欢你上课的那种表情，朝气蓬勃、积极向上，很舒服，让人精神百倍，您的'小插曲'往往让人受益匪浅，既含有深刻的意义，又不失语言的艺术，那时候心底不免发出一声声的赞叹……"

虽然我在学习心理学时就了解到，处于青春期的少年很需要榜样，他们会把对某位老师的喜爱转化成无限的学习动力，简单地说就是喜欢哪个老师，就会学好那个老师所教的科目，甚至会把那位老师奉若神明。但是，我从没像此刻这般深切地感受到这一点。学生的来信让我明白，如果想成为一名优秀的班主任，我已经不能仅仅满足于陪伴学生成长了，我更应该完善自己，用自身的人格魅力去影响学生。我应该站得比学生更高，走得比学生更远，为学生指引方向！

每个人的性格是不同的，优点和缺点也不同，人生经历也不同，这些不同点会使班主任在处理班级事务时采取不同的方法。有人总结过，如果一个班由一个班主任带三年，那个班级以及班里的学生身上，必定带有班主任的个人色彩。那是因为班主任在长期的教育过程中，把自己的理念和处理事情的方式灌输给了学生。所以，我的班主任成熟之路是从挖掘自身优势，打造个人魅力开始的。

第一，班会课既是思想教育的阵地，更是展示班主任能力的平台。

所有的班主任都知道，班会课是对学生正面进行思想品德教育的重要课堂，是培养学生正确价值观、人生观和世界观的重要阵地，但在我的眼里，它更是展现教师个人能力的平台。因为教师个人的能力和素质，决定了班会课的内容和模式。有很多班主任仅仅把班会课当做发布通知和进行批评的课堂，甚至有时还因为无事可讲而将班会课当成自习课。因为坚信思想的高度决定行动的力度，所以我致力于把班会课变成宣传各种理念、分享人生智慧的课堂。

我把班会课分成三个类别：第一类是学校阶段性的主题班会，它具有统一性，主要针对各阶段学生的主要问题开展；第二类是针对班级近期取得的进步或存在的问题进行分析，具有针对性和时效性；第三类是与学生分享我看到的故事，让他们从中领悟人生的智慧和生活的哲理。我最想跟大家分享的正是这一部分。

处于青春期的孩子普遍讨厌严肃而单一的说教，那么老师如何给学生讲道理，并让学生静下心来，听进心里呢？我的想法是：用讲故事的方式，让学生做到听别人的故事，想自己的人生。我喜欢阅读，也喜欢拓展自己的知识面，因为这一点，所以我积累的知识比较丰富。同时，我的语言表达能力比较好，所以说起话来有条不紊，妙语连珠。这两个特点让我有丰富的故事素材可讲，也让我有能力将故事讲得比较精彩。

有一位学生在学校征文《我最喜爱的老师》中这样描述："很喜欢上班会课，只因班会课上，您总是会跟我们讲一些故事或是小见闻，然后还附带一些心得或点评。您用阿甘的故事告诉我们要坚持不懈；用两个和尚的对话告诉我们要心境开明、自尊尊人；用自身的求学经历告诉我们该如何学习，如何克服困难……很多时候我会对您的见解感到钦佩和赞同，然后就坐在座位上咧着嘴笑。不过台上的您通常都讲得眉飞色舞，自我陶醉了……"在这里，我就说说让我印象最深刻的一节班会课。

在一节班会课上，我给学生们讲了一个故事，故事大意是：一位父亲特别爱自己的女儿，无微不至地关怀和照顾她。转眼间，女儿上学了，尽管上学的小路很平坦，但小女孩总是会跌倒。无论父亲怎么嘱咐，小女孩总是不能好好看路。于是，父亲拿了铁锹在小女孩上学必经的小路上挖了好几个小坑，奇怪的是，小女孩再也没在上学的路上摔倒过。那时因为，当路变得崎岖不平时，小女孩走路反而更小心了。故事讲完了，我让同学们说说他们听了这个故事之后的想法。我请了多位同学来讲，他们大都没有说到点上去，但我仍然给予他们充分的肯定。其中有一位同学说得很好，赢得了同学们的阵阵掌声。她说："平坦的路使人麻痹大意，崎岖的路让人小心翼翼，所以人生路上有些挫折是好事。"班会总结时我说道："有些人爱你的方式是帮你填补前进道路中的坑，使你走得顺利；有的人爱你的方式是在你前进的道路上挖上几个坑，让你自己去经历成长，你更喜欢哪一种方式呢？希望同学们不要惧怕人生路上的坑坑洼洼！"课后，一位比较内向的同学还给我写了一封信，向我表达这个故事对她的启发。

正是借助一个个生动的故事，我将自己的信念潜移默化地传递给学生并影响了他们对事物的看法，更在他们的心中树立了一个博学、感性、热爱生活的健康形象。当你让学生信服自己时，你要推行的各项措施就都能顺利地落实。

第二，真诚沟通展现魅力，点滴关怀润物无声。

与学生谈话是班主任工作的重要组成部分。很多时候，班主任只有在学生碰到问题的时候才找学生交流，这样的交流，多数是批评的成分居多。我喜欢跟学生闲聊，因为我觉得只有通过交流，才能拉近与学生的心灵距离，建立起一种互信的基础，这样，在学生碰到问题和困难时才敢于向我倾诉或求助。

我把跟学生的交流分成两个类别：其一是随机性的，就是得空逮着谁就跟谁聊。这样的交流时间和空间都很随意，可能是在放学后的走廊上，或在课间时的教室里，或在学生的宿舍里。交流内容也很宽泛，可以是在校生活的点滴，也可以是对某个热门事件的理解，还可以是对某个科目的某道题目的理解……这样的交流让我成为了学生心目中亲切和蔼的老师，据说他们在私底下给我起了个“知心姐姐”的外号。其二是定期的谈话，这主要是在每次月考成绩出来后。我们学校有月考的惯例，成绩排名不公布，但学生可以到班主任处了解自己所处的位置。每次月考结束的时候也就是我最忙碌的时候，我会争取在一周内跟班里的每一位学生分析他此次月考的表现，取得怎样的进步，哪里可以改进，未来努力的目标是什么等。有时，有些学生实在等不及我去找他（她），他（她）就会主动来找我。后来，越来越多的学生形成了主动找我分析自己学习情况的习惯。慢慢地，学生们不仅学习上的问题会找我商量，在生活上遇到困难或感到迷茫时也会找我倾诉，一起寻找解决的办法。在我的帮助下，我班的同学一直都保持健康、乐观的心理状态。一位学生在毕业后给我的信中说道：“老师还记得当时跟我说过的一句话吗？那时我成绩不理想，您把我叫到办公室，说：‘你的能力不止如此，你还有潜力。’真的很谢谢老师对我的肯定，您不知道这句话对我的影响有多大。我不知道以后还会遇见哪些好老师，但目前为止，您是我见过的最棒的一位。”原来，我不经意的一句鼓励的话，可能改变了一个少年的人生，每当想到这里，所有的辛苦也就瞬间烟消云散了。这或许就是一个班主任最大的幸福吧。

当然，要与学生良好地沟通，光有心是不够的，班主任还需要有极大的耐心，能做个好的倾听者，更需要有较强的分析能力和生活经验，能给予学生恰当的支持和帮助。这些，都与班主任的个人素质有很大的关系。我们常说：“要给学生一碗水，你得有一桶水，甚至是一条河。”所以，当有年轻的班主任跟我探讨如何将班主任工作做好时，我总是真诚地提醒他们最根本的是有不断学习和完善自己的信念并身体力行地去落实。

虽然现在我已经没有当班主任了，但当班主任时学到的一切让我在新的岗位上更加得心应手，同时，班主任工作让我收获到很多学生的尊敬和喜爱，这是我人生最大的一笔财富，它鼓励着我前行，坚定着我作为一名教师的信念。

后　记

前段时间，在培训中有一位教育专家谈到班主任工作时提出一个问题：如果你是一名教师，当你进入教室时，突然有一块粉笔擦迎面飞来，你会怎么办？以下三种方式你会选择什么？A. 接住，看准了扔回去；B. 不动声色，严肃地进行正面教育；C. 因为气愤、伤心，当场哭出来。专家说，这三种处理方法都有效，因为选择 A 做法的老师是一位年轻的男老师，是这个班新任的班主任，扔粉笔擦的学生本意是想给老师一个下马威的，老师的应对方式正好把他镇住了。选择 B 做法的老师是一位中年男老师，他的作风一直就是正面严肃的，所以当他严肃地正面批评学生时，学生也感受到自己的错误。选择 C 做法的老师是位外表柔弱的年轻女教师，她一哭，那位扔粉笔擦的同学顿时觉得自己很不应该，把老师都气哭了，很是内疚。专家说她举这个例子是想告诉大家，教育是很难复制的，相同的问题因不同老师的特性也许会有不同的处理方法，而在某些人身上成功的做法到了另一些人身上也许就没效果了。而我想说，作为年轻一辈的班主任，我们既要学习别人成功的经验，更要大胆地探索符合自身性格特点的新路子，才能成为优秀的班主任。

读《发展心理学》心得

——走入学生内心，感受学生所需

陈泽焕

精深的专业知识和广博的相关知识常常能让一个教师在课堂上口若悬河、神采飞扬。学识源于读书，教师处在不断的发展变化之中，如果不能把准时代的脉搏，不断地读书，拓展视野，增长学识，不仅不能教好学生，反而会因为自己的落伍而妨碍学生的发展。所以我们教师需要多读书，这样不仅可以用书中的知识充实自己，通过加强各方面的修养来提高自己，还能有效地熏陶学生，使之热爱阅读，从而营造出整个校园热爱读书的良好氛围。

在“人人拥有一本好书，人人读一本好书”的读书工程的号召下，我选择拜读林崇德的《发展心理学》。读这本书有两个主要原因：其一，本人从小对心理学方面的研究有较大的兴趣，大学期间就曾积极参加广东省中小学心理健康教育“C证培训”；其二，从2009年担任班主任以来，我发现学生的身心、思维发展跟学生的心理特点存在很大的联系。因此在2010年的暑假，我放弃休息的时间，参加了广东省中小学心理健康教育“B证培训”，认识到人在成长过程中的每个阶段，心理都会发生巨大的变化。这本书研究个体在从受精卵开始到出生、成熟、衰老的生命全程中，其心理发展的特点及规律。我反复阅读了“青少年的心理发展”这一章，从而更加熟悉青少年的身心发展、思维发展、个性及社会性的发展以及他们所面临的心理问题，更加了解青少年学生的心理特点并能采取有效的措施帮助学生渡过心理方面的难关。

一、了解青少年学生的心理冲突与矛盾

随着青春期的到来，青少年在生理上发生了急剧的变化，使他们产生成人感。在这种感受的作用下，他们在对人对事的态度、情绪情感的表达方式及行为的内容和方向等方面都发生了明显的变化，同时也渴望社会、学校和家长能给予他们成人式的信任和尊重。但是他们在思想方法上仍带有很大的片面性及表面性，在人格特点上，还缺乏成人那种深刻而稳定的情绪体验，缺乏承受压力、克服困难的意志力，同时，也欠缺社会经验等。

因此，基于青春期少年心理上的成人感及幼稚性并存，他们常常表现出种

种心理冲突与矛盾，具有明显的不平衡性。

（1）闭锁性与开放性。

进入青春期的初中生，渐渐地将自己内心封闭起来，他们的心理生活丰富了，但表露于外的东西却少了，加之对外界的不信任和不满意，又增加了这种闭锁性的程度。但与此同时，他们又感到非常孤独和寂寞，希望能有人来关心和理解他们。他们不断地寻找朋友，一旦找到，就会推心置腹，毫不保留。因此，初中生在具有闭锁性的同时，又表现出很明显的开放性。

在七年级第二学期末，有学生跟我反映班里的小楷同学谈恋爱。为了确认事情的真实性，我准备先留心观察，再下结论。恰好有一天小楷同学脚受伤了在宿舍休息，于是我主动到宿舍区并将他背到教室。在途中，我以休息为由，停在树下与他聊天。我并没有直接切入主题，而是先从聊家常开始，同时也和他分享我自己适应初中生活的经验，慢慢地我们聊到男女同学交往这个话题。小楷这时吞吞吐吐地跟我讲起他和隔壁班小娴的特殊关系，他终于打开心扉向我道出了他深藏已久的那份羞涩和情感。在听完他的述说后，我并没有直接否定他们的特殊关系，而是先帮助他分析现在初中生的心理特点及对异性产生好感的正常性，接着谈及早恋的危害性以及给予他一些正确处理男女同学关系的建议。在这个过程中，我紧紧抓住目前学习的重要性及男人该有的责任感这两点对他进行耐心的疏导。在之后一段时间，我细心地观察了小楷的情感变化和处理方式，并在适当的时候及时给予他提醒和鼓励。期中考前，他在我的抽屉里留下一颗苹果和一封信。当看到学生闭锁和矛盾的心理逐渐被开放与平和的心理替代时，特别是当学生理解我的付出，把我当成朋友和亲人，向我倾诉学习生活中的点点滴滴时，我的内心有一股爱的暖流油然而生，暖暖的，很幸福。

（2）勇敢和怯懦。

在某些情况下，初中生们似乎能表现出很强烈的勇敢精神，但这时的勇敢带有莽撞和冒失的成分，具有“初生牛犊不怕虎”的特点。但在另外一些情况下，初中生们也常常表现得比较怯懦。例如，他们在公众场合，不够坦然和从容，未说话先脸红的情况在少男少女中都是很常见的。这种行为上的局促是与他们缺少生活经验以及这个年龄阶段所特有的心理状态分不开的。

初一年级在第二学期举行以“责任”为主题的演讲比赛，这个活动让我受到很大的启发。所以，为了让学生开始正确认识自己并克服胆怯的心理，我准备做一次新的尝试，组织学生开展辩论赛。

班干部经过商议，第一步，先确定题目。在自习课举行投票表决辩论会主题，如“能否以成败论英雄”，“学海无涯苦作舟或学海无涯巧作舟”等，最后确定了辩题——“升学压力大是否有利于成才”。第二步，分正方、反方两个阵营。第三步，找出正反两方的代表并给予一周的准备时间。

辩论会正式开始。第一个环节是双方用一句话陈述观点。正方一开始便给反方来了个下马威，反方也不示弱，赢得掌声阵阵。接下来第二个环节是攻辩，即双方回答对方提出的两个问题。正方反方的问题都很犀利，问得对方哑口无言，但是同学们仍镇定自若，专心思考。

最令人激动的环节——自由辩论。正方首先出击，派出的同学能说会道，反方立即有人举手应答，伶牙俐齿地进行反击。正反方按顺序派出同学，把自己的口才运用得淋漓尽致，格外精彩。当然也不乏诙谐的段子，陈铎同学的发言便十分风趣，总引得同学哄堂大笑。正方的怡佳同学的辩词气势浩大，常驳得反方哑口无言。不过反方也不气馁，总能把对方的气势压下去。

这次辩论赛的输赢并不重要，重要的是这个过程，让更多的学生能够以同队队友为中心而团结在一起，勇敢地为整个队伍的胜利而战。

这些开创性的活动，不仅让学生在活动过程中充分得到锻炼，学会合作与交流，更重要的是，这些创新活动在我们班开始开展，并在其他一些班级推广，既突出同学们的创新意识，也让同学们在心理上得到满足：其一，因为同学们的创意得到了认可，他们就会为自己的班级感到自豪，从而产生班级荣誉感，增强班级凝聚力；其二，同学们认识到自己的班级充满了民主与和谐，允许大家开展开创性的活动，让大家对未来充满了希冀和向往。因此，原来松散的学生群体逐渐成为了学校的积极班集体，学生也逐渐理解了个人与集体的关系。

二、了解青少年学生思维的基本特征

在整个中学阶段，学生的抽象能力得到了迅速的发展。这种发展有一个过程，早期的抽象逻辑思维虽然开始占优势，但是很大程度上需要感性经验的直接支持。随着时间的推移，从经验型的抽象逻辑思维逐步向理论型的抽象逻辑思维转化，并由此而导向辩证逻辑思维的初步发展。思维中的抽象概括和逻辑论证，在很大程度上依赖具体经验材料的支持。因此，为了能让学生获得更大的空间来提高自己的思维能力，我引导学生组建学习小组。

第一是合理分组。学习小组以促进辅导互助、竞争学习为原则，在实践教学中，我在尊重学生意愿的原则下，尽量使各组的成员在性别、性格、个性特征、学习成绩等诸方面保持合理的差异性。每小组一般由 8 人组成，每个小组中都有优等生 2 名、中等生 4 名和学困生 2 名，让他们主动参与、互教互学、合作探讨。学习小组经过合理、优化的重新组合，由学习小组民主推荐一名组织能力强、学习基础好的学生担任小组长。

第二是确定合作内容。开展合作学习，要结合学生和教师的实际水平以及教学内容的特点。例如数学方面侧重于对解题方法的把握以及运用数学的规律。在教“反比例函数的性质”时，当学习了例 1 后，我让学生自学例 2，结合之前的教学内容“一次函数的性质”，让学生以小组合作形式展开比赛，比一比哪一组的同学最会迁移，最具有创造性。同学们经过合作讨论，得出了结论。合作性学习可以集中大家的智慧，有利于问题的解决和培养学生的团队精神，有利于提高学生的思维能力。

三、了解青少年学生内心的孤独

有心理学家称初中阶段为“心理上的断乳”时期，意指从这时起，个体将在心理上脱离父母的保护及对父母的依恋，逐渐成长为独立的社会成员，所以这个时期会给青少年带来很大的不安。

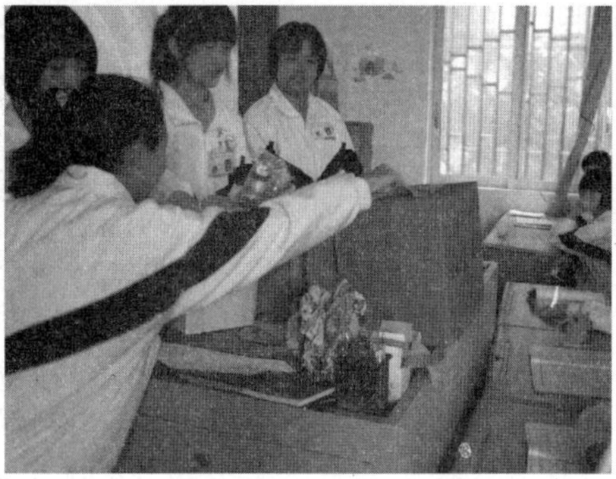

这时，我利用“三月学雷锋”活动获得了契机，根据班里的实际情况组织学生开展义卖活动。我们3班决定以更有意义的形式来践行“雷锋精神”——义卖捐款。为了使活动办得有声有色，在活动开展的前一周，班干部向同学们通报了这次活动计划和目的，大家听了都表示同意，周一就带来了书、玩具、饰品、运动器材等。

班干部利用早读时间，给爱心礼物打上标价。大约15分钟后，同学们的物品被分类到各个区域。每个同学都露出兴奋期待的神情，眼睛睁得大大的，好像生怕一不留神，自己想买的礼物就飞了似的。活动在优美的音乐旋律中顺利进行，义卖品区的东西越来越少，捐款箱里的钱越来越多。一个女学生兴高采烈地向大家展示她买的东西：一本书、一个头饰、毛绒玩具和一个钥匙扣，很自豪地告诉周围的同学：“我既能献爱心，又能得到物品，真是一举两得！”

这次义卖活动结束后，我召集班干部和几个学生开会，一起归纳活动的亮点与不足。其中，两个女生提出建议：“老师，我们有几个女生会做小点心，可不可以做一些拿来义卖？这样我们不仅可以为有需要的孩子们募捐更多的善款，还可以让同学之间互相合作、增进友谊！”于是，在接下来那个周末的时间里，这几个女生一起去市场买了材料和50个透明盒，自制小点心（如巧克力、寿司、饼干……）并装入点心盒，给一盒盒点心贴上标价，拍照上传给同学洪希，将图片制成PPT，方便在拍卖时能更好地展示点心。在班会课上，当主持人用PPT展示出一组组形似懒羊羊“发型”、心形和花形的饼干组图时，同学们喊出了一句句经典的广告词：“原价998，原价998，现在只要九块八！对，你没有听错，只要九块八，只要九块八！你只要轻轻地举起你的小手，每次举手代表增加5毛，不但可以吃到美味的饼干，还能为需要帮助的人献出你的一份爱心。还等什么呢？快来抢购吧！”在一次又一次的“成交”中，大家自制的点心全部售完，给这次活动画上了圆满句号。

同学们看着鼓鼓的红色捐款箱，再看着彼此嘴边的饼干碎屑，都美滋滋地笑了。满满的捐款箱，填的不只是钱，更是同学们的心意。的确，也许我们今天所做的，只是杯水车薪，但是，我们坚信，每人迈出一小步，社会就会前进一大步！在活动过程中，学生们不仅驱赶了心中的孤独，让沟通、合作和展示能力得到锻炼，还受到了一次深刻的思想教育。我们在关爱、帮助他人的同时，学生们的艰苦奋斗、勇于进取的意识在心头悄悄萌芽。

我非常幸运，也非常感谢校领导的信任，今年让我继续当初三（3）的班主任。

进入初三，我感觉自己激情高涨，因为在初三更容易让我找到感觉，那份充实、那种挑战性是在其他年级体会不到的。这是我第一年带毕业班，虽然教学任务、学生面临的学习压力和升学压力加重，但我想尽一切方法克服上述的这些问题。

随着初三的到来，学生的学习压力、升学压力也开始越来越大。这中间有来自同学间的竞争压力，也有来自学校、家长和社会的升学压力。所幸的是经过两年的相处，班上大部分学生愿意信任我，通过发信息或者利用晚自习时间向我倾诉他们最近的烦恼，而其中最普遍的问题是：不知道如何进行有效的学习和每晚总是辗转难眠。于是，我会争取更多的时间如班会课、课间时间，帮助学生找出存在的问题，并提出建议，鼓励学生，使他们增强自信心。并且，我深入学生宿舍，关心内宿生的学习和生活习惯，帮助他们保持足够的休息时间及良好的心理状态，提高学习的效率和生活的质量。中考是特殊的智力竞争，不仅是知识的比拼，更是心理、毅力和体力的综合较量，因此缓解初三学生的压力也是教育工作中不可或缺的一个环节，尤其是考试期间的心理调试至关重要。而心理学研究的内容堪称博大精深，而本人只是基于对心理学这门学科的爱好，以初中生的健康成长为出发点而对青少年这一阶段做了研究，这只是心理学研究中的冰山一角，接下来我会继续在心理学这方面进行深入的研究，希望通过学习能采取一些更有针对性的措施，共同帮助学生以平和的心态积极应考，发挥自己的最佳水平，实现心中的理想。

初中阶段是学生个体生理发展的加速期，身心发展的不平衡性会带来一系列的心理危机。他们的思维逐渐从形象思维、抽象思维过渡到辩证思维，思想趋于成熟。随着智力的发展，个性发展也表现出新的特点，自我意识高涨，情绪出现两极性，并产生了反抗的心理。因此，通过书籍了解初中生目前所处的特殊时期，熟悉种种因素的相互作用，能更有效地帮助学生正确地面对自己，营造和谐的学习氛围，培养学生优秀的思维能力，提高学习效率，同时拉近师生之间的距离，以使我们的教育活动具有扎实的理论依据，让师生终生受益。

拥有乐观心态，做快乐班主任

吴晓纯

自进入师范院校以来，我一直都相信：“一句话，便足以让一个学生铭记终生；一个小举动，便足以改变一个人一生的命运。”这也坚定了我成为一名人民教师的信念。有人说当老师一定要当班主任才是一位完整的老师，有人说班主任是天底下最小的主任，却肩负着最大的责任，因为他们时时刻刻与学生在一起，班主任在一个学生的成长历程中有着不可替代的作用。每每接手一个班级，面对几十个性格各异的学生，班主任面临的责任是重大的，承担的工作是繁重的。正因如此，经过几年的班主任工作，我觉得在对学生进行教育和对班级进行管理时，班主任唯有以积极的心态面对才不至于愧对学生、家长和社会。

全国特级教师李镇西老师说过：“一个优秀的教师，一刻都不会忘记自己也曾经是个孩子。”作为班主任，同学生打交道，虽然平凡，虽然疲惫，但也是有无限乐趣的，只要你能用心去体会，以学生的眼光去观察，以学生的情感去体验，以学生的心灵去感悟，以学生的兴趣去爱好。有一句话说得好，“学生因我们的存在而快乐，我们也因学生的存在而幸福”。这几年的班主任工作下来，我的感触是：痛并快乐着。每天都是最早到学校，最晚回到家，手机24小时开机待命，时刻关注学生的点滴变化，但心中的甜蜜只有当班主任的人自己知道。

我认为，要成为一名快乐的班主任，有两点非常重要：工作中不放过任何一个细节，教育中不放弃任何一个学生。

一、工作中不放过任何一个细节

第一，大处着眼，小处着手，宏观把握，做实细节。

细节是人的行为在社会活动中的细枝末节，是一些容易被人忽视的小行为、小环节。细节是在有意无意中流露出来的，往往表现为一句话、一个眼神、一种态度、一个小动作、一件小事等。细节虽小却体现着一个人的修养和品质，细节虽小却蕴含着班级管理的大智慧，体现着教育者的水平。中国著名思想家老子说：“天下之难作于易，天下之大作于细。”它的意思是天下的难办之事皆起始于易办之事，天下的大事皆起始于小事。这启发我们要做好事情就必须做好小事，把事情做细、做实、做到位。

班主任工作，亦同此理。大处着眼，小处着手，宏观把握，做实细节，这是班主任工作的关键。细节虽小却关系着班级的发展，学生的成长。在班主任那里是细节、是小事，在学生那里可能就是全部、是大事。正处在成长期的学生具有细致敏感的心理，他们对教师，特别是班主任的言行会有细腻的感受和细致的思考，班主任工作的细节会在有意无意之中对学生产生潜移默化或直接的影响。因此，班主任应关注工作细节，使自己的言行举止经得起学生的思量，给予学生良好的影响。细节意味着精致，意味着反思，更意味着一直生长的力量。班主任如果能养成注重细节、谨慎细致和精心细作的习惯，也就把握住了一种教育的力量。在今年带的班级中，有一位学生比较自卑内向，开学初在与家长的交流中，家长已经给我打了“预防针”。开学初一段时间，该生虽然没有突出表现，但我却能够感受到他对这个学校的喜爱。于是，我放松了警惕，认为学生已经适应学校情况了，无需给予过多的关注。直到有一天上课时，我接到了学生的报告，该同学不在。我心里猛地一惊，有事发生了！果然，他又被同学欺负了。他被很多人围着叫他的外号，而且有人在课堂上回答问题时也故意提到他的外号而引得全班同学爆笑。当天，这几位同学被我狠狠地批评了一番后都主动向他道了歉。接到家长的电话后，我意识到这已经不再是同学之间的开玩笑而已，我不能再被动地等着事情发生后再来处理了。周末我进行了家访，应该说，任教三年以来，这是我进行的最艰难、最尴尬但也是最有收获的一次家访。知道家长心中的气愤，我的底气也不足，进门时彼此虽然客气却明显很客套。一坐下来，趁着学生出去补习，两位家长丝毫不给我插话的机会，将学校、老师、班级和学生的罪状通通罗列了出来，一直轰炸了我半小时，当时还身着毛衣的我明显感觉到豆大的汗珠一颗一颗地滚下来，不知如何接招。我先对班里发生这样的事情表示抱歉，对我工作的不到位进行了自我批评，让家长情绪平静下来。恰好这时学生回来，见到我时那个又惊讶又高兴的劲儿，为我接下来的解释起了很大的作用。我一点一点地针对他们投诉的问题进行解释，微笑着进行说明，并对接下来我将采取的行动需要家长配合的事情告诉他们，并进行沟通交流。当我提到他们的儿子第一次做出题目，我在全班公开表扬他时，家长大喊一声：“老师，我们的儿子太需要这样的鼓励了。”这时，我知道形势已经朝着有利的方向发展了，我们之间的谈话也越来越轻松。家访时，我注意到了几个细节：其一，学生脸上一直挂着笑容，因为他从来没想过也从来没有过老师来家访；其二，当家长投诉哪个学生的不好，他总是会用那位学生的好来进行反驳；其三，他对师长特别有礼貌，明明不懂泡茶，却主动去做，手被烫得难受还一直坚持着；其四，和在教室里一样，他坐着或站着时身体都直在摇摆。我充分肯定了他尊敬师长、团结并宽容同学的优点，这给家长更是给了学生极大的精神安慰。参观学生的卧室时，我发现他书桌前摆放着一张可以360度旋转的电脑椅。这张无比舒服的椅子立马被我推了出去，也把学生的妈妈引过来了。我注意到她愣了一下，之后她很愧疚地告诉我，孩子已经跟她说过这凳子坐着不舒服，可她总是因为工作忙没有在意。孩子平时摇摆身体的不良习惯，其实就是这害人的凳子造成的。最后，家访在家长和孩子的微笑中结束，我深深地意识到班主任平时工作中的细节处理，处理工作中善于发现细节是多么的重要。

第二，表扬与批评相结合，用爱去感化学生。

大文豪托尔斯泰曾说："如果教师只爱事业，那他会成为一个好教师；如果教师只像父母那样爱学生，那他会比那种通晓书本，但既不爱事业又不爱学生的教师好；如果教师既爱事业又爱学生，那他是一个完美的教师。"在三年的班主任工作中，我对教育有了越来越深刻的了解。教师这一职业卑微而渺小，如果仅仅从物质待遇方面来衡量这一职业的价值，显然是坐井观天。只有心中有爱，无时无刻播撒爱的种子，我们才能痛并快乐着。对学生的爱，是教育工作中永恒的主题，但这并不意味着教师可以对学生采取放任自流、听之任之的态度，真正的教育应该将真诚的表扬和善意的批评结合起来。

在班级管理中，最让班主任头疼的就是差生了，不仅学习成绩差，又爱扰乱纪律，惹是生非。可是，如果班主任一味地对他们采取批评责备的方式，往往适得其反，最后弄得人累心更累。英国首相丘吉尔在传授成功秘诀时说："第一是绝不放弃，第二是绝不、绝不放弃，第三是绝不、绝不、绝不放弃。"教育是"十年树木，百年育人"的长期性工作，也需要这种绝不放弃的精神。朱樱花老师花了整整三年时间，一直守望着一个另类孩子的成长，为他写下了15万字的成长记录——《孩子，我看着你长大》；魏书生老师为了了解差生，曾与一个差生同桌一起听了150多节课。我班的小曾同学，自入学以来，打球、逃课、抽烟、打架……几乎让我操尽了心，可是我却始终无法把他与差生画上等号，因为这几年来我一直尝试着唤醒他内心深处的正直、宽容和上进心，我也相信，只要我坚持下去，总有一天我们两人都会收获胜利的果实。事实证明，付出真的会有收获。自升上初二以来，科任老师都反映小曾像换了个人似的，对老师有礼貌了，上课认真听讲做笔记了，课后作业独立完成了，也再不给我惹麻烦了。很多班主任觉得不可思议，问我到底有什么绝招。我告诉他们，我的绝招就是用爱去感化他，既要管他，让他知道做事要有规矩，又要让他知道管他的理由，让他知道自身存在的问题。所以，我认为班主任要充分认识孩子成长的可塑性、缓慢性和反复性，要有“反复抓”、“抓反复”的思想准备，要有足够的耐心。当教师的耐心和恒心远远超过学生时，学生就会“不好意思了”，就会“听话了”，这时，教育的目的就达到了。

第三，巧借班级活动，抓住每个教育的细节。

五年来，我带的三个班级参加的活动，我几乎都有参与，并非干涉学生的自由发挥，而是让学生知道班主任是和他们一起在拼搏的。在三届校运会中，学生都取得了好成绩，这当中有学生本身的优势，但我想老师的参与也有积极影响。学生训练时，无论多忙我都要绕过操场看一看，比赛时在看台上几乎是找不到我的，从检录到做准备运动再到比赛开始，我都在运动员身边，我觉得这是给他们最大的安慰和鼓舞。可能有的老师会怀疑，那看台的学生不是都乱套了？其实在赛前我已经做足了准备，与学生商量好了，只有他们遵守纪律，老师才能更多地陪着运动员，给他们鼓劲加油。但在赛场上，我觉得我应该这么做，因为喜欢运动的我也曾经渴望比赛时教练在身边给我真正的鼓励和加油。

在我们班，最其乐融融的时刻就是老师和学生一起玩，一起疯。借用家长的一句话：吴老师的心态跟她的年龄一点都不搭调。校运会上我们会一起奔跑、一起拼搏；开放日上我们会一起设计花篮、一起准备节目；演讲比赛上我会和选手比赛谁背得熟、谁读得更有感情；考试结束后我们集体去郊游。每一次活动的设计都是为了让更多的学生融入到这个大家庭中来，都希望能在快乐中给予学生引导和教育。我相信幸福的人会微笑，微笑的人会幸福。微笑是师生心灵沟通的桥梁，是师生情感联系的纽带，是化解师生矛盾于无形的秘密武器。教育中有了微笑，你将发现你所从事的是一项多么美妙的事业。微笑着看学生，是一种理智的宽容；微笑着看学生，是师生情感沟通的不二法宝。老师们，请千万别忘了，在你将知识传授给学生的同时，不妨也将你的微笑带给学生吧，这样，你的微笑将变成千万个微笑！

二、教育中不放弃任何一个学生

第一，平等对待每一个学生。

当班主任不但身体累，而且心累，这是很多班主任的共同心声。但就如知名教育专家高金英老师所说：“你把学生当做魔鬼，你就生活在地狱；你把学生当做天使，你就生活在天堂。”班主任积极乐观的心态，根植于对学生和班级的无限热爱，成长于不断进取、不断创新的班级管理工作中。新型的师生关系要求我们要平等民主地对待每一个学生。事实上，作为班主任，收起我们那张故作严肃的脸，坐下来和学生一起交流，和他们一起进步，和他们一起分享快乐，共同分担忧愁，你就会觉得，原来，当班主任是如此幸福，班主任的心情也可以如此美好！

我们的班集体有64+1名成员，因为我也是其中一员。我反对居高临下地去领导和管教学生，更反对以警察的面目充当维护秩序的角色。在三年多的班主任经验中，我深刻地认识到：一个集体的良好秩序不是靠惩罚，而是靠集体舆论的一致褒贬来维护的，集体舆论的正确导向是一个优秀集体的生命线。我向学生表示：站在讲台上，我是一名老师，我承担的是教学的任务；但在这个教室里，我是大家的朋友，是这个班级的一员，我与大家对这个集体承担着共同的责任。在日常与学生的接触中，我经常以自己的实际行动让学生感受到我对这个大家庭的爱。教室里有纸屑，我默默地捡起来；讲台乱了，我帮忙整理；布置教室，出黑板报，我与学生一起出主意；学生上完体育课回来，我拿着纸巾走进教室，关切地提醒他们不要着凉。我们的班集体没有批评，没有责备，在潜移默化中每一个同学都养成了主动为班集体奉献自己一份力量的习惯。

一个学期下来，我只需用一个眼神、一个手势，就能让学生明白我对他们的要求。我们班的科任老师反映：10班的学生很活跃，每天乐乐呵呵，心情舒畅地来上学。是的，首先我把学生吸引到我的周围，当良好的班级风气形成之后，这个集体本身就对它的成员产生了巨大的吸引力，成员之间的民主、平等、团结及和谐就充分地体现出来了。记得2008年我带的10班，开学不久，陈格诗同学的脚受伤了，得知消息后，我马上组织班干部去看望她并每周末帮她补课。在她休养的两个月里，我坚持用MP3每天将上课的内容录下来后拿给她，确保她学习上不掉队。在她康复回校的时候，我买了一束花，委托班长以班级的名义送给她，全班同学掌声响起，大声喊着“欢迎格诗回家”。在接下来的期中考试中，她仍然以优异的成绩名列班级前茅，中考也以优异的成绩考上了重点高中。

第二，用一颗平常之心对待优秀生。

优秀生思想基础好，积极上进，学习刻苦，尊重老师，团结同学，在学习工作中都起着模范带头作用，是班级建设的排头兵，也是班主任的得力助手，每个老师都喜欢。但是，由于他们与其他同学所处的位置不同，成长进步的条件存在差异，在思想上追求不一样，决定了他们具有与众不同的特点。因此，教育中要做到有的放矢，使管理教育具有针对性。对于优秀生，要注意调动积极因素，帮助他们端正争当优秀生的动机。在教育中要以鼓励为主，批评要恰当适时。

今年我的班级中有一位学生成绩特别优异，用学生的话来说就是“上课从不见他听课，下课从不见他请教，宿舍从不见他学习”，这样的学生却总能在大考、小考中占据班级前三名的位置，要知道这在我们这样的学校来说是多么的不容易。我仔细观察了这个学生，虽说上课会做小动作，会与同桌窃窃私语，可老师讲到的重点内容他全部都记录完整，老师要求背诵的文章背起来从不会断断续续。更重要的一点是，他特别喜欢看书，天文地理知识比其他同龄学生懂得多，应该说这是一个懂得读书的学生。可后来发生的事情让我对他的看法改变了不少。英语考试上，老师发下试卷，他与同桌各分一半（为了节省纸张，在页面单数的情况下往往采用同桌合用一张试卷的办法），但这次的试卷是每人完整的两张，无需撕开来。老师马上在讲台上讲明情况，让已经撕开的同学换试卷。可这位同学完全不理睬，马上就开始答题，等到老师走到旁边再次提醒他换试卷时，他回应老师：“我已经开始答题了，换试卷会影响到我答题时间的。”很明显，这是一位自认为成绩优秀、无视他人的学生。当那位老师生气地向我投诉了此事时，我当着其他同学的面在他的试卷上写明“无效卷零分”的字样，目的就是让他们去给他通风报信。果然，他知道了这事。可我却接到了家长的电话，家长仔细询问了此事，并将孩子愤怒的话语转告给我：“爸爸，这件事本来就是老师讲得不清楚，而且同样都是试卷，撕开了又有什么关系呢？零分就零分吧，我相信凭我的实力，没有这科的分数我仍然可以保前三。”这更让我坚定了要给这个学生一个教训的想法。我详细地将事情的经过告知家长，并向家长剖析了孩子心理上的高傲和孩子遇到问题却不愿去面对的缺点。我给了孩子一个晚上的思考时间，第二天我找他谈话，肯定了他的优秀，但也指出他的问题所在，并表明老师的立场：希望他能真正成为一个德、智、体全面发展的优秀生。在接下来的工作中，我时不时地鼓励他，如今这位学生在同学中的威望越来越高，也更多地参与到班级活动中来。

对待优秀生，我们总会以一颗宽容之心去对待，往往溺爱了他们，教育出了一批只会读书考试却没有人情味的所谓优秀生。我想，只有用一颗平常心去对待优秀生，整个班级才能平衡发展，优秀生也才能够在班级中树立威信。

第三，用一颗鼓励之心对待中等生。

在学生思想教育上，长期以来，已经形成了一种“抓两头、带中间”的框框，导致了事实上的“忙两头、丢中间”的最终局面。这部分“中等生”大都缺乏主见，缺乏学习、活动的热情，没有与人竞争的勇气和兴趣。这部分“中等生”长期缺乏教师应有的关心、帮助、教育和培养，在集体生活中也缺乏唱“主角”的机会，自以为处在冷漠的关系中，加上对自身的认识不够，形成了精神欲求不足的心理。这种心理状态与我们所提倡的现代人意识是格格不入的，与素质教育的要求是相背离的。

几年的班主任生涯，使我感触颇深。在一次家长会中，一位学生家长曾经对我说："有一天，我问孩子：'你在班里表现怎样？老师对你评价如何呀?'孩子叹了口气说：'我呀，不好不坏，还行吧!'我听了以后忧心忡忡，孩子学习成绩普普通通，思想、纪律和行为表现一般，处于中等生行列，老师对他既不表扬也不批评。一学期下来，他还是在原地踏步，我希望老师您能对他予以关注。"

我听了以后，认真地作了反思。不仅是我，相信所有的老师都喜欢学习、思想、纪律各方面都优秀的学生。他们是班里的焦点、学习的榜样，全班学生以他们为中心。各科老师都喜欢他们，甚至还会给他们开"小灶"，让他们学习成绩更上一层楼。同时，老师把更多的精力用在转化差生的工作上，用课余时间给差生讲课、补课，找个别学生谈话，进行教育。差生有了一点进步，就会受到老师的表扬、鼓励，慢慢地在各方面都有了很大进步。优秀生和差生是老师们关注的焦点，而中等生却往往被忽视，甚至被冷落。他们学习成绩一般，处于中等，思想、纪律各方面表现平平，老师对他们的评价往往是"一般"、"中等"之类的词语。

其实，中等生更需要老师的关心和鼓励。老师不仅要关爱中等生，还要做好促使他们向优秀生转化的工作。一个班级"中等生"人数占班内总数的大部分，虽然他们不会分散老师过多的精力，但是对于中等生来说，一句鼓励的话语，一次诚恳的交谈，就会让学生觉得，在你的心目中，他是特殊的，老师喜欢他。他就会对老师产生信服感、依赖感。进而愿意与你接触，增进与老师之间的感情。

还记得小欢入学时那腼腆的样子，如果不是后来跟她的一次谈话，我还真没怎么注意班里有这么一个人。身为班主任，我经常深入到宿舍去了解学生的生活学习，但每一次去，小欢都是自己独自在床上看书，从不参与我们的谈话。问她也只是腼腆地笑笑或回答问题后就不再答话。在选班干部时，我故意选她为生活委员，一来这工作需要细心的人才能做得更好，二来希望她能更多地参与到班级工作中来。可才干了一天，小欢就向我递了辞呈。追问原因才知道，生活委员需要去评卫生情况，而这又关系着班级流动红旗，该如何给分这个尺度很难拿捏，而且班里的经费要怎么管理也是一个大问题。我告诉她，没有人生下来就什么事情都懂得做的，只有抓住机会去磨炼的人才能成功。如果你是觉得压力太大，老师可以允许你辞职；但如果你是因为不懂，老师可以教你，保证你能顺利完成任务。接下来的日子，我在工作上一点点地对她进行指导，慢慢恢复她的信心。校运会上，我鼓励她去参加，并且报了别人都不乐意的1 500米赛跑项目。比赛时小欢那自信的身影第一个穿过终点时，她对我说："老师，原来把握好机会真的可以成功的。"我这才知道为了比赛，小欢每天晚上自习后都坚持到操场跑步，一圈、两圈、三圈……一个多月训练下来小欢一口气跑上十圈都是小事一桩。我看到了鼓励的力量，可接下来更让我惊讶的是自信的力量。以前的小欢因为一直很平淡，从来没有人去关注她，让她越来越自卑，可生活委员的工作和校运会上的冲刺让她看到了自己的能力，现在的她每天都笑嘻嘻的，还是坚持跑步，负责地担任生活委员，同时成绩一直名列前茅，在中考中顺利考上了重点高中。

所以，对于中等生，如果我们能够热情关心，积极引导，严格要求，并为他们的健康成长创造条件，用心拉他们一把，他们就可以同优等生一起进步；如果我们放任自流，忽视他们，特别是他们遇到困难或受到外来的不良影响时，我们没有及时给予指导和帮助，他们就会落后，甚至落入后进生的行列。班主任要成为现实中的"皮格马利翁"，就要重视中等生的需要和渴望，充分激发他们的潜能，让中等生显出亮色。中等生的进步成长可以推动整个班集体向前迈进，健康发展。

第四，用一颗关怀之心对待差生。

在今年带的班级中，有一位学生开学不久就遭到投诉，课堂上不是说话就是对同桌动手动脚，作业完成质量差，同桌也投诉不愿和他一起坐。接到投诉大多数人都有这样的想法：这家伙又惹祸了，又是他。一开始我也猜测他是那种好玩而不喜欢学习的学生。找他聊天、课堂监督、作业检查等种种方式都不见效。后来，我在其他优秀教师身上学到了"用欣赏的目光去看待学生"。我试着去了解他以前的情况、在家的学习情况、课堂上的表现和各科考试的情况。有一次在校门口刚好遇到家长，孩子很害怕，一路小声央求我："老师，您别走太快，要不一会我又得挨骂了。"听到这句话后我有点于心不忍，毕竟是才十三四岁的孩子。在接下来与家长的交流中，我就孩子在学校的点滴进步与家长进行了交流，只字不提他犯错的事情，也丝毫不给家长投诉的机会就让他们回去了。但在当天下午我就打电话再次与家长交流，得知孩子从四年级开始迷上了游戏后就再也没受过老师的表扬，孩子今天得到表扬让家长很震惊，身为家长的他也看到了希望。后来的事实证明了是家长和老师对孩子的肯定使他产生了翻天覆地的变化。所以，我认为表扬学生一定要当着他的面，对学生的批评则一定要私底下与家长沟通。或许不是所有的学生都会这样，但只要有一个学生因为我们而改变，我觉得就是成功的。这个孩子对于我们来说只是65位同学中的一位，但对于他的家庭来说却是唯一。如果当初选择放弃他，我不只是毁了一个学生，更是毁了一个家庭。

有人说当老师是吃良心饭的，干多干少自己心里知道。这句话我很赞同，如果什么都不管，两三年时间很快就过去了，但是学生的一辈子可能就毁了。当班主任，要不就不当，如果当了，不管是一年还是两三年，都要做一个有所作为的班主任。因为有一天，我们都会变成家长，我们同样会渴望遇到一群优秀的老师。既然这样，我们为什么不先从自身做起呢？让我们一起当快乐的班主任吧！

学修并进，传承探索

——读《弟子规》有感

蔡杰华

为促进青年教师专业化成长以及提升教师的人文素养，提升金山人的整体素养，2012 年 7 月份，学校组织部分老师到揭阳双峰寺参加学习传统文化的活动；8 月份，学校组织青年教师学习国学文化；新学期伊始，学校大力开展学习传统文化特别是推行学习《弟子规》的活动，每位师生人手一本《弟子规》。全校上下掀起了学习《弟子规》的热潮，本人在学习的过程中收获知识的同时，净化了心灵并从中获得了指导教育实践的灵感。《弟子规》给我的最大启示就是要重视经典文化，做一个学修并进、懂得传承经典与探索新知的人类灵魂工程师。

一、教师要做到学修并进，高洁芳馨

《弟子规》的博大精深需要教师深入学习，博采众长，并积极思考，化知识为内在修养。真正的知识分子不单单是有专业知识和技能，还应该有独立的意识思想以及关怀精神。古代读书人或被称为书呆子或被称为某方面有造诣的大家如诗人、思想家等。书呆子与大家的区别就在于才高八斗的读书人是否能够内化知识，提升自己的文化气息。而内化的关键就是要品行高尚，践行经典教诲，在学习与思考中汲取精华。作为教师更应该如此。古之圣人常以芳草自喻，今之良师亦当以芳草自比，吸天地之精华，远世俗之污浊，以做一名高洁芳馨的脱俗良师为目标。倘能如此，学生定能在这位老师身上感受到传统文化之气息并乐于学习传统文化，进而乐于将传统文化的精神传承下去。

在当代传统文化出现前所未有的危机之时，教师在学习传统文化时做到“学修并进，高洁芳馨”并非易事，但只要有“仁爱”之心，定能披荆斩棘，让传统文化在教育中绽放光彩。《弟子规》云：“行高者，名自高；人所重，非貌高；才大者，望自大；人所服，非言大。”这强调修养的重要性。费孝通先生提出文化自觉的概念，其中一个含义是指“生活在一定文化中的人，对其文化要有自知之明，明白它的来历、形成过程、所具有的特色和它的发展趋向，自知之明是为了加强对文化转型的自主能力，取得适应新环境、新时代文化选择的自主地位”。他用“各美其美，美人之美，美美与共，天下大同”四句话概括了文化自觉的本质内涵。在学习《弟子规》的过程中，有的老师兴趣盎然，积极记下精彩的言语，但也有些教师表现冷淡。本人认为，这就是文化自觉程度不同的表现。作为教师，定当如前者，才可能化“教师需要学习经典文化”为“我喜欢学习经典文化”。一位具有广博的文化知识的教师对学生来说具有极大的吸引力。

二、中国传统文化在当代教育中的重要性

中国传统文化的精髓是“国以人为本，人以德为本”。古圣先贤提出“建国君民，教学为先”的理念。中国的老祖宗一贯把德行教育放在教育的首位。当代中国教育一直将“德育”置于“智育”、“体育”等之前。新课程体现了“以人为本，以学生的发展为根本”的人文主义观念。可见，古往今来，德育是教育的根本，而中国传统文化是德育的根本。简而言之，中国传统文化是教育的最根本，而学习经典文化就是根本之举。《弟子规》原名《训蒙文》，为清朝康熙年间的秀才李毓秀所作。其内容采用《论语·学而篇》第六条“弟子入则孝，出则悌，谨而信，泛爱众而亲仁。行有余力，则以学文”的文义，以三字一句、两句一韵编纂而成，分为五个部分，具体列述为人子弟在家、出外、待人接物与学习上应该恪守的礼仪与规范。可见，《弟子规》的精髓在当今并不过时，与当今教育的根本相契合。

三、教师要勇于探索如何将传统文化的精髓渗透到班级文化建设中

《弟子规》云：“不力行，但学文；长浮华，成何人；但力行，不学文；任己见，昧理真。”强调了知行合一的重要性。教师学习《弟子规》不仅仅是为了提高个人修养，更应该是以《弟子规》的精髓为指导并进行有效的探索与实践。以下为本人在学习了《弟子规》后进行的探索。

第一，利用班会，开展“道德讲堂”，宣传《弟子规》。

根据上级的工作规划和学校实际，本学年我校着手制订并尝试实施《道德讲堂》教育方案，进行德育实验。基本思路是以初一、初二级师生为主体，以每月一次主题班会为平台，以《弟子规》等传统经典为引子，以校园内外公共道德和个人修养案例为借鉴，以“八个一”为基本内容和形式，以骨干教师示范课为重点，以各班级跟进试验、知行合一为后盾，以班风、校风进步为检验，以德育科研为动力，力争为本校和全市德育工作积累新经验，开拓新

路子。在配合学校开展活动的过程中，本人利用班会开展了学习《弟子规》的活动，让学生较系统地了解和学习《弟子规》。

2012—2013学年度第一学期第四周的周一，初二年级各班开展了第一次“道德讲堂”（主题班会）活动。例如本班根据现在的学生大多是独生子女，由于父母的溺爱，许多学生都很喜欢以自我为中心，学生之间经常为了一点小事而产生摩擦，甚至动手打架等实际情况，以《弟子规》中的“兄道友，弟道恭；兄弟睦，孝在中；财物轻，怨何生；言语忍，忿自泯”为指导，开展了主题为“相亲相爱一家人”的“道德讲堂”（主题班会）活动。班会课上，老师和同学们通过讨论的形式，分享经典的兄弟故事，并将兄弟情谊扩展到班级同学间的“兄弟姐妹”般的情分，分析同学间出现冲突的原因，层层深入，引导同学们以班级为家，以同学为兄弟姐妹，共同创造一个相亲相爱的家，进一步增强了班级凝聚力。

第二，在课堂教学中，传播传统文化，提高学生对“德”的重视程度。

传统文化重视“德”，这与当代教育中的德育不谋而合。而不管是“德”还是“德育”都与生活息息相关。与生活息息相关正是传播传统文化以及宣传德育的有利条件。初中英语主要是提高学生的口语能力，内容与日常交流息息相关。在初一第一学期的英语课中有好几个单元都是关于问候语或介绍人物的对话，内容比较简单，学生很快就掌握了。教师可以事先让学生了解不同国家的问候礼节，再让学生扮演来自不同国度的人进行表演。很多学生认为日本和韩国的问候礼节最为隆重，因为他们是进行鞠躬或者叩首的。教师可以及时介绍《弟子规》中的“路遇长，急趋揖，长无言，退恭立，骑下马，乘下车，过犹待，百步余”并讲述古代人如何进行问候。有些学生定会恍然大悟，其实日本和韩国的很多礼节都是来自于汉文化，从而燃起学生心中保护和传承传统文化的热情。当学生燃起热情之时，教师如果能够引导学生在日常交流中做一个懂礼仪的学生，相信传统文化和德育都能够逐渐深入学生之心。

第三，在平时的教育中，对学生进行潜移默化的文化熏陶。

当学生在礼仪方面出现不足时，可以以《弟子规》的“步从容，立端正；揖深圆，拜恭敬；勿践阈，勿跛倚；勿箕踞，勿摇髀”为指导。当学生在仪容仪表方面出现不足时，可以以《弟子规》的“冠必正，纽必结；袜与履，俱紧切；置冠服，有定位；勿乱顿，致污秽”为指导。

第四，学校上下重视，极力推行中国传统文化。

学校不定时开展学习《弟子规》的心得分享活动，在班主任会议上，德高望重的张连娟老师多次强调传统文化，其他老师也踊跃发言；学校不定时开展“道德讲堂”公开课；班主任们积极向同学们传播传统文化，开展一系列的道德讲堂活动。在平时，班主任利用早读以及班会课，开展朗读与学习《弟子规》的活动。在课间，时而会听到同学们吟诵《弟子规》的琅琅书声；在开展教育的过程中，教师时常引用《弟子规》的相关教诲，既针对性地对同学们进行教育，又进一步地深化传统文化对同学们的影响。在推行《弟子规》等国学经典、学习传统文化的期间，师生间出现了不同声音：有的给予支持与肯定，有的会发出质疑的声音。这源于不同人对国学的不同认识。对于传统文化，我们当以“取其精华，弃其糟粕”的态度，以恭敬之心去学习、借鉴、传承与发展，不可盲目否定或盲目遵从。

《弟子规》是人们的生活规范，是教导学生为人处世的规范，对教育起到重要的作用。教师在学习中国传统文化的经典《弟子规》的同时，要重视提高个人修养，并积极地将其精髓有效地融入教育中，使之逐渐深入人心，逐渐融合到班级文化建设当中。《弟子规》的熏陶是潜移默化的，未必能起到立竿见影的效果，但从长远上以及实践上看，传统文化可以浸润孩子们的内心，让学生“桀骜不驯”的性格以及“情感冷漠”的现状都得到极大的改变。只要教育者有足够的耐心和信心去不断地传播，中国的传统文化将惠泽一批又一批学生。

“爱”的力量

——在班级管理中渗透爱的教育

蔡巧娜

曾听过这样一句话：热爱学生就是热爱教育事业。然而真正由心底热爱学生并不是一件容易的事，让学生体会到老师的爱就更加困难。我们经常碰见这样的情况：老师对学生苦口婆心地劝说，学生却在一旁一脸无所谓，或表面唯唯诺诺，一转身却旧态复萌。但是难归难，一旦学生体会到你的爱，感受到这种爱，产生感情上的共鸣，那么你的教育将取得事半功倍的效果。几年的班主任工作让我深刻体会到，作为一名初中教师，除了必须了解这一特殊年龄阶段学生的特点，因材施教之外，更要发自内心地关心学生，爱护学生，才能取得较好的教育效果。下面，我就在班级管理中如何渗透爱的教育这一问题提出一些浅薄的见解。

一、老师的爱，润物细无声

班级是学校教育的基本单位，学生的活动主要是在班级开展，因此班级也是学生心理素质提高的主渠道和发现学生心理问题的窗口。记得初二年级的班里有两个成绩很好的学生，男生的数学成绩特别好，在班里有“数学小天才”之称；女生的数学却相对比较薄弱，又刚好坐在男生的前面，因此经常向男生请教问题。久而久之，班里就传出一些风言风语，说他们在谈恋爱，是“一对儿”，甚至有同学还绘声绘色地说在校园的绿荫小道上看到他们两人手牵手。我暗自观察后发现两人确实走得太“近”了。本想按照惯例分别找他们到办公室好好批评教育一番。可是转念一想，两人都属于自尊心特别强的同学，而且男生的叛逆心很重，这样做可能会适得其反。该用什么方式来教育他们才能既收到好的教育效果，又不会伤害其自尊，而且对其他同学也有一定的教育作用呢？

思考良久，我决定利用主题班会作为教育的阵地，开展一次名为“让友谊的阳光，打开心中的枷锁”的心理辅导课，使学生在活动中解开与同学交往的一些困惑，让学生能够体悟出人际交往过程中所应该遵循的一些基本原则，从而给学生的现实生活以一定的启发。通过调查后，我有针对性地设计了以下几个活动环节：首先，通过一首歌曲——《朋友》引入主题，让学生们明白没有任何一个人可以伟大到不需要朋友。那么朋友对我们来说有多重要呢？接下来就通过游戏环节——盲人贴鼻子（先由一位同学蒙上眼睛，自己一个人给画在黑板上的脸贴上鼻子；然后再由这位同学请自己的好朋友帮忙指点方向，在另外一张脸上画鼻子，两张脸进行对比）引导学生分析产生不同结果的原因，让他们亲身体验到朋友的重要性。再通过案例分析进行教育。案例一：树鸿（化名）是班里的尖子生，在班里“1 帮 1”的活动中，他和王玲（化名）同在一组。放学后，他经常帮王玲温习功课。两个人走得很近。久而久之，班里的同学就在背后指指点点，说他们是情侣，是“一对儿”。案例二：刘刚（化名）写给女同学婷婷（化名）的“情书”——“我们在一个班相处一年多了，你给我留下了深刻的印象。你聪明、热情大方且乐于助人。你那双会说话的眼睛常令我心神不定，我真的很喜欢你！星期五下午没有其他活动，你在校门口等我，咱们出去聊聊好吗？请不要让我失望。”让大家进行角色转换，并分组讨论问题。如，假如你是案例中的主人翁，你会怎么办？假如班里出现了这样的情况，我们该如何帮助他们走出误区？处在这个年龄阶段的我们最主要的任务是什么？是否具备谈恋爱的条件等问题。各组学生自己派出代表扮演案例中的角色，将本组的观点通过表演表达出来并评出最佳处理方案，从而达到让学生“自己教育自己”的目的。之后再通过展示班里同学在学习生活过程中友好相处的实例，树立学习的榜样，最后总结出与人交往所必须遵循的原则，以指导学生的实际行动。老师再综合分析同学们的处理方法，对全班同学提出一个要求：“春天的事情春天做，秋天的事情留待秋天再做！”

课后，我让全班学生都将对这节课的感想记下来，那位男生在他的感想中写道：“老师，其实我知道这个主题活动中很多话都是你想对我说的，只是没想到你会以这种方式来说。谢谢您，我想我知道该怎么做了！”看到这里，我知道我的苦心并没有白费。

二、老师的爱，学生的导航灯

许同学是班里所谓的“双差生”，上课时不是与同学说话吵闹就是趴在桌子上睡觉，成绩处于下游水平。他最大的兴趣就是打篮球和田径运动。家长因怕影响学习而严令禁止他打球，规定放学后必须马上回家。但是“上有政策，下有对策”，许同学欺骗家长说老师每天放学后都要进行加时训练，回家要晚些。后来家长在与老师通电话时问起这事，我并没有立刻揭穿他的“阴谋”，而是说了一个善意的谎言。隔天早上，我马上将他叫到办公室。他可能料定老师要狠狠批评他一顿，斜着眼，一副“你能拿我怎样”的挑衅态度。我当作没看见，微笑着搬了张椅子让他坐下。关于他撒谎的事我一字没提，反而谈起了篮球、有名的球星，甚至与他分享了我上大学时在系篮球队的一些趣事，让他感受到老师很理解他的兴趣，甚至是持一种赞赏的态度。消除他的戒备心理后，我以过来人的身份告诉他，若想到好一点的体育学校深造，必须过两条线：一是文科线，一是术科线。以他的实际情况来看，第二条线没问题，关键看能否过文科线。如果真想朝这方面发展，那老师可以出面与家长进行沟通，争取他们的理解和支持。但前提是上课时你必须管好自己，认真听讲，实在听不下时允许趴在桌子上休息，但不可影响到他人，而且每科成绩必须保证及格。他接受了我的建议。我开始积极跟他的家长沟通，让他们明白每个孩子都有自己的特点，不一定非得学习成绩好才是好，让他们看到他们儿子的优势所在，并收集了往年招考体育特长生的一些资料给家长参考，最后总算得到家长的认同。

后来我任命该生为体育委员，让其全权负责校运会的组织工作。他也不负众望，带领班里的运动员连续三年都以绝对优势拿了校的冠军，并且他被推荐为校队运动员，选派参加市的运动会，取得极佳的成绩。现在，学校还保留着他所创下的纪录：800 米 2 分 7 秒 3；1 500 米 5 分 56 秒。去年，该生顺利进入汕头体校学习，如今已取得国家二级运动员的资格。

三、老师的爱，学生成长的沃土

要想让老师的爱更好地促进学生的健康成长，就必须了解学生内心的真正想法，提供一个平等交流的平台，让许多面对面时说不出口的话都能有一个倾诉的地方。因此，尽管不是语文老师，我还是让每个学生都写周记。而且我的周记不要求字数，不限制内容，绝对保密（除非本人同意公开），任何你想说的话都可以写下来。

记得有一次，班里一位内向的女生在周记里谈到自从拿了第一名（原来在班里排名是 30 多名）受到老师表扬后，一直压力很大，很怕下次没办法继续保持第一，也很怕回家面对父母殷切的期望。现在她只要一集中注意力就头痛，越强迫自己学习，头脑里就越是一片空白。有一次她甚至对我说：“老师，不知为什么有时总觉得走了一年多的回宿舍的路突然变得很陌生。”对此我很担心，深入了解后知道其压力主要来自家庭。家里的父母都是农民，经济条件非常一般，而且她还有一个弟弟。家长向许多亲友借钱供她在这所学校读书，寄托了极大的期望，这种期望转化成压力沉甸甸地挂在她的心上。了解情况后，我多次与家长联系，让他们不要对她寄予过高的期望，不要将经济情况过多地告诉学生，以免造成压力。取得家长的支持和配合后，我发动周围同学帮助她，带她一起去散步，做运动。甚至请连校长以其女儿相似的经历去开导她，最后还联系了韩山师范学院的心理辅导老师帮助她走出心理的阴影，克服心理障碍。有空时我也经常找她谈心，告诉她如果心里有什么困惑，不管多晚都可以打电话给我，我的手机二十四小时为她开着。我细心帮助她解决学习和生活上的种种困难，鼓励她相信自己的能力，相信老师的教育，勇敢接受学习的挑战。经过了长达半年的心理疏导，该生最后终于调整好心态，并且顺利考上了本市的重点高中——金山中学。

回顾这几年来，虽然付出了很多心血，但看到学生健康成长，看到班级由原来的差班慢慢转变成年级的优秀班集体，听到最初那些说“上完 8 班的课，我的工作量就完成了一大半”的老师现在却跟我说“公开课我最希望能在 8 班开”，我感到所有的付出都值得！记得初二第二学期快结束时，全班同学瞒着我一个人，准备了一个让我一生难忘的班会。当看到长达四五米的横幅上，写着“蔡老师，您辛苦了！8 班永远爱您!”，看到背面用稚嫩的笔迹签下的五十多个名字，看到满载着学生祝福的幸运星，看到星星中写下学生真诚的话语，我不由得潸然泪下，许多同学都跟着哭了。后来，接到很多家长的电话，希望我继续教他们的孩子，所有的这些都让我发自内心地感动，因为我感受到了学生甚至家长对老师的“爱”的回馈!

至此，我深刻体会到什么是“爱生如子”，这种圣洁的爱是老师培桃育李的感情基础。学生只有体会到这种真情实谊，才会“亲其师、敬其师”，从而“信其道”，也正是在这个过程中，教书育人才实现其根本功能。而这种感动，这种“爱”，也成为千千万万个教师继续努力工作、用心育人的动力源泉!

班主任成长案例

张晓洁

今年已经是我当班主任的第六个年头了。六年来，经历了初一到初三一轮的班级管理，虽曾迷惘徘徊过，但经过这些年的磨炼，我得到了许多宝贵的经验。

一、学会倾听

回想起刚站上讲台时的我，血气方刚，满怀着一腔热情，总是求胜心切。遇到学生违反纪律，我就容易怒火上升，不问缘由地“一棍子打死”，给予学生严厉的批评。殊不知这带给学生一些负面的情绪，自己也碰得一鼻子灰。经过了一番摸索，我调整了心态，学会去倾听学生的心声。

我曾经在一本书上看过这样一番话：“乐于倾听，善于倾听，学会倾听，不仅是一种优良的品质和修养，而且是一种睿智机巧的教育艺术，是实施有效教育的基础和前提。”的确，学生有独立的思想、有自尊心。要做好班级工作，要对学生进行有效的教育，作为班主任，就必须尊重学生，倾听学生的声音，了解学生的困难，知道他们在想什么，在做什么，有什么高兴的事，有什么忧愁的事，他们学习中有什么成功的地方，有什么困惑；知道他们的问题是方法问题还是心理问题，是习惯问题还是基础问题等。只要我对这些问题有一个比较清醒的认识，就可以对症下药，有的放矢。

倾听，可以使教师平易近人、和蔼可亲，增加老师的亲和力。

通过倾听，我了解了学生的性格特点及在日常学习、生活中的兴趣、爱好等，从而寻找出最佳的教育方法，我也从中解决了班里的许多问题。平息了同学间的矛盾，消除了学生与科任老师的冲突，帮学生消除了家庭压力等。

内宿生小萍是个文静的小女生。平时话不多，遵规守纪，上课专心听课，从不拖欠作业。但有段时间我发现她更沉默寡言了，整天闷闷不乐，作业也出现了拖欠现象。我打电话向她的父母询问，才知道她好像很害怕回家，每个周末回家总会在家里大发脾气，等到星期天下午快回校前的一段时间情绪才会稳定下来。她父母也很担心，不知她是否发生了什么事，问她她又不肯说。我了解情况后，马上走访了她们的宿舍，并暗示性地跟她们宿舍的学生说，若遇到困惑或自己解决不了的问题时，一定要第一时间告诉我，好让我想办法帮她们解决。又随意地看了一下小萍，接着又说：“班里不是有个班级邮箱吗？还是小萍提倡开设的，我真希望收到的第一封信是小萍寄给我的。”结果不出所料，小萍果真写信给我了。信中她说到她很了解她的父母亲为了让她来学校读书，花费了多少心血，也知道父母很疼她。她很想努力考出好成绩，报答父母，但是自己智力有限，就是考不好。所以她很苦恼，很害怕回去见父母。虽然每次考试考得不好，甚至不及格，父母都没说她什么，但是那更让她觉得羞愧，所以她想逃避。看到小萍的信后，我立刻给她回了一封信。信中我鼓励她遇到事情要勇敢地去面对，表扬她懂得要报答父母的真心，并帮她分析考试失败的原因，指导她如何以更好的心态，采取更好的办法去学习。她收到信时高兴极了。之后她还经常向我请教一些学习的方法。渐渐地，她开朗了许多，成绩也稳步上升了，对我也是敬佩有加。

“知己知彼，百战百胜。”倾听学生，从中获得大量的信息，掌握学生的心理，才能做到以退为进，把握主动权，这样才便于教育工作的开展。

小泽是个顽皮的学生，平日里惹是生非，没少挨老师批评。可能是他挨骂挨习惯了，也可能是他生性孤傲，从不在乎别人对他的看法，总是我行我素，不苟言笑。但有一次，晚自习结束后，有同学向我报告说他一个人在操场的角落里哭。我一听，立刻跑了过去。可他却看都不看我一眼，还是继续哭。我不慌不忙地陪他坐在地上，一语不发。就这样我们沉默了好一会。突然他转过头来问我：“你有看过我爸爸吗？他看上去会不会很老？”我反问了他一句：“你怎么会这么问？你觉得呢？”这下，他“哇”的一声又哭了起来。边哭边哽咽地说他周末回去帮他爸爸过生日，家里孤寂了许多，以前亲朋好友欢聚一堂的风光场面没了，可能是他爸爸生意失败的原因吧。他从没好好注视过他爸爸，可这一次他好好端详了一下，发现他爸爸头上有好多白头发，顿时觉得爸爸好老，好辛苦……听他诉说完，我安抚了他的心情。之后，虽说他的学习态度有好转，性格也开朗了，但生性的顽劣却怎么也改不了，时不时地还会违反纪律，甚至和同学吵架打架。但每一次只要我跟他提起他爸爸，他就会感到羞愧，并下决心改好。这学期以来，在他爸爸的配合和我的劝说引导下，他慢慢地改掉了一些不好的行为，学习也一路跟了上来。

通过倾听，我拉近了与学生的距离，也得到了学生的信赖，成了学生的“心理医生”。我们之间没有界限，没有隔阂，我们无话不说，畅所欲言，这也使得我的班级管理工作进行得更顺利。为了更好地让学生向我倾诉，我极力地创造让他们倾诉的环境。我充分利用课间、体育课、放学后、夜自习和一切可以师生同聚的场合和时间，找他们谈心，让他们向我尽情地倾诉心思。我还要求他们写月记，记录他们的所思所感。同时，我利用学生对网络的激情和网络跨越时空的特点，投其所好，利用网络加强对学生的教育。通过QQ，我用朋友的身份和学生激扬文字，探讨人生，这使得我有更多的机会让学生“近朱者赤”，有更好的时机使对学生成长的要求“随风潜入夜”。师生之间也因此拥有了更多的默契。

老师学会了倾听，就能够深入了解学生的内心世界，去抚慰成长中敏感的心灵。学生们也就会感受到老师对他们的尊重和关怀。所谓“亲其师”，就会“信其道”。

学会了倾听，就能不动声色地让学生受到教育，运筹于帷幄之中。

二、爱心化人

初二学生的情况被教育专家称为“初二现象”。那是因为这个时期正值学生“身心聚变”的阶段，他们精力充沛，好奇心和自我表现欲望很强，但自我抑制能力却很低。加上心智发育尚未成熟，往往对外界影响缺乏识别能力，最容易冲动，做事也很莽撞，后果意识能力差。另外，随着科目增加，知识难度的提高，初二的学生在学习上会出现“分化”现象，这个时期就很容易出现“双差生”。

对于这样一个特殊群体，我曾想尽办法去转化他们，但可能是太急于求成，效果甚微。于是我找有经验的老教师请教，并不断借鉴名班主任的管理经验，结合本班“后进生”的特点不断实践转化的方法。慢慢地，我发现这些学生也有其个性特征，也有其与众不同、优越的一面，只要我们对他们付出至真至诚的爱，给他们多点鼓舞和帮助，并善于用敏锐的观察力去发掘他们身上的“闪光点”并扩大它，懂得和他们交心，我们就能感动、感染和感化他们，最终“掳获”他们的心，使其听我们所“导”。

小泽就是最典型的例子。他曾在他家所在地的乡镇中学读了一年初一，因为无心向学，整天和别人打架，最后他的父母才被迫狠下决心送他来我们学校。本想他能在一个师资优秀和校风好的学校好好反省、改头换面，可自从他来到我班之后，各种大事小事就没少了他。先是整天和别班或高年级那些无心向学的学生纠结在一起，不是迟到就是旷课。后来就发展到经常和班里或别班的同学发生口角，最严重的是在初一第一学期期末时，他居然串通初二的差生“头头”和社会上的“无业游民”在路上殴打班里的一位学生。我几乎每天都得苦口婆心地劝说他。可他的自控能力很差，每次听完后稍微好转了，可用不了几天，他就会恢复原样。就这样反反复复，我每天都得跟他周旋，他也成了我较“偏爱”的一位学生。有一次晚自习后，我从他的言谈和表现中发现了他真挚的一面——孝心。之后，我就利用他的这个优点，决心“掳获”他。我跟他说我很欣赏有孝心的孩子，以后我会帮助他，时刻提醒他并督促他。于是我让他跟他父亲定下承诺。之后的好长一段时间我都陪着他，帮他补习功课，给他讲道理。慢慢地，他有了好转，上课认真了，作业也准时完成了。再后来，有一次，学校在为一场慈善演唱会招啦啦队，但考虑到内宿生接送不方便，就决定让所有的外宿生参加。一向喜欢炫耀打扮自己又喜欢唱流行歌曲的他知道后跑来央求我，说他很想去参加，还自己提出条件说如果我让他去了，他一定写张保证书，保证以后都规规矩矩的，还会努力学习。我觉得这是个好机会，于是我自动当了回他的“车夫”，接送他来回。在演唱会结束回校的路上，他居然要我请他吃肯德基快餐，之后还要我带他去买鞋子。由于他带的钱不够，我帮他付了款。隔天他把钱还我时，我对他说：“只要你好好学习，我很愿意再请你吃顿肯德基快餐，再帮你买双鞋子。一双鞋子的钱算不了什么，我最想看到的是你努力向上，成为好学生的样子。”他听完后很感动。此后，他很努力地改掉自己的一些不良习惯，上课也认真听讲、记笔记，作业也能自觉完成，成绩也有了提高。除此之外，每年过年，他都会打电话向我拜年。记得去年的教师节他还亲手画了一张贺卡给我。对于他，我感到无比欣慰，后进生并不是无可救药的，他们也是有感情、有孝心的。只要我们动之以情，晓之以理，给他们温暖和耐心的疏导，以诚相待，并且付出真诚的关爱，就能得到他们的信任，他们也就会心悦诚服地接受我们的教育。

小淳是班里一个纪律性很差又散漫的学生，课前课后总少不了搞小动作。但他非常喜欢运动，尤其喜欢打篮球。一次学校组织了一场篮球比赛，每班只能选出 5 名选手和 5 名候补队员。由于我们班喜欢打篮球、擅长打篮球的人很多，为了选出这 10 名参赛人选，班里进行了两三轮淘汰赛，结果他没能选上。那天，他在班里大发雷霆，对着同学大吼：“没本事就不要出来丢人，小心笑死人。”气势汹汹的他像要动手打人。我及时制止了他。为了使他冷静，我跟他说要他陪我去散步。我们在林荫道走了一圈，他还是咬牙切齿，什么都不肯说。于是我找了个安静的角落，叫他坐下，我先开了口：“是不是篮球赛的事？”“嗯。”“你也很想参加吗？”他突然提高嗓音说：“当然。可有我的份吗？都是他们说了算，那些好事哪会轮到我。”我接着说：“谁说好事没你的份的，谁不准你参加吗？”他说班长和体育委员本是他的好伙伴，他也认定他们是好朋友，本以为是他们组织的淘汰赛，他们一定会支持他，让他上。结果他们自己定了八个人选后，就叫剩下的十几个人比赛再挑两个。结果他就没选上。他说他终于看清楚人性了，到最后关头，朋友都会弃你而去或出卖你，还说他以后要和他们一刀两断。我给他讲述了以前我和朋友发生冲突的事并说了解决办法。我跟他说不要为了一时之气而失去至真至诚的朋友，不然以后后悔就很难再复合，初中的朋友是可贵的。之后我叫体育委员和班长向他说明了整件事，还让他们主动向他道歉言和。后来，他主动要求当篮球赛的啦啦队。一个月后的校运会他还出钱给运动员买水，整场运动会他跑前跑后为他们送水。上课他也认真多了，每次预备铃一响，在我踏入教室后，他都会“嘘”一声提醒同学们停止说话。看到他如此的变化，我倍感欣慰。我用一颗赤诚的心和他推心置腹的一番谈话打动了他，他也用他的行动证明了自己不是差生，而是一个愿意为班集体作贡献的“好学生”。

小浩是初三才转学来我们班的插班生，他也是个重读生。自从他来我们班之后，每天不是迟到就是旷课，上课不是吃零食就是睡觉。虽然我还是经常会向他嘘寒问暖，但他似乎无动于衷。最后，我终于在运动会上发现了他闪光的一幕。在校运会上，班里的一名运动员在400米比赛中摔倒了，他马上跑过去扶他，帮他处理伤口，然后带他去卫生室上药。以后的几天他一直搀扶着这名受伤的同学参加完整场运动会。我被他的冷静果断和助人的“义气”深深感动了。我拍了几张他搀扶受伤同学的照片，把它们上传到我班的电子留言板上，并写了专题表扬他，还给他评了一个最感人奖。慢慢地，他好像有了些许变化，开始跟同学有所交流，也开始记笔记了。我组织班长和其他几个同学去和他交朋友，帮助他学习，同时也好给他起榜样作用，让他端正行为。之后，他做了许多让我感动的事，在他听说我们班200米比赛因人选不够要取消参加时，他爽快地答应参加。比赛前，他跟我说，之前他很擅长跑步比赛，但由于经常违纪，没机会再参加。现在因为两年没训练，整天又不断吃零食，身体胖了不少，不知能不能跑得动。他怕跑差了给我们班丢脸。我听了感触甚多，比赛开始后我一路叫着他的名字，不断给他打气，最后他跑了第三名！更令我感动的是，在学校组织的一次给金山中学患白血病的学生捐款的活动中，一向喜欢买零食的他竟意外地捐了200块。再后来，在给山区贫困学生捐款的活动中，他也捐了100块。后进生并非一无是处，他们也可能是一群非常有同情心、有爱心和助人为乐的好学生，只是他们的爱深埋在已被冷眼、训斥和排斥冰冻了的心底，需要老师用真诚和爱心去融化了才能发现而已。

高尔基曾经说过：“谁爱孩子，孩子就爱谁。只有爱孩子的人，他才可以教育孩子。”教师对学生的爱是一把打开学生心灵大门的钥匙，是促使他们健康成长的催化剂。只有关心热爱学生，师生之间才能知心、交心、贴心，学生才能在被爱的同时去爱自己的老师，爱自己的同学，爱自己的集体。爱是一种最有效的教育手段，我们的情感可以温暖一颗冰冷的心，可以使浪子回头。当学生体验到我们对他们的一片爱心和殷切期望时，他们就会变得“亲其师而信其道”，就会听从我们的教导，也就会重新燃起追求上进、成为优秀生的希望之火。

三、平心释压

我接手初三的第一个年头，状况不断。先是部分后进学生出现反弹现象，后是学习跟不上的学生自暴自弃，但最让我感慨的是中考前学生出现的心理问题。因为，随着学习压力的增大，初三的学生容易出现对学习没有信心、对前途担心、对父母的说教反感、心情烦躁压抑等各种现象，随着中考的迫近，学生心理负荷不断加大，从而引起明显的反应，如出现焦虑，浮躁等心理情绪。少数还可能失眠、厌食、焦躁或表现出信心不足，甚至自暴自弃。

以下是我这几年来接触到的案例：

案例一：小梦是班里的学习委员，成绩优秀，性格也活泼开朗，且积极参加各种文体表演。许多同学都羡慕她的多才多艺和聪明才智。但在一模考后，班里成绩第一的她在接下来的一次数学测验中考出了 30 分的成绩。发成绩的那天，她把试卷给撕了，并趴在桌子上哭了好久。我原本以为她是因为身体不舒服或是家里出了什么事才会表现如此失常，但与其家长联系后才知道原来她在小学六年级升初中前也曾一度情绪紧张，整夜失眠或做噩梦，在这次数学考试前父母也无意间发现她半夜起来哭。

案例二：小勤是班里的副班长，成绩排在班的前 7 名。他也是一名团干部，成熟懂事，做事干练。但在中考前的一个半月，他突然和父母关系闹僵，情绪低落，中午在学校拒吃午餐。一模考试时考出了 3 年来的最低分，排到了班 29 名。后来经过了解得知，他妈妈整天问他的考试成绩，又喜欢拿他的成绩跟同事的孩子比，然后数落他的不是。一模考前还说若他考不上金山中学的正取生，就让他自已看着办。他压力特别大，整天和母亲吵架，最后拒绝和她讲话，每天回家就往房间走，把门锁上在房间里玩游戏。

案例三：小熔是班里的中层生，谈不上特别聪明，但非常勤奋。她每天都拿着课本，下课后总会找老师问这问那，怕自己错过了什么。许多老师都被她问怕了，因为越是给她讲解，她就越是钻牛角尖。中考前一个月的一天中午，她妈妈突然带她找到我家对我说要让她休学，我一下子愣住了。后来才知道她每天晚上都学习到很晚才睡觉，之后发展到中午或晚上睡觉时，只要一躺下，脑海里就会浮现许多的电路图或题目，再后来发展到食欲不振，整天吃不下东西，情绪暴躁。她妈怕她会疯掉，就想让她休学，等明年情绪好时再读初三。最后她和她妈妈在我面前抱头痛哭了许久，才决定好好读完初三。

案例四：小烁是班里的双差生，成绩差，纪律性差，整天无心向学，惹是生非。中考前的几个星期，他频频旷课去打球或外出上网。最后在和他谈话时，他问我可不可以不参加中考，中考对他没有意义，反正就考那么几分，丢人现眼。

经过多方面的交流，我意识到学生的焦虑更多的是由家长、老师、同学等方面的影响而造成的。要调整他们的心态，班主任首先要有平常心，然后再去调整学生和家长们的心态，这样才有效果。经过一番思考摸索，我总结出了几个舒缓学生中考前压力的方法：

第一，利用班会课，让学生树立正确的人生观，学会正确定位，勇于面对挫折。有的学生把中考的得失和人生的成败联系起来，认为中考考不好，没能上好的高中，就意味着不能考上一所好大学，将来就没有好的前程，因而他们的压力特别大。这样的人生观是不正确的。我们可以通过班会课，向他们说明中考的真正意义。让学生明白中考只是一场考试，是高一级学校选拔学生的主要手段，并不是决定命运的决定性因素。它并不是像有些人认为的那样，是学习和人生发展的一次赌注，它只不过是对自己的才能和所学知识的展示和检验。因此，让学生学会正视中考，学会从大的背景下去思考自己的前程和命运，把中考当成是培养自己健康人格，锻炼自己毅力、耐力和抗挫折能力的绝好时机。另外，在初三期间，可开展“坚守理想，学会承受”、“面对挫折”、“善于调整情绪，学会快乐”、“应试心理辅导”等一系列的主题班会，教会学生如何面对挫折，如何调整情绪，以及如何备考，这样学生就能学会正确定位，及时调整自己。

第二，通过个体谈话，及时了解学生的心理状况，及时给予指导。班主任要坚持分阶段分阶层和学生进行交流，指导学生的学习和生活，更要了解学生的心理，让学生把当前的心事及时说出来。这样，学生有了倾诉的对象，情绪就能及时发泄出来，就可以舒缓压力。在此过程中，班主任也能及时地了解学生的心理活动，一旦学生心理出现问题，也能想办法对其进行必要的心理辅导。

第三，家校联系，共同营造和谐平静的中考氛围。其实学生的压力有一部分是来自家长的。许多家长只知道中考的重要性，而不知如何指导孩子，平常工作也忙，遇到孩子就随口一句“中考要考好，父母赚钱供你读书不容易”。这样就给孩子造成许多无形的压力。我们可以通过家长会指导家长考前具体该怎么说，该怎么做，这样就有利于给学生营造好的备考氛围，也就能减小学生的压力。另外，平常要多与家长交流，尤其是一模考试前，因为这是学生最容易出现心理问题的时期。通过交流，我们就可以及时了解到学生的行为表现，从而了解其内心，一旦发现失常现象，及时予以指导纾解。

第四，进行备考和考试技巧的指导。许多学生在中考前，特别是一轮、二轮复习期间会出现迷茫现象。不知道该怎么复习、怎么备考，对于中考前或中考时有可能发生的突发事件，也没能有预见能力。这时，我们应该利用班会课、自习课或其他课余时间指导他们如何安排具体科目的学习时间，如何整理思路，如何复习，各科有何考试技巧，并把能预见到的突发事情向学生说明，指出如何应对。这样学生就能心中有数，沉着镇定，从容备考与应考，从而不会出现慌乱或紧张的情绪。

对于初三的学生，我们要给予的不仅是学习上的指导、生活上的照顾，更重要的是心理的辅导。这不仅关系到他们中考的成败，更关系到他们以后的成长道路。

六年的时间转眼即逝，我在这个讲台上已经站立了六年。看着一届届的学生各奔东西，寻找他们最美好的未来，曾经的青涩已经不再，曾经的手足无措也已不再。六年来，我的学生在成长，我也在成长。以后，我将一如既往地思考、摸索、反思和总结，探索更适合自己的管理路子，使自己的班主任之路愈走愈宽、愈走愈好。愿我的班主任工作永远充满着阳光！

读《班主任兵法》的一点心得

陈　芸

我一直认为读书是一个人成才的必经之路，也是学习他人经验很好的途径。从事教师工作，尤其是今年我刚开始担任班主任，我迫切希望有人为我指导。我任班主任期间，虽然时间比较紧张，但从未放松对自己的读书要求。前段时间，我拜读了《班主任兵法》，读完之后顿觉受益匪浅。《班主任兵法》是一本教育反思集，是一位青年班主任的教育手记。书中列举大量真实生动的案例，无不充满智慧，充满心与心的交流。书中的一幕幕校园喜剧，让我有种似曾相识的感觉。万玮老师的“斗智斗勇”，让我感到耳目一新，不禁感慨：教育真是一门充满智慧的学问！

《班主任兵法》一书，出自一位教龄仅七年的年轻教师之手，这真的让我觉得很意外，我之前以为这应该是一位有过多年担任班主任工作的经验的教师所写，因为我一直认为，教龄是成为教育工作行家的必要条件，只有在学校工作年限足够长的人才能称作教育工作者的行家。而作者的经历，却改变了我这种错误的认识。作者在大学毕业后头一年担任班主任工作期间，曾经有过一段失败的工作经历。然而，正是这段经历，成了作者极富价值、一生受用的宝贵财富。作者通过对这一段难忘经历进行了一年多的咀嚼、总结、感悟和反思，不断地阅读钻研，终于进入了“豁然开朗”的境界，在理论和实践上跃上了一个较高的新层次，不仅在工作中得心应手，还写出了这本在实践和理论上都具有创新价值的《班主任兵法》。结合我的工作实际，对如何做好班主任工作，我也有了一些全新的思考：

第一，做一位善于反思和交流的班主任。

“让反思成为一种习惯”深深刻印在我心中。美国的波斯纳提出过“教师的成长 = 经验 + 反思”这样一个公式。读过万老师的《班主任兵法》之后，觉得许多做法操作性强，具有十分重大的借鉴意义，使我深受启发。还记得刚进入金山实验学校，在第一次校本培训中，连副校长就提出，一个老师要善于反思。这让我印象深刻。所以我在想：我们有很多老师无论在班主任工作中还是教学中，有很多好方法，何不写下来相互学习呢？我们应该做一位善于反思和交流的班主任，对于班级管理和教学中的每件事情都应该有所思考和总结，同时应该善于和同事交流管理经验，共同进步和发展。如果万纬老师不把他的经历及相关经验与教训写成文章的话，我们也就不知道他有那么多的好主意。所以，我认为，作为老师，我们应该学会反思，在反思中发现自己的不足，在反思中成长起来，做一个反思型的教师。

第二，关爱学生是班主任工作的前提，搞好班级管理的基础。

首先，要从思想上关心。一个学生本身就是一个丰富的世界，每个学生的心灵深处都有一根琴弦。教师要想拨动这根心弦，触动学生的心灵，就必须在教育学生时，努力寻找与学生的共同点，从而获得共同的语言。谁都希望自己是成功者，都期待着收获和赞誉。这要求我们充分地尊重和相信学生，坚信学生是可以教好的，关心和爱护每一位学生，公平对待每一位学生。这需要教师提高学生的责任感和自信心，动之以情，晓之以理，在充分尊重学生、爱护学生的同时，激起学生心灵的涟漪，缓解他们的抵触情绪，从而达到转化引导之目的。

其次是生活上的关心。学生正处于生长发育阶段。而且由于其他原因，有一些学生必须在校住宿。在家里，他们有父母呵护，而在校时，他们难免会照顾不好自己，出现头疼脑热的状况。作为班主任，就要把学生的“小事”挂在心上，常跟他们谈谈心。如果我们能及时帮助和关心，学生就会心存感激与幸福，主观上会更努力表现。有时候甚至只是教师一个眼神、一个动作的肯定，也能够激起学生强大的动力。而当学生对老师心存感激时，班级管理难道还会不成功吗？

第三，宽严相济，赏罚分明。

自古就有“严师出高徒”之说。我想，教师固然应该对学生严格要求，同时更要体谅学生的难处，要设身处地地为学生着想，学生犯了错，要尽量原谅他，学生没有取得预期的进步，要有耐心，永远给学生机会，尤其是对于处于青春叛逆期和人生重大转折期的初中生。但是，宽容并不等于放纵，该严厉时还是要严厉，绝对不能违反原则，要有适当的赏罚。只有当学生意识到自己的行为受到他人重视，自己的行为被认为有特殊的重大意义时，人的主观能动性才能够被充分激发，潜在的能量才能够得到淋漓尽致的发挥和运用。当然，赏罚只是外部的力量，更重要的则是学生的内在动机。

第四，因材施教，帮助每一位学生成长成才。

不得不承认，学生的个体差异是客观的和普遍的。同时，个体差异的存在对教育工作有相当大的影响，它是伴随着人的存在而存在的。它作为受教育者整个生命体的一部分加入到教育活动中，必然会对教育工作的方方面面产生深刻的影响。但新课程的宗旨是“为了每一位孩子的发展”，其为关注差异增添了新的内涵。我们应该以新的视野再认识学生的个体差异，能够充分地发挥每一位学生的特长，例如：有一些学生在学习成绩上可能不够优秀，会产生自卑心理，但是他（她）也许在体育或文艺方面很优秀，那么我们就要充分发挥这位同学的优势，让他多参加一些班级活动，这样，既发挥了他（她）的优势，又能使他（她）感觉到自己能够受到重视，从此学习上更加努力。

第五，改善师生关系，与学生交朋友。

我所教的是初中的学生，同学们都有一些青春的叛逆，这就是因为学生与教师之间缺乏交流，我们应了解学生中的思想和流行动向，争取不让自己成为学生中的“奥特曼（Out Man）”。例如，我们在教学过程中可以吸收一些当下比较流行的语言和词汇，这样不仅会使课堂更为生动，也有利于吸引同学们的注意力，调动大家的积极性。而我也开通了微博，在微博上与学生互动，这样可以增进师生关系。同时，还要善于分析学生的心理，分析学生的动机，分析学生所惧怕的、所不惧怕的，能够从一些表面现象挖掘出其背后深层次的原因。除此之外，教师还要有敏锐的洞察力，善于捕捉学生思想的一些细微变化。如此，师生的距离自然就逐渐缩短和消失，沟通和交流才有真正意义上的可能。师生关系也自然得以改善。老师应从这个角度加强对学生的转化和培养。

总之，《班主任兵法》这本书对于一个班主任管理班级有着不可忽视的指导作用。但是，我们更应该与自己的实际联系起来，无论是什么书籍都不能穷尽知识，也不可能完美无缺。我想，这也正是我们班主任应该有的反思精神。作为一名年轻的教师和班主任，我想说：“路漫漫其修远兮，吾将上下而求索。”

用行为感染学生，用真诚打动孩子

——班主任成长轨迹

赵彩娇

用自己的一举一动去影响学生，即使他（她）桀骜不驯，也会被你慢慢融化，成长得更全面。

用自己的真心去浇灌每一块原来不毛的盐碱地，你会发现，它正慢慢地长出虽矮小但翠绿的仙人掌。

清晨时，我喜欢漫步在金山上，一仰头就能看到空中飞翔的鸟，这些鸟儿种类纷繁。我想，就像是我的学生们一样，各具特色，性格迥异。其中最引人注目的是两种鸟。一种张开美丽的翅膀，就像一把色彩斑斓的折扇，美得让人炫目；另一种则个头很小，长得并不引人注目，停靠在木棉树上，不过和一朵木棉花一般大小，但是它们的飞行速度很快，从木棉树上疾驰而过，很快就不见踪影。每次闲暇观察这些鸟儿时，总能带给我莫大的快乐，就如同和我的学生们相处一般。

接手初一新生的时候，我难免会紧张，因为对他们事先的了解不够充分，入学成绩单并不能证明一切。当我把手头关于106班学生的资料都了解完毕之后，我选择给黄宇阳的妈妈打电话，这个女孩的入学成绩排名全班第二，擅长绘画，能歌善舞，照片里女孩的眼神显得有一丝狡黠。宇阳的妈妈是个明智的家长，她很坦诚地和我交流了孩子的情况，甚至有一些是家长所不认同的习性。她告诉我，宇阳是个很有个性的孩子，小时候在家里吃开心果时，不愿意老实剥壳吃，总要把果子扔到高空，掉落在地上，摔出果肉，才肯吃下去。小学时，虽然成绩很优异，却对老师不够尊敬，总爱刁难同学。

听完这些情况后，我打消了任用她为班干部的念头，我想仔细观察她一段时间，并慢慢寻找与她相处的方法。入学之后，当班干部名单公布时，我明显觉察到她那不易被发现的失落。然而，虽然没有给予她班干部的职务，我却开始慢慢布置一些任务来考验她。我让她统计学生队列操的表格，一开始，这孩子不乐意，但也不好拒绝我。统计的结果并不能让我满意，我慢慢跟她讲清楚哪些方面统计得还不够完善，需如何加强。从第二次统计开始，她开始尽善尽美地做好这个工作，因为她明白，她的老师并不是打马虎眼就能应付的，而是会认真核实她的工作情况。

开学三周后的某天，班里有个女生在体育课上不小心扭到脚了，学生告诉我后，我急匆匆跑到操场，虽然那个女孩的体重和我差不多，我还是毫不犹豫地背起她往医务室走去。当时，我不经意间看到站在一旁的宇阳怔了一下。

后来，我在班里大力表扬了宇阳对事情负责的工作态度，比如各项评比的统计，再比如，有一次放学后我和她一起说笑着，往回家的路上走，路经学校黑板报栏前，她突然让我先走。我问起原因，她说，因为出墙报的同学没有把颜料盒收起，她问是否能先收回我们班里。我欣然同意，并且表扬了她这种注意环境洁净的好习惯，她竟说："老师每天早读不也亲自整理讲台和教室的卫生吗?"

后来，我任用她为班里的生活委员，原因是她有责任心。在很多公开场合，我对宇阳的表扬，都不只是在学习成绩上，我注意观察她对集体的每一点细微的付出，并且及时表扬她。每一次我都强调，我很肯定她的为人品性。

我想，每一个成绩优秀的学生，都没少被老师表扬过，他们或许已经有点习惯了这种赞赏。但是，部分优秀的学生恃才傲物，对老师和同学都缺乏尊重，这些都需要班主任正确的引导。

后来，有一次机会让她代表全校团员发言时，我事先跟她说明可以带稿，但是声音一定要响亮（因为她平时在班级发言时声音并不响亮）。那次，她发言时竟然脱稿，而且一气呵成，节奏抑扬顿挫，声音响亮而富有感情，赢得了很多人的肯定。当晚，我立刻给她母亲打电话，肯定了她的能力和认真的态度，并且提到希望她在完成平时作业的时候也能做到如此。

此后，她一改入学初那种对待作业可有可无、自己择题而做的学习态度，对任何练习都是倾力完成，让我感到很欣喜。她妈妈在给我发的短信中这样写道："赵老师：您好！在您的大力栽培下，宇阳日渐成熟，各方面进步很快。特别是在为人方面，现在知道关心和照顾别人，住宿的同学生病了，会问我，要帮她买什么药，同学不吃饭，知道心疼她，这使我很欣慰。现在的她，明显比以前大气，班里所有同学，她都能说出他们的优点，并在努力地学习着，改掉了以前那种骄傲的毛病。我真的很感谢你，金山实验学校的老师就是厉害，重视孩子的全面成长，让孩子各方面都得以提高，真的很感谢你。"

我想，对于每个孩子，我们都应该以一种欣赏的眼光去看待他们的成长，然而在他们成长的过程中，或多或少会出现这样或那样的状况，作为一名班主任，我们应该做到的或许就是找到一种相对温和的方法去帮助他们克服毛病，更好地成长吧！有时候，简单的语言提醒或许并不奏效，关键是要身体力行，用自己的行为去引导学生，培养学生。

当我选择了做一名平凡的教师时，我就在心底对自己说：你选择了教师这一职业，就意味着你要远离功利，你能努力做到的就是尽己所能，去关注那些被别人忽略的孩子。确实如此，当听说自己的同学在某某公司收入高，某某朋友在机关平步青云，自己未免有点失落，或许也质疑过自己，放弃了精彩而富于挑战的世界，来到这样一个远离尘嚣的地方，难道是年轻人该有的选择？然而当自己在工作的过程中，真诚地付出自己的努力，无须任何外交手段或特殊途径，便能够获得学生由衷的赞誉时，让我觉得这样的工作是那么的难能可贵，用真诚换取真诚，付出和收获是成正比的，这样的工作性质并不是轻易就可以获取的。

接手211班的时候，自己心里总是想起这样一句话——当妈难，当后妈更难。在接手这个班之前，我就耳闻了他们的“风云史”，在全级里是有名的差班，尤其是其中有几名学生，更让人头疼不已。兵来将挡是我一贯的工作原则，我积极和这个班原来的班主任联系，了解症结所在。

我从心底明白，作为一名语文老师，首要任务不是让他们学会读书，而是做人。因此，我确定了自己的目标：全面营造班级良好班风，增强学生的自我约束能力，帮助学生树立正面积极的价值观。

这一目标确立之后，第一学期的前三周，我每天都会跟同学们念一篇感人的文章，有时候是励志类的，如某名人在中学某个阶段学业成绩不佳，后因某事触动，发愤图强，终成大器；或是感恩类的，如对父母的感激；还有善于把握机会和时间的故事等。

然而，一个班级学生整体精神面貌不佳，缺乏积极向上的精神和良性的竞争意识，很不利于学生的发展。单纯的语言教育和思想交流，甚至是动用名人名言和事迹对学生进行熏陶，在我的班主任工作的实践过程中收效甚微。

为此，我开始变换方式，我想到了新课标，我想到了“老师主导，学生主体”的理念。因此，我调动了校园留言壁的资源，让学生从自身的实践活动中去体味名言，并把它化为自己的行为动力。

在这个过程中，我选取了以下五则名言：

（1）做个寻梦人，在时间的长河中欣赏一路美景。

（2）我们不是在等待未来，而是在创造未来。

（3）是缘分让我们聚首，是团结让我们永恒。

（4）微笑面对生活，博爱包容生命。

（5）漫漫金山求学路，浓浓书韵伴我行。

由此开展了以“时间”、“团结”、“乐观”、“勤学”等为主题的班会课，让学生通过问卷调查、主题班会和访谈活动来切身体会留言的精髓，既开阔了学生的视野，也激励了他们的斗志，增强了班级凝聚力，培养了学生的组织能力和自我管理能力，使他们在学习生活和思想道德方面都得到提升。

在2008年举行的校运会中，全班同学齐心协力，取得了全级第二的好成绩。其中男子长跑1 000米和1 500米的选手陈梓烁同学，是一个初一时因为某些原因而不愿意参加校运会的学生。我多次动员他，告诉他，他是集体的一员，11班就是他的家。他被集体的观念所鼓舞，果断报了名，并且在两项比赛中都获得了好成绩。最令我感动的是，他的1 000米跑了全年级第二名，比赛结束的时候，他对我说："老师，我对不起您，没有取得第一名！"刹那间，我之前为他做思想工作时，他多次对我不理不睬的委屈荡然无存，自己深感付出必有收获。在那一次之后，我提升他为班里的劳动委员，从此以后，班里每一次活动都能看到他活跃的身影。例如每一次清洗教室的时候，我都能看到他两手各挥着一把扫帚，把教室的水拼命往出水口扫去的情景，为此我颇感欣慰。

在2008年第一学期的第十七周，星期二，那天天气骤冷，天也灰蒙蒙的。班里那天恰好有五个男生没有参加课间操，我事后去了解情况，他们大多认为天气寒冷，且其中有一名同学生病，有了理由，他们竟好几个人一起旷操。我抑制住自己的怒气，先向他们说明常规行为做不好，既影响自己在别人心目中的形象，也破坏了集体的和谐。尽管他们都意识到自己的错误，但临近期末，我认为这样的行为很异常，说明学生的心态不稳定，因此我又请来了家长，结合他们的单元考试成绩和近来的表现，对他们成绩下滑的原因进行了分析，和家长一起协调解决了问题。迄今为止，我的班级再没出现学生旷操的现象。尽管那一次有一些学生认为我是小题大做，很不理解，可是事后，当他们意识到常规行为异常是学习松懈的反映的时候，他们也便明白了我的苦心。

另外，班里的廖禹韩同学，是全年级的"捣蛋大王"，喜欢打架滋事，旷课成习。我一早也把他列入我的工作难点之一。我第一次和他见面时，看到他孤零零一个人坐在饮水机旁，没有同座、没有伙伴的时候，心中油然生出一股不忍之情。我向与廖禹韩小学同班的佘炜冰同学了解了他之前的情况。我主动和他聊天，然而每次他侧着脖子，正眼也不看你一下。放弃不是我的作风，我给自己鼓劲，好好调整自己的心态，耐着性子，针对他的优点，表扬他，每天都和他聊天，关注他。第四周开始，我的锲而不舍终于感化了他。当他生病时，我不厌其烦和他发短信鼓励他时，尽管他默默无语，可我感到他心中那块不毛的盐碱地，正在慢慢长出一颗矮小的仙人掌。当廖禹韩周末和我一起去探望同班休学的同学，自修课时到我办公室向我请教弄不懂的问题，请假找不到我就会去政教处主动请假时，我逐渐看到，那个初一一学期旷课200多节的差生已然慢慢走远了。

上了初三的廖禹韩，不再在校内外打架斗殴，他的父亲真诚地告诉我：“即使禹韩学习成绩不突出，我也感到很高兴。以前一年就要赔偿别人几万元的医药费，如今他不再无理取闹，还要求父母为他找来补习老师，主动对语、数、英三个科目的知识进行查漏补缺。谢谢老师您的悉心引导啊！”后来，我时常在课余时间与廖禹韩谈心，我们还一起去外面打羽毛球，一起讨论他去澳大利亚念高中的计划。我还说服了他父亲，在他父亲的支持下，他终于顺利去了澳大利亚一所公立高中念书。在澳大利亚的这几年，他的英语水平不断提高，能够帮助父亲做点出口的生意，也得到了父亲的肯定。我想，任何一个小孩本质都不坏。作为班主任，我觉得，首先我们要用自己的真诚去感化那些缺乏老师关注的学生，其次是要丰富自己的知识储备和人生阅历，具备了人格魅力，学生会产生崇拜你的念头，这样你才能够说服学生，往更利于学生发展的道路上走。

后来的11班，所有的学生心中都有一个信念，自己不能给集体抹黑，自己做得好不好，不仅仅关乎自己的个人得失，还影响集体的发展。看到他们不再自私自利，不再以个人为本位，我也感到付出努力后取得收获的快慰。

1989年3月26日，海子在山海关冰凉的铁轨上躺下他瘦弱的身躯。有人说，随着轰鸣火车呼啸而来的是功利的时代，而过去那个理想主义飘扬的时代已被火车碾得粉碎。海子离我们而去，已经二十多年。而我们活在时代的洪流中，越来越找不到自己。

生命的母题，不是仅仅为自己而活着。我想，当你真心地付出了，尤其当你是一名班主任时，即使你领着微薄的薪水，你也会在学生中找到让你绽放微笑的永不枯竭的源泉。

我把石头还给石头/让胜利的胜利/今夜青稞只属于她自己/一切都在生长/今夜我只有美丽的戈壁。

第三编　因材施教与直抵心灵

直抵心灵的教育

——善用暗示法肯定学生

刘　霞

学生来到一个新的环境总会努力地表现自己，以博得新老师的好感，给同学们留下良好的印象。记得入学初的新生训练阶段，一个长得高大英俊的男生表现得特别勤奋，当班上需要做什么事情或观察到我需要帮助时，他总是积极主动地充当我的助手。我便开始关注这位男生。

他叫陈小俊，是班里的差生，在学校住宿。小俊自理能力很强，思想也比其他男生成熟些，是个很重感情的学生。每次去宿舍，他都主动和我聊天，我很喜欢他，有意培养他为班干部，但他只是笑了笑。在竞选班干时，我始终等不到他上台，便用目光示意他，他依然微微一笑了事。事后我问他为什么不上台，他只简单地说了一句："不适合。"我很疑惑，并更加关注他。

接着，他违纪的次数渐渐增多，在内宿区还有了个外号叫"小霸"。我接到内宿老师投诉，科任老师也反映陈小俊上课总在后面跟同学说话，扔纸团玩耍，后来我还得知他经常吸烟。

我找来小俊，耐心分析他的不妥之处，强调学习的重要性，表达我对他的期望，希望他好好改正缺点，努力学习。每次在我苦口婆心的劝说下，他总是诚恳地承认错误，保证尽量做好。然而有关他的投诉还是接连不断，我终于耐不住性子冲他大喊，责备了他。被我这一吼，这个高大的男孩居然哭了，他连声说"对不起"。从他的表现我悟出了他不竞选班干的原因，感受到他那种明知自己的缺点，想改又没信心改正的无助。我决定深入他的内心，感化他，帮助他！我拿起纸巾帮他擦去泪水，带着他到操场散步。

我们聊了很多，他告诉我他小学时没好好学习，基础差，有许多不良习惯，所以在开学时不敢竞选班干部职位，怕带坏班里的同学。他上课听不懂，觉得无聊，忍不住想找同学聊天，也常被科任老师批评。他说我人好，有责任心，从不讲大道理，总能在生活的小事中教他们做人，让他们明白事理，所以很尊重我。他也很想进步，不让我失望，但每次都只有决心，没有信心，更没行动，他对惹我生气的行为感到愧疚！

我对他说："你的本质不坏，心地善良，也很明白事理。"我用自己高中时对学习的忽视及高考的失误让我失去很多机会，因文凭不如人而在工作中频频受挫等亲身经历告诉他学习的重要性、现实社会的残酷性。同时也用我通过努力奋斗获得成功的经历告诉他：人要有不服输的志气，要敢于超越自己。要成功，你就得付出比别人更多的精力和时间。奋斗的过程虽然艰辛，却是对意志的一种磨砺……他听得很入神，眼光里充满着对我的敬佩。

一段时间后，小俊的违纪行为少了，但上课根本听不进去的他，有时还是忍不住影响课堂纪律。他每次违纪或做了坏事后都会主动向我汇报并作检讨，我也尽量帮助他增强自制能力。

因为基础太差，尽管我手把手地教，他也很努力地学，但效果仍不明显。到了初二，他在学习上更没了信心。

夏天的一个晚自习，我在教室里没有看到他，得知他病了时，我马上跑到他宿舍。他躺在床上，看到我很惊讶。我走近他的身边，闻到了一股烟酒味："咋了？病了吗？还是心情不好？"

"都是！"

我摸摸他的额头，烫！我心疼地问："发烧了？为什么还喝酒？"

"我心情很糟！我想努力学习，但总学不会！"

"我可以理解你的心情，但怎么可以喝酒？况且你还生病了！目标不要太高，多背一个单词也是进步！知识是靠一点一滴积累起来的，不能太心急！"

小俊喜欢与学校的"坏"学生交往，甚至结交社会上的不良青年。我多次提醒，但重义气的他无法跟他的"哥们"断绝关系。我多次采用暗示法，跟他说："虽然你学习不好，但你的本质是好的，心是善良的！这也是老师喜欢你的原因。人的能力有高低，学习成绩总会有好坏，但做人就要做对社会有用的人！你不能学坏！做一个善良的人，是老师对你的期望！"

"但我觉得我很坏！我吸烟、喝酒，有很多不良习惯，还会违反纪律！"他说。

"谁不会犯错呢？人无完人，知错了，就改啊！你善良、正直、有同情心，这是很好的！"我再次对他进行肯定。

他若有所思，说："知道了，老师！我会做一个好人的！我会坚持我的原则，不做坏事，也不跟他们出去惹事！但我还会跟他们交朋友，虽然他们在别人看来是坏人，但很讲义气，人也不错的！"他还很天真地说："我打算改变他们！我要让他们也变成好人！"

他望着我疑惑的眼神很自信地说："相信我，我不会学坏的！我还要改变他们！"

对于他这种重感情的人来说，一下子要他放弃"友谊"是不大可能的。对于他这种天真的想法，一时间我也不知采取什么态度，于是我便微笑着，用肯定的语气对他说："嗯，我相信你会做好！但，要转变一个人并不容易，别抱太大希望。"

然而，跟一群喜欢惹是生非的人一起，就算不做坏事也会受到影响或牵连。一次周末，小俊被他校外的"兄弟"约去剪发，结果那帮"兄弟"是去富丽学校打架。事情发生得很突然，小俊想劝开他"兄弟"，没料到被刚走来的体育老师暴打了一顿。小俊跪倒在地，在其他在场同学的解释之下，那体育老师才收手。

我再次提醒他远离那群"兄弟"，这次他犹豫了，讲义气的他居然把我的话告诉了其他班的"朋友"。我知道后，生气地责备他的这种行为是对我的质疑和不信任！也许语气重了些，他表现出很复杂的情绪，气愤地转身离开又走了回来，哽噎地说："好伤心！但我必须告诉您，您是我这辈子最信任的人！除了父母，我最敬重的就是您。我一直都感谢着上天，让我认识您，还成为您的学生，我是多么的幸运！可您怎么能说我不信任您，质疑您呢？"我心里一酸，泪水都要流出来了，我搭着他的肩膀安慰他："对不起！是老师不好！其实我不是那个意思……"我耐心地给他分析着"益友与损友"的区别。

后来，小俊果真不再与那群人来往。他也学会了时常告诉自己："我是一个好人，我要做一个对社会有用的人！我可以学习不好，但不可以学坏！"

初三这一年中，小俊很努力地学习，虽然效果依然不明显，但他从不放弃，偶尔累了会找我聊天或给我写信。他坚信我说的：虽然成绩没能提高，但一分也是进步，多读点书，就算学习成绩上没能体现出来，但将来到社会上还是有一定益处的！

后来，他到了一所普通的学校读高中，每隔一段时间他会打电话向我汇报他的情况，说他很努力，尽管成绩不理想，但经常帮助别人，做自己力所能及的事。每当天气变化时他还会发信息提醒我注意身体，工作不要太拼命。

也许就在他容易走错方向时，我走进了他的内心，毫不吝惜地给他鼓励，给他暗示和肯定，使他顺利地渡过了危险的阶段，得以健康成长。

在这种直抵心灵的教育过程中，我有深深的感悟。

走进学生的心灵，我付出了，也收获了。虽然他们无法完全接受我传的道，授的业，但我赢得了他们的心、他们的尊重！对于容易犯错的学生要善用暗示法，不断地暗示他是一个好孩子、定能成才，不断给他信心，让他知道老师欣赏他。充分的爱心和耐心，是可以感化、转变叛逆期的孩子并让他成为你所期望的好孩子的！

用爱心转化后进生

陈　宇

后进生的转化教育是重大而艰巨的任务，后进生转化得好与差，直接影响班风和学风，影响该班整体的学习成绩。

后进生形成的原因错综复杂，分析起来有以下几点：

（1）缺乏父母的陪伴，由家庭因素造成。我们综合分析了许多后进生的情况后，发现大部分后进生的父母都是事业成功者，他们或忙于生意，或忙于工作，对孩子缺乏必要的教育，甚至是生活的陪伴。长期独处的孩子，会变得注意力不集中，办事效率低下。他们沉湎于看电视、玩电脑游戏，从而使他们对学习缺乏兴趣。这些孩子在低年级时，成绩便远远不如同龄的孩子，从而产生自卑、厌学情绪。

（2）交友范围狭隘。后进生由于成绩较差，往往会产生自卑心理，不敢和成绩优秀的同学交往。他们经常来往的朋友大多也是后进生，彼此之间互相影响，从而使他们对人生、对学习的态度更加消极。

（3）缺乏学习的动力，无所事事，把心思花在违反纪律上面。后进生不能从学习中得到表扬和肯定，所以他们对学习缺乏兴趣。因此，精力过剩的他们就把注意力放在扰乱纪律上面，严重的可能出现打架斗殴倾向，次之是旷课、迟到和早退，也有部分在睡梦中度过一天的课程。所以，他们自觉或不自觉地把自己与普通同学区分开来，为自己贴上了后进生的标签。

针对后进生形成的几点原因，下面谈谈我在转化后进生过程中的一些做法：

一、用爱心感动后进生

孩子在学校、家庭和社会都希望得到温暖和关爱，这是每个孩子的心理共性。然而，由于偏见，反应慢、接受能力差的学生往往受到冷漠和嘲笑，从而形成自卑心理，缺乏上进的勇气。托洛可夫说：“我的工作是在儿童世界中进行的。”教师要真心爱后进生，走入他们的心灵世界，使其感到，教师的确是可以信赖的人。开学初的第一堂数学课上，我就觉察到黄帅同学、邱列维同学对学习数学产生了自卑心理。课后我马上找他们谈心，让他们说说自己有哪些特长，以前在数学学习方面有哪些困难，存在哪些问题，主要原因是什么。两个孩子都能实事求是地说出自己存在的问题。我对他们俩说："你们放心，你们以前数学学得怎么样，老师不在乎，老师也不会因为你们以前没学好而看不起你们，老师在乎的是你们现在的学习态度。在老师眼里你们同样是好学生，只要你们努力学习就行了。学习中，你们将勤补拙，老师会陪着你们的，相信通过你们的共同努力，一定会有所收获。"在课堂上，我尝试激励他们踊跃发言，使他们把注意力都集中到老师的讲课中，极少有时间让他们思想开小差；同时，我还精心营造一种平等、和谐、友爱的气氛，让他们感到集体的温暖，感受到自己在班上有一席之地。在每位后进生身上，我尽量发掘他们的长处，找出他们的闪光点，哪怕是细微的优点，如式子算错了，表达不规范，我都先表扬其不怕错的精神，再对他说："下次老师相信你能成功。"在"下次"之前，我为他们创造成功的条件，相信他的"下次"总会有进步。

二、真诚对待后进生

苏霍姆林斯基说："在影响学生的内心世界时，不应该挫伤他们心头中最敏感的角落——人的自尊心。"人的自尊心是激励其奋发向上的内在动力。与其他学生相比，后进生的自尊心更强。因为学习不好或纪律差，长期受冷落、歧视的他们一般都很自卑，对外界极其敏感，外表又套有一层硬壳，但在内心深处仍渴望得到老师和同学的理解、谅解和信任。因此，一旦他们在学习中出现了什么差错，老师要做到心平气和，以诚相见，以诚对待。如陈相林、孙圳和谢涌霖同学，平时作业的正确率实在太低了，但我从来不当众批评、挖苦他们，而是耐心辅导他们，鼓励他们认真订正。在订正之前，耐心地做好他们的心理疏导工作，让他们在不带任何情绪的前提下订正作业，反之会没有任何效果。当学生在课堂学习过程中遇到困难，缺乏勇气，找不到良策时，我会想办法帮他们树立信心，帮助他们找到克服困难的途径，创造克服困难的条件，掌握学习方法，扫除学习障碍，完成学习任务，增加他们在课堂上的知识获得量。

三、以导换心

后进生意志薄弱，自控力差，行为极易反复无常，所以当后进生的学习情绪出现反复时，我就耐心地和他们一起分析客观原因，及时发现、及时引导。如吴乐惠同学，她的学习情绪极不稳定，有时学习热情高涨，有时情绪低落。我及时捕捉她的情绪点，一有苗头适时诱导，极力使她能保持良好的学习情绪。古人云："教也者，长善而救其失才也。"学生都喜欢被老师表扬，这是学生普遍的一种心理需要，后进生也不例外，而后进生的闪光点更需要我们老师及时捕捉，用“放大镜”去看，发掘其身上的潜能，予以充分肯定，千万不要吝惜“好话”，积极的评价能使学生的进取之火燃得更旺，使后进生重新找回自我。对后进生多一份关爱，少一份斥责，一定会取得更好的效果。

我相信，后进生不仅需要老师的关注，还需要同学的关心，更需要家长的关怀。只有后进生周围的人都努力为他们营造一个温馨、向上的氛围，对他们给予更多的关爱和帮助，才能让他们从心理上到行动上去克服“后进”的习惯，朝着积极向上的方向迈进。只要大家捧着一颗赤诚的心来，就能给后进生一片爱的天空，点燃他们上进的火花，使受挫者奋发，自卑者激昂，浮躁者沉稳，孤独者开怀！

从严要求，也是一种直抵心灵的教育

佘少伟

窃以为，教育的目的就是老师能让学生听其言、信其教、乐其道。为了实现这个目的，方法可谓多种多样。目前比较崇尚的说法就是“要让爱的河流流进学生内心、用爱去感化学生，使学生从心底里接受老师的教育”。这种方法当然是皆大欢喜的，然而教育的对象是来自四面八方、性格迥异的学生，为此，教育的方式自然要因人而异。

以爱为核心，是教育的基本理念。关心、宽容、理解等都是爱的表现形式。那么，在这种形式下教育是否就一定能起到良好的效果呢？近期，我接触到的一个学生，引发了我对这个问题的思考。

A同学是我从教以来，第一个能够以如此快的速度、如此深刻的形象在我的脑海中抢占一席之地的同学。他身高不到一米五，但就是这样一个“小豆丁”，却蕴含无比巨大的能量。人们见到他的时候，总会不自觉地否定爱因斯坦的相对论——他几乎无时无刻不在动，因而影响纪律、影响课堂和影响自己的剧情每天都在班上上演。

通过与他的多次接触，结合家访了解到的具体情况，我理清了大概状况。A同学是个被惯坏的孩子：独生子，从幼儿园到小学就被做幼师的妈妈带在身边，事事都由父母操心，出现什么问题也只是被冠以活泼、好动的帽子，不懂场合、不知轻重，为人处世以自己的思想为核心。最重要的是，由于长期处于被溺爱的环境中，他根本没注意到自身出现的问题，一出现什么情况就立马编借口、找理由来搪塞、推脱，偶尔情况严重了些，他也就“态度诚恳地认错”，第二天又故态复萌。

起先，我多次找其谈心，关心他进入初中以后在学习生活上出现的问题，并对他进行疏导，协助他更好地适应初中的学习生活。为了提高他的自律能力，还特意安排他担任班干部，让他协助班级管理。为了达到更好的教育效果，我还经常跟他的家长联系，交流学生的情况，共商教育方法，甚至还利用假期到他家进行家访，了解他假期的时间安排，鼓励、引导他多学习、充实自己。

然而，这些做法似乎都收效甚微。既然关爱、鼓励不能起到良好的作用，不能根治他心灵深处的问题，那么能否从其他的角度来解决这些难题呢？

恰巧有几件事情凑在一起，让我发现A同学的问题症结所在：不是缺乏关爱，而是充斥着溺爱。他习惯于为自己的错误找借口，对自己缺乏严格的要求。

事件一：本学期，该同学利用中午下课后与午宿入宿前的时间，违反规定，私自离开学校。前后三次，被门卫拦截到后，先是推脱“老师没说明情况”。后来，在我的追问下，他又说成是当时没有听清楚。

事件二：在课堂上，由于该同学多次与周围同学聊天，影响课堂。在老师多次劝阻、教育下，他仍不能安静下来，于是被老师请到教室后面冷静冷静。即便如此，A同学还是不肯消停，甚至坐到了教室后面闲置的桌子上。

事件三：为了不影响午宿的休息，学校要求午宿的同学在回到宿舍区后，不要随意走门串户。该同学由于在原本的宿舍区无法按要求作息，因而被调到其他宿舍区。但经我多次巡查，时常发现他回到原本的宿舍，影响其他同学的休息。在与其交谈时，他口中挤出了这样一句话：“其他同学也有这样的情况，我为什么不可以？”而在这之前，我就已对有这种情况的同学进行了教育。

上面选取的三个典型事例，再加上平时与他的接触，我得出了一个结论：这是一个被“爱”包围着的孩子，他已经能免疫“单纯以关爱为形式的教育”，这样的教育方式不能触动他的心灵，无法起到良好的教育效果。

我国伟大的教育家孔子曾直接斥责学生的不是。传说孔门弟子三千，当中有个叫宰予的。宰予能言善辩，刚开始倒很得孔子欢心，只是其人表面一套，背后一套。有一次，孔子发现宰予白天睡大觉，孔子很生气，斥其“朽木不可雕也”！

“不如尝试一下换一种方式！”这种想法在我脑海里萦绕良久，既然无法以“关爱”达到教育的目的，那就通过“从严要求”来规范他的言行举止吧！

在这几次事件之中，我与该同学交谈，明确指出他在这些事件当中出现的问题：事件一中，为何在场同学都清楚这个规定，而他却听不清楚？退一步说，假设他真听不清楚，那么前几次被门卫拦截，他总该知道这种行为是不被允许的吧。第二件事，老师的教育就是要让你更好地学习课堂的内容，既然已经被警告了，就应该安分守己。未经过老师允许，又自作主张地坐在桌子上，确实是一种不尊重人的做法。第三件事，他片面地推断自己这种行为的合理性，实则也是为自己没有遵守纪律找理由。这几次交流让他清楚地认识到自身的错误，进一步认清自己面对错误时的态度是推卸责任的表现，如果一直以这种心态面对问题，是永远不可能在跌倒中成长的！

在让该生明确自身存在的问题之后，教育重点就放在如何严格要求、规范行径上。我采取的是自律与他律相结合的方式。

自律方面：请他对近期自己做的一些事情进行自我剖析，更好地分析问题所在。针对出现的问题，为自己量身定做一套规章制度，并自己规定奖惩条例。(通过这样的方式，让他能够反思自己的行为举止，自己从心里分析事件的得失利弊，再引导自己行为习惯的方向。)

他律方面：请他将自己拟定的章程向家长、向班里的同学公开汇报，提请大家监督。该同学自尊心极强、表现欲旺盛。在家里、在学校，他都想展现自我。而这些规定又是他自己拟定出来的，所以他必须严格按章办事。从而自己教育自己，自己规范自己，自己约束自己的行为。

起先，在制定章程后的一段时间里，他还是会偶尔情不自禁地做出一些“甩自己耳光”的事。但是，耳光甩多了也会疼，更何况是自己甩自己耳光。自律和他律双管齐下，每次出现问题都要让他结合自己制定的章程要求来分析症结，直面自己的内心。随着他的自控能力越来越强，这种教育方式也就取得了预期的效果。

点出他的本质问题，给他心灵的冲击，他就不能再为自己找理由推脱。同时，不要让“对他的关爱、理解、包容”变成对他的伤害。采用自律、他律相结合的方式，让他静下心来，真正面对心里的症结，分析利弊、权衡得失，再将内心的反省转化为实际的行动，最终自己解决自身出现的问题。

从严要求，让学生正视自己内心的问题，给他心灵上的震撼。这对深陷溺爱中的学生来说，应该是一种行之有效，能直抵其心灵的教育吧！

用关爱浇灌心灵之花

杨　浩

班主任工作中经常涉及老师、家长和学生之间不同方式和方法的交流，那么班主任怎样才能真正走进学生的心，让他们能把内心的真实想法告诉你呢？其实这里面是需要讲究教育技巧的。下面，我来谈谈我在班主任工作中的一些体会。

鲁迅先生有句话："教育是植根于爱的。"教育技巧的全部奥秘就在于如何爱护学生。爱是教育的源泉，教师有了爱，才会对自己的教育对象充满信心和爱心，才会有追求卓越和创新的精神。教师不仅要有爱心，更重要的是要把那种爱传达出来，只有让别人感受到，才能与学生产生心灵的碰撞，学生也才能从心底里接受教师。

我前两年带的班级里有位小蔡同学，自入学以来，上课无精打采，要么搞小动作，要么乱说话影响别人；下课追逐打闹，喜欢动手动脚，还常常拿着MP3放一些低俗的歌曲，引得班里的同学哄堂大笑，使得班里的纪律非常涣散；还常常引发同学间的矛盾，许多同学都指责他、讨厌他，不和他一起玩；各门作业几乎不做，即使做了，也做不完整……他几乎每天都要惹出一点事来。

于是，我找他谈话，希望他能遵守学校的规章制度，以学习为重，按时完成作业，知错就改，争取进步，争取做一个让父母、老师和其他人都喜欢的好孩子。我真诚地跟他说他是班上最聪明的孩子之一，也应该是最懂事的孩子。他却总是一副桀骜不驯的样子，口头上答应得很好，可事后仍一如既往，真是"虚心接受，坚决不改"。我的心都快冷了，但又觉得作为班主任，不能因为一点困难就退缩，不能因无法转化一个学困生而影响整个班集体，不然，他可能会带坏一群立场不坚定的男生。

为了有针对性地做工作，我决定先让他认识到自己的错误，于是我多次进行家访。家访中，我了解到他从小是由奶奶带大的，奶奶对他十分溺爱，妈妈的话他一句也听不进去，妈妈说他一句，他能顶妈妈十句。这学期父亲在外打工，根本没有时间管教他，因此在家里他就是个十足的"小霸王"。通过多次家访后，我了解到他的奶奶和妈妈对他的教育也无能为力。他感受到自己在家中的“地位”非同一般，所以养成了我行我素的不良习惯。

“没有调查便没有发言权。”调查清楚情况后，我思忖着必须慎重地采取措施，否则会适得其反。我试着接近他，消除我们师生之间的隔阂，拉近关系。经过观察，我发现他劳动积极主动、踏实，为人诚实，所以，我经常叫他到办公室交谈，了解情况，借机鼓励他、激发他“你劳动那样积极能干，在学习上只要自觉，你一定能行；只要你好好对待别人，同学们一定能喜欢你”。通过几次的接触启发，我与他慢慢开始沟通。

后来，我便因势利导，再次找他谈话：“你的学习成绩在班里能排到二十多名，这说明你很聪明；你篮球打得好，同学们都很羡慕你。但是你现在的表现却令老师很失望，你完全可以把你优秀的一面展现给大家，做一个老师喜欢、同学敬重的好学生。我希望你能遵守学校和班级的各项规章制度，与大家融合在一起，希望你从做人、做事方面奋力追赶。你现在对班级的生活、学习中的事情都漠不关心，如果我也放弃你，大家都不再理睬你，你觉得生活会有意思吗？你希望出现这种局面吗？”他重重地摇了摇头。“是啊，你很聪明，道理一点便通，我们一起努力，好吗？”他微微一笑，眼睛立刻有神起来。我心想：“看来这个学生还是有希望的。”自此，每当他有丁点儿进步时，我便适时鼓励与表扬他，还借助班干部的力量共同帮助他，使他逐渐明白了做人的道理。

通过一个学期的努力，他上课开始认真起来，作业也能按时上交，与同学之间的关系也改变了，各科任老师都夸奖他，说他比以前进步了许多。现在他已能融洽地与同学们生活在集体中，学习情况也今非昔比。班级的纪律和学习风气也有了明显的改善。班级工作的开展更是如鱼得水，游刃有余，我顿感轻松了不少。

这个案例让我明白了要走进一个孩子的心灵是不容易的。首先你要了解每一个问题学生之所以会有各种不良表现的根本原因，知道根源后，就要思考如何来引导他，怎样找合适的机会来跟他谈。只有让他能静下心来听你说，你才有可能进一步开导他。在这个案例中我努力寻找他心中情感的脆弱处，慢慢地、多次地接触他，消除他的抵触心理，并与他建立起友好的情感交流平台，使这个孩子的心灵得到了一定程度的安慰，并进一步开导他。

“感人心者，莫乎于情”，教师与学生谈话，冰冷的态度，空洞的说教，严厉的批评，都会使学生关上心灵的大门。教师对待学生，要像对待自己的子女、朋友那样，尊重学生，用爱心感化、启迪学生，才能让学生信任、亲近教师，这样学生才能真正地和教师进行心灵的交流，心悦诚服地接受老师的教导。

总而言之，只有真正做到为学生所想，和学生进行充满关爱的心灵交流，才能引导学生进步，为学生创造美好的未来奠定基础。

直抵心灵的教育

——关于早恋

阮奕璇

关于初中生的早恋问题，作为一名老师，我一直觉得针对它的解决方法很难达到我们想要的效果，更害怕一干涉，反而出现相反的效果。对于初中阶段的孩子来说，这是一个敏感的话题，他们不愿意表露自己的感觉，而对异性的感觉又处于朦朦胧胧、模模糊糊的状态，想引起某人的注意，博得某人的好感，又害怕其他同学知道后取笑自己，更害怕家长、老师知道后的反对和责骂，矛盾又不知所措。

我是一名年轻的老师，年龄与他们相距不是很远。我一直努力想成为他们的“知心大朋友”，能帮助他们面对自己的不知所措。但是对于他们来说，他们可以和班主任老师谈学习、谈家庭发生的事情、谈朋友之间的事情，唯独对爱情闭口不谈。作为班主任的我们，总能从孩子们的新浪微博、QQ说说、百度贴吧等一系列网络平台中发现早恋的踪影，甚至发现学生“为情所困”、耽误学习等情况。但是当我们找学生就此交谈的时候，又发现他们说的是另一套。我想如果学生没有敞开心扉和我们真心对话，那就是无效的对话，根本谈不上教育。

关于早恋的教育，我总希望学生能主动开口与我交流，但是这是极少出现的现象，或者说几乎不可能，所以我们不得不主动出击。

记得那天，早上刚下第一节课，我们班的语文老师跑来跟我说：“你班的丁武同学（男）的手指看起来伤得挺严重的，几根手指都有擦伤。问他怎么弄的，他总说不小心摔的，可是我看不可能是摔的，应该是撞的才是，他自己总说没事没事。我觉得还是不太对劲。”我一听紧张了：初二的男孩子容易冲动，是不是跟人打架了？“好好，我马上去了解了解。”于是我立即到了班里，刚好遇见他去校医院擦好消毒药水回来，我心疼地说：“丁武，手怎么伤成这样，跟我来办公室。”办公室一楼有很多科任老师。那时候我想，若是打架，我也想他能为我提供一些信息，所以这个谈话的内容最好只有我们两个人知道。于是就带着他径直走向办公室二楼，一来二楼有椅子可以坐，学生和我都可以坐着谈话；二来这个地方平时除了开会，没什么老师和学生过来，算是一个最佳谈话环境。一路走来我并没有开口说话，一来当时很生气，二来还不知道是怎么一回事。生气又不知道发生什么的时候，最好就先让自己冷静下来，想想等会要怎么样“对付”这些“狡猾”的学生。

开口第一句，“先坐下”。

停了一停，学生有点不知所措，这就是我想要的结果。一般犯错的学生被老师训话都是站着并低着头的。

“知道我为什么带着你来这个地方吗?”

他抬起头，疑惑地看着我，然后伸出自己的手。一般学生被老师叫去谈话，都早做好了心理准备，想着怎么解释。所以我想我必须把握这个谈话的进程。

“今天带你来这里，就是不想今天我们之间的谈话有其他人知道。手是不是刚刚去医务室擦了药?”

“嗯。”他没有要交代发生过什么事的意思。

“是不是应该给我一个解释?”这个时候我严肃了。但是换来的是一阵沉默。他不愿意说。

“跟谁打架?”我慢悠悠地说。

“没有，不是打架。”他回答得很快，情绪也激动了。

“那为什么会这样?”我依旧慢悠悠地说。

“老师，可不可以不要说?”

“不行，你看你，手都伤成这样，你不疼吗？我看着都心疼，你必须给我一个合理的解释，说服我可以不担心你。”

“老师，我向您保证，我不是打架打成这样的。”

“那为什么会这样?”

“老师，可不可以不说?”

“这里只有你和我，你说什么也只有你和我两个人知道。”

“老师，我不想说，我知道我做错了，我真的真的不想说，我保证以后不会再这样了，说出来真的很丢脸。”

“至少必须告诉我怎么受伤的。”

“老师，我撞墙弄伤的。”

“谁看到了?”

“今天早上，在宿舍，宿舍除了陈宇钦，其他同学都看到。”

刚叫他来的时候看到同宿舍的两个同学陪着他，再看他那肯定的眼神，加上手上的伤，我相信他说的话。“你撞墙能撞成这样，你觉得你这样的解释能让我放心吗?”

“老师，不要说了好不好?”

“那是不是要等到有一天，你干脆跳楼算了呢?”

“老师，那怎么可能，我也有父母要孝敬的。”

“你还知道你有父母，你把你自己伤成这样，你父母看到难道不伤心吗?老师看到难道不担心吗?你说老师能放心吗?能不担心某一天如果你想不开会不会跳楼吗?”

“我肯定不会跳楼，我爱我父母。”

“爱你父母就更不应该这么做了，身体发肤，受诸父母，你对得起你父母吗?父母送你来这读书容易吗?你这样做能让父母放心吗?”

一连串的问题，突然间，丁武的眼泪也哗啦啦地流了下来，他哽咽着说:“老师，说了也不能解决问题的。”

我知道他的心动摇了，便问:“你怎么知道你说了不能解决问题?”

“真的不能解决问题，说了也没用的。”

“你不说更解决不了问题。”

学生一脸无奈，还是不想说。

“丁武，老师花这么多时间等你开口，希望的是能帮助你去面对你自己难以解决的问题。我不忍心看你因不能正确地看待问题而伤害自己。世界上无论发生什么事，都应该积极面对，想方设法解决，而不是消极地自伤。况且你还是一个学生，有什么事情需要你用这样的方式解决?长大后，你要面对的会更多，到那个时候你又会用什么方式、什么情绪去面对呢?”

他的眼眶红红的，低声说了一句:“老师，我不想说，说了很没面子，我知道错了，我自己知道我以后该怎么做。”

“到底是面子重要，还是生命重要?你今天可以撞墙把自己弄伤成这样，就你这性格，难道明天不可能一跳就跳下去吗?你还记得你要孝敬父母，父母希望看到你这样吗?你连说都不说，那就更让人担心，也说明你自己连面对的勇气都没有，还谈何能自己解决。”

“老师，说了你也不能帮我解决什么。”他的眼泪已经忍不住地流了下来。

“你怎么知道说了会没作用，至少我比你大十岁，这十年不是白过的。看问题至少比你要清晰。”

“……”

他还是沉默着。我想，我也该给点时间让他缓一缓，但是我的时间不多，就快要上课了。过了差不多两分钟，这等待对我来说是漫长的，我想，对他来说同样也是漫长的。

“丁武，我没有那么多时间，就快要上课了，老师不能只为了你一个人，让其他50位同学等老师。我真心希望你能勇敢面对自己的事情，或许我不可能改变什么，但是至少可以作为一个朋友，在你身边提醒你、安慰你。看到你一个男子汉流眼泪，我心里比你还难受，老师可以放任你不管吗?”

他摇了摇头，似乎有点动容了。

“我相信你父母要是看到，肯定比老师要更难受，这么逼着你说，到底是为什么?”

“关心我。”

我坚定地看着他的眼睛说：“因为在乎你。”

“是瑜涵（一个成绩优秀、长相可爱的女生），今天早上她发了一条信息，说：‘不可能，不要打扰我!’我看了很伤心，情绪一激动就用手撞墙，结果就成这样了。”

“我相信。也许我比你更了解瑜涵。和她聊天的时候，我能感受得到她是一个很爱学习的人。丁武，真正爱一个人不是占有，也可以是默默地守候，想她所需才是爱。她需要的是什么，你知道吗?”

丁武茫然摇头。

“将心比心，如果你是她，知道有一个人像你今天这样，你心里一定也不好受，如果她知道你这么对自己，她心里一样不好受，她还有心思学习吗？这对她来说，不是她需要的，你感动不了她。她也不希望你因为她荒废自己的学业。那么有理想的一个女生，她肯定需要一个足够强大的肩膀去依靠。如果你这样下去，你能有这样一个强大的肩膀吗?”他似乎听进去了，低着头若有所思。“为什么不默默守候，共同奋斗下去呢？等你有了一个足够强大的肩膀的时候，还会担心没有女朋友吗？好好想一想老师今天说的话。”他一边流着眼泪，一边点头，不再有那么痛苦的表情。

那天中午，我看到他微博上写上这么一句话：“真的很感谢班主任!”这次的单元考，他成绩也进步了，期待他以后的进步……

班主任工作中的因势利导

陈之长

时间过得飞快，一眨眼，我进入教师这一行就快六个年头了。为了加强对班级的管理，我通过跟班干部开会，收集意见，最终制定了班级管理条例，条例的内容总结起来就是四个字“静、净、竞、敬”。这些管理条例在本班学习及纪律方面确实起到了一定的作用，但在实践中，我体会到条例越严格，要求越高，反而“铤而走险”的学生会越多，这正是初二级学生年龄特点的体现，而班干部中更是缺少管理纪律的能手。要求学生做到自主管理、自主学习，作为班主任的我确实还有一段路要走，所以严抓纪律一直都是我的重点工作之一。

斯宾塞在《教育学》中曾指出：“记住你管教的应该是养成一个能够自治的人，而不是一个要别人来管理的人。”因此，我们可以换一种管理的手段，作为对施行班规的一个有效补充。

一、细节管理，充分了解每一位学生

接到新班级的时候，我们很有必要跟原来的班主任进行交流，做好班级交接工作。对于该班各个科目的学习情况也应该认真进行分析研究，要尽早找出班级的优劣势，提前想好相应的管理对策。当一个新班级形成运行半个学期左右，学生中便会自然而然地形成一些小团体，甚至还可能会形成令带班老师和科任老师头疼的“小团体”。对于这些学生的小团体，如果我们深入到学生中去，就会发现，这些小集体往往是根据兴趣爱好、学习成绩、性格脾气或社会关系等因素自然形成，如果能够加强对这些团体的引导，对于班风的形成和促进，以及对班级的良好管理无疑能起到相当好的推进作用。

为了加强对班级的管理，处理好教与学的关系，我们可以从下面两方面的工作入手。

第一，及时了解情况，掌握好每个小团体的“小头目”的情况，并给他们安排适合的工作。

每个小团体中的“小头目”往往都会有一定的带队潜质，让这些学生承担某种职务，就能影响到小团体里的其他学生。比如，有一个“小头目”，他全面发展，成绩不错，做事有条有理，在学生中有相当高的威信，便可委任他为班长。而有些“小头目”学习、纪律等表现不佳，却有不少人听从他们，对这类学生可适当进行安抚、引导，让他们当值日班长、锻炼组长或卫生组长，例如以前我教过的陈淦宇，他有体育特长，我就任命他为体育委员，在校运会的时候，他确实起到了很好的带头作用，为本班拿下不少分数，学生对他也是非常支持。其实，每一个人都有一颗想为班里做点事的心，只要适当地加以引导，并以之为契机便能带动其他学生共同进步，从而把形形色色的小团体纳入班级的正规管理之中，达到学生自我教育的目的。

第二，分析班级小团体，找出有兴趣、爱好和能力交叉点的学生，充分发挥他们的“桥梁”作用。学生的团队中肯定会有一些交叉，比如，学习成绩好的学生会形成一个群体，体育爱好者又形成一个群体。但其中必然有一部分学生在学习成绩优秀的同时，也爱好体育。那么，我们不妨让这些学生成为“桥梁”，使两个群体的学生互相影响，互相帮助，取长补短，共同提高。这样在无形中，便将班里那些自以为边缘化、过度喜欢体育运动而无心向学的学生吸引到班级团队学习中来，以达到强制学习所不能达到的目的。所以，我在一节班会课上，就开展过一次别开生面的班级知识竞赛，主题就是“篮球知识知多少”，以抢答为形式，以选择题为主，气氛热烈，效果非常不错，既调动了学生的学习积极性，也增强了学生的团结协作意识。

只有充分把握每一位学生的性格及能力特点，承认并合理利用学生中小团体的有利因素，才能使学生的自我教育真正落到实处。

二、班主任工作中，对学生进行适当的鼓励

班级管理条例，属于我们班级管理工作中的硬性规定。虽然我们知道“无规矩不成方圆”这个道理，但铁的纪律总会有它死板的一面，如果过度强调班规，事事都照搬班规，会让每个学生都生活在压力之下，整个班级就会缺乏生机与活力。在这种强制性的纪律之下，我们就很有必要给予学生适当的鼓励，这有利于提高学生参加班级活动还有课堂活动的积极性。

第一，给那些调皮学生安排特殊的工作。

在很多学生心目中，班干部代表着荣誉和信任，同时也是老师和同学对自己能力的一种承认。但是班干部的职位有限，不可能把班里的学生都拉进我们的班干部队伍。大家普遍都认为只有成绩好、听话的学生才能胜任，而那些后进生因自卑和叛逆心理，有可能会做出不少违纪的事情来。我们不妨在这些学生中选几个小“头目”，给他们分发任务，比如说让他们管管当天的清洁卫生工作，比如说让他们负责自习课的纪律，比如说课间操带队下操场并整队，当

然我们班主任都必须在场监督。这样既让他们有事做，让他们知道老师也同样在乎他们，他们也能跟其他班干部一样做好每一件事，从而达到不让任何一个人掉队的目的，有利于他们融入整个班集体中，也有利于班级的团结和谐发展。

第二，对特殊的学生给予特殊的"奖励"。

班级管理不可能永远风和日丽，有表扬鼓励那就必定会有批评惩罚，不过我们不必总是遵循那套死办法，可以换一种方式来批评学生。如某同学忘记打扫卫生，就"奖励他打扫卫生一次"；忘记佩戴校章，就"奖励他早读、午写严查班级校章佩戴情况"。这哪里看得出是一种批评，更多的是一个改正错误的机会，从而给犯错违纪的学生一个台阶下，让他们能发自内心地改正错误。若说成"罚他打扫卫生一次"，则带有明显的强制性，易形成对立情绪，达到的教育效果明显不如前面所说的。

第三，评语也可以适当地加入鼓励成分。

操行评语是对学生一学期来的思想品德、学习、劳动等作出全面总结和评论。一篇好的催人奋进的评语不仅能增进师生间的情谊，使学生更信任老师，而且能给学生以信心，给学生指明前进的道路，加快他们前进的步伐。如写评语给一位成绩中等、表现平平、学习不刻苦，但有潜力的同学，我们就可以这样写："你挺聪明的，虽然你不如班里的尖子生，但并不是你比他们笨，而是你没有像他们那样去努力，只要你努力，你会比他们考得更好。我希望你超过他们。加油吧！告诉自己，你能行，等着你的好消息。"当这位同学拿到这样一篇充满期望与激励的评语后，怎么会不信心百倍地努力上进呢？

三、加强师生对话，深入学生内心世界

制度化管理是没有人情味的，在班规执行过程中，难免有时候会让违纪学生产生逆反心理和抵触情绪，如果处理不当有可能使问题学生越走越远，甚至被同学和老师边缘化。这时候，谈心作为协调方式的一种，就是必需的了。

第一，直接谈心。

直接谈心，切忌居高临下，应把学生置于与老师同等的地位上。

直接谈心有多种方式，但我认为特别应该注意的是，在谈心过程中对学生提出的要求，应从最低最容易办到的开始，然后一步步提高，就如登山一样，不要盼望一步登天。比如本班的陈晓敏，从学期初，我就发现她性格比较内向，什么事都藏在心里，极少跟同学或老师交流，把自己关在自己的小世界里。发现这个问题后，我先是找个自习课的机会，找她聊天，问问她的家人情况和兴趣爱好等，然后慢慢过渡到跟她谈对校园生活的适应情况和学

习上的一些问题，最后才谈关于她性格的一些看法。想进入她的内心世界，必须采用这样曲折的方式，太过于直接，反而会让学生产生反感。谈到性格的时候，我跟她分析了内向性格的优缺点，也跟她交流了一些方法来让她自己慢慢走进集体，而不是整天把自己“关起来”。接下来的几个星期，这个学生的性格慢慢变得开朗起来，有一次无意间我竟然发觉她在微笑。后来，她终于敢向老师请教问题，终于敢跟周围的同学聊天，成绩也取得了比较明显的进步，英语成绩从原来的 70 几分进步到 80 多分甚至上了 90 分，我感到非常欣慰。

第二，通过周记或 QQ 聊天等间接方式进行谈心。

如若直接谈心，学生无动于衷仍我行我素，有些原因不便于直接谈心时，间接谈心就可避免一些尴尬的场面，也可以多给学生一些思考的余地，使他们从容地作出正确的选择。记得第二年当班主任的时候，我所带的班级里有一个叫许烁的特殊学生，这个学生在上小学的时候，由于性格软弱，经常受人欺负，上初中后明显患有“交友恐惧症”，他整天惶惶不可终日的样子，生怕别人又来欺负他。他越怕的事，越容易发生。同宿舍的其他几个学生看他行为举止跟别人很不一样，就合计起来一起捉弄他，比如说往他的被子下面放饼干的包装袋，把他的洗发水或拖鞋藏起来，甚至把他的眼镜的两片镜片挖走，只留下一副空架子。许烁从不跟老师反映那些调皮学生欺负他的情况，但就在一次自习课上，他突然发泄自己的情绪——他把自己的书推倒在地，然后趴在桌子上哭了起来。出现这场景，我第一反应就是安抚他的情绪，然后就让他直接去办公室等我，并让他的同桌收拾好地上的东西。课后，我找他谈话，他说话总是躲躲闪闪，有些答非所问，直到他自己用周记这种书面的形式，才向我陈明原委。事后，我也约谈并批评了那几个同宿舍的学生，教育他们“同室情谊”来之不易的道理。现在这群孩子，在初三相处得比较好，许烁的学习成绩也比刚进学校时有了比较明显的进步，后来我们还创建了班级 QQ 交流群，班内学生发言相当活跃，各种各样的想法和建议层出不穷，这让我感受到网络平台所带来的巨大好处，也让我有了以后带班要主动建交流群的想法。有了这两种间接的交流方式，学生就可以无拘无束地跟我们做老师的进行谈心，没有了面对面的压力，还愁有什么不敢跟老师说的吗？

今年是我当班主任的第四个年头，很多管理班级的方法都是自己像摸着石头过河那样摸索出来的，因此难免会有不尽如人意的地方，很多事情的处理还需要向其他老师请教，但我一直都在尽心尽力地去完成学校布置的任务。在班规管理前提下，我们强调铁面无私，作为班主任这是必须坚持的。但在对学生抓细抓紧的前提下，必须有情感化的思想交流。我们应常常将自己的思维转换到和学生处于同等位置再去进行思考，这样得出的结论和采取的措施才能使学生乐于接受。只有这种情感化的温情管理，才可以营造出一个自律和谐、有凝聚力的“家”——班级。

促进中层生进步的班级发展战略

林叙贤

班级建设与学生发展是教育工作中一个重要的课题。班级建设的重要目标就是将松散的群体建设成充满凝聚力和创造性的班集体，让学生在这个集体中进行良性互动，共同成长。

在从事班主任工作的实践中，我发现，常规的班级管理模式是“抓两头”，即以抓尖子生和后进生为主。因为管住了后进生，班级就稳定了，管好了尖子生，班级就能出成绩。这种做法使夹于这两种学生之间的中层生成为被遗忘的群体，而中层生恰恰是班级中占比重最大，也是最具可塑性的群体。中层生发展好了，既能刺激尖子生的竞争意识，也能激励后进生努力向上。所以，促进中层生群体的发展对班级建设和班级的整体可持续进步起到至关重要的作用。因此，我们应当将其作为班级建设和发展的重要战略。

一、中层生形成的原因

要促进中层生的发展，首先要了解中层生形成的原因，才能对症下药，找到有效的方法。从实践中，本人经观察研究后总结得出，中层生的成因主要有如下几方面：

（一）教师教育理念的偏差

让孩子全面健康地成长，重视孩子的综合素质教育显然已经成为社会、家长和学校的共识，但是，受社会现实的影响，这种认识仅仅停留在理论上。“有多少学生升入省、市重点高中”俨然成了社会、家长评判一所初中教育教学质量好坏的最重要甚至是唯一的标准。因此，教育过程中“成绩是最重要的”这种观念不仅没有弱化，反而有强化的趋势。教师在升学指标的压力下，在具体教育教学实施过程中，当然也就更加关注优等生，庞大的中层生群体也就被忽略了。在这样的现实下也就形成了“抓两头，促中间”的管理思维模式。而这种管理模式的推广，直接导致了学校和老师对中层生的忽略。

（二）学生自身素质和知识积累的差异

一个人的成长受到很多因素的影响，其中最主要的是智力因素和非智力因素。中层生之所以成为中层生，主要是因为在学习中毅力不够、学习习惯不好、自信心缺乏等非智力因素。这也就是说，非智力因素的差异使部分学生逐步变成中层生。

在教学过程中，我就发现大多数中层生对待学习自信心不强，思想不够活跃，也不太愿意接近老师。他们往往有着很矛盾的心理，一方面，对于老师对自己的忽视感到失落；另一方面却害怕与老师接触，巴不得老师不来找自己。这与尖子生在学习中的主动好学、大胆发言、对问题有独特看法等表现有着巨大的差别。因此尖子生常常得到老师的重视及表扬，而中层生常被老师忽视。

我们知道，知识是有连贯性的，各学段、各学科的知识之间有着密切的联系。有些学生由于对小学阶段的知识积累不足，在升上初中之后，在对知识的掌握和理解上跟不上尖子生，随着学科的增多，他们在学习上日益显得捉襟见肘，知识积累的差异使部分学生跟不上第一团队的步伐而逐步变成中层生。

（三）家庭教育方面的缺失

随着社会的发展，家庭教育的重要性逐渐为人们所认识，家长对子女的发展也更加关注。但家长的教育观和教育方法受到家长个人能力的限制，家长之间存在巨大的区别。在与中层生家长接触的过程中，我发现，有很多中层生的家长抱着“比上不足比下有余”的心态，对其子女采取放任自流的教育方式，对子女甚少进行鼓励，也很少与老师交流子女的情况。还有小部分家长对子女要求过高，子女达不到其要求就责骂，严重挫伤孩子的自信心和积极性。这些不当的家庭教育也使学生的知识积累，尤其是其非智力因素的缺陷难以改善，这也是导致中层生形成以及难以进步的重要原因。

二、发展中层生，是促进班级建设的有效途径

针对以上的原因，本人在从事班主任工作过程中认真探索，大胆实践，总结出促进中层生整体素质提高的有效途径。

（一）树立正确教育理念，重视中层生的培养

思想的高度决定行动方向和力度。只有在正确并充分认识到中层生在一个班级中的重要地位后，教师才能在教育教学过程中真正关注中层生。从人数上来说，他们是班级中最大的群体。从发展的眼光来看，中层生既是优秀生的后备军，也是学困生的预备队。渴望被重视、被关爱是每个孩子的本性。这样一群孩子，如果我们多关心他们一点，拉他们一把，他们就会成为优秀生，如果我们不够关心他们，那他们就可能会变成新的学困生、后进生。

（二）谈心关怀拉近距离，周记点拨真诚鼓励

如何入手了解中层学生，也是很多老师觉得头痛的问题。这些学生通常不敢表达自己的想法。但是不敢表达并不等同于他们不想表达，只要老师给他们一个自由的空间，放松的环境及适当的引导，这些学生也会非常乐意将自己的想法与老师分享。本人在实践中有以下两种颇有成效的做法：

1. 谈心

谈心，是教师的家常便饭，属于“思想工作”的范畴，是“育”的重要一环。但是谈心之后是否能够收到预期的效果，甚至超过预期的效果，取决于谈心的方式、方法及语气。俗话说，一句话，可以说得人跳；一句话，也可以说得人笑。因此，谈心的方式、方法和语言、语气很重要。

在谈心之前，本人在班级中树立“亲民大使”的形象，在平常的学习生活中，多对学生嘘寒问暖，让中层生感受到老师的关心与温暖，使其更愿意将内心的想法与困惑和老师交流。在谈心的过程中，首先，一定要心平气和，让学生感受到老师的善意。其次，你要摸清学生的性格特点、家庭状况、长处以及其不足之处等，并向其他老师征询意见，或问问同学对其的看法。最后，谈心应该是平等交流的形式，而不是居高临下，这样可以增强亲和力，也可打消同学们害怕老师“找麻烦”的疑虑。根据中层生的特点，本人与中层生的谈心按以下三个层次循序渐进地展开：

先按成绩分类进行群体谈话。可大致将班级的中层生细分为中上、中等和中下三个类别，以小群体形式交流。这种形式足以让学生真正明确自己在班级中所处的位置，也可让学生意识到老师并没有忽略中层生这个群体，而是非常重视他们。

再按宿舍或班级座位区块分类进行小组交流。一个宿舍的室友或前后桌的同学关系一般比较亲密，就像一个小家庭，如果能将这几位同学叫到一起，鼓励这个小家庭不能在班级里面落后，甚至成为班级成绩的绊脚石，激励每一位同学应该为小集体争光，更能打动孩子的心。

最后是一对一的单独谈心。有了前面两种形式的交流，不愿接近老师的中层生会逐步适应谈心的交流形式。一对一交流时，先让同学坐下，微笑地寒暄一下。谈话前主动说明，所谈内容对包括其父母在内的其他人都保密，“这是咱俩之间的秘密”，让学生先缓解一下紧张情绪，然后再慢慢地切入正题。这种形式对于相对内向的学生更为可行，因为这时候该学生更加愿意将内心的想法和苦恼与老师分享。

另外，本人还建立了学生档案，在与每一个学生谈心后，详细记录学生目

前的情况、谈心目的、谈心效果等，以便不断反思和调整。

2. 周记

为了实现与学生间的思想交流，了解学生的思想状态，使平时无法跟老师进行语言交流的学生能有表达自我的平台，我要求学生写周记。并将周记作为老师和学生对话的空间，收到了很好的效果。

在实践中，我发现中层生总会按要求完成周记。如果老师走马观花，任务式地阅读及批改周记，这些学生的学习及思想状态将很难得到改变。如果希望这样的学生改变，希望这样的学生提高，就需要老师在日常工作中多多留心，于细微处发现可以接近这些同学的突破口。

同一个班学生的周记总会有很多的相似点。元宵了，都写闹元宵；清明节，都谈去扫墓的事情；看了一场电影，基本都描写电影的情节……但如果老师能在这样高度的相似中发现不同学生的特点，并以此为突破口进行评点的话，将可在无形中拉近和学生的距离。

比如，同样是记载元宵节，有的同学会写家里怎样庆祝，有的同学会写和元宵有关的故事，而有的同学就会借此感叹时光飞逝等。如果老师能把这些细微处都抓住了并且及时在周记的评语中表达出对学生的关心的话，相信很多同学会深受感动。

另外，我在和学生接触的过程中尽量多地使用鼓励的语言，因为我知道即使是很简单的话，对于平时一直不受重视的学生来说，都是一种很大的鼓励。

有一次，一个学生在他的周记中感叹他的学习总是没有进展。正好那个时候数学测验的成绩出来了，一看他进步了五分，我就在评语中写道："其实你已经在进步了，看你的数学成绩就知道，努力肯定会有回报的。"又有一次，一个学生在周记中说他在植树节那天自己一个人就种了五棵树。我也很简单地给他写上评语："如果每一个人都像你这样认真种树的话，我们这里就会变得更加美丽。"类似这样，跟学生说鼓励的话，其实就是为了拉近我和学生的心理距离，让他们知道自己也受重视，这样一来，即使老师没有使用什么非常手段，但很多平时不大受注意的学生也会因此而觉得自己重要起来。同时我还发现，在鼓励他们的同时，我也得到了学生的尊敬与爱戴。真是"赠人玫瑰，手留余香"。

（三）学习小组钻研解疑，良性互动共同进步

在一个班级里面，学生的成绩差异实在太大，他们的学习品质、综合能力、心理素质和人格魅力都不一样，同在一个班学习，就需要班主任去建立和谐而又相互激励的学习氛围，使他们能携手共进，最后达到共同健康成长、快乐学习的目的。同学们在学习中通过了解、沟通和合作不但可以共同健康成长、共同进步，而且也可结下深厚的友谊，进而增强班级的凝聚力。

2010 年，我接手一个新的班级——初二（7）班。在带班的两年时间里，为了促进班里中层生学习的进步而达到班级成绩良性发展的目的，我采用了传统的小组学习的模式。在尝试与实践小组学习的过程中，我们不忘及时总结经验，及时创新举措，使传统的学习模式能实实在在服务于班级的建设与发展。首先，通过各种渠道对班级的学情差异及整体情况进行分析。该班是年级里处于中下水平的一个班级，按照初一期末的成绩来看，尖子生的成绩比较拔尖，但是人数很少，大部分同学的排名在年级靠后，各科平均分在年级里面都在中下水平。另外，班级中上水平的同学成绩波动非常大，两次考试排名甚至相差二十几名。针对班级中层生存在的问题及其具有的潜力，我制作了学习情况调查表：

姓名	班级名次	目标名次	最喜欢科目	最不喜欢科目

<table>
<tr><td>较薄弱科目</td><td>薄弱原因</td><td colspan="2">每天学习安排表</td></tr>
<tr><td rowspan="2"></td><td rowspan="2"></td><td>时间</td><td>学习内容</td></tr>
<tr><td></td><td></td></tr>
<tr><td rowspan="2"></td><td rowspan="2"></td><td></td><td></td></tr>
<tr><td></td><td></td></tr>
<tr><td rowspan="2"></td><td rowspan="2"></td><td></td><td></td></tr>
<tr><td></td><td></td></tr>
</table>

接下来，我对学生反映出来的情况如实进行统计，找到各位中层生学习上的软肋。再根据学习情况调查表及日常生活中反映出来的这些学生的具体情况，将全班的学生进行分组，每小组人数控制在五人以内，以单科成绩优秀者辅导成绩落后者为原则，让优秀者一方面负责讲解对教材知识的理解及运用，另一方面负责检查作业完成的情况，若碰到难题时，小组进行交流讨论或向老师请教，及时加以改正。

小组学习在每天的课间穿插进行，并利用第八节自习课或者放学后的半小时进行小组学习、探讨及答疑。每组挑选负责任的人（不一定要成绩优秀）

为小组长，小组长负责监督、完成老师制定的小组学习情况登记表（如下表），并于第二天早读前上交班主任。

组别		时 间	周，星期	负责人	
出勤情况					
学习任务安排：					
完成情况：					
存在问题：					

经过这样一个循环，只要你有一科成绩较好，你就有机会当小老师，就可以帮助别人检查作业。这检查的过程，就是合作学习的过程，就是锻炼能力的过程，就是实践和探索的过程。这样全班形成了“一帮一，相互促进，人人有责任，个个有任务，互动学习，你追我赶”的良性教育学习网络。

经过了两年的实践与摸索，初二（7）班同学的成绩有了明显的提高，在年级里面的前140名和前300名的人数有了明显的增加（如下表）。

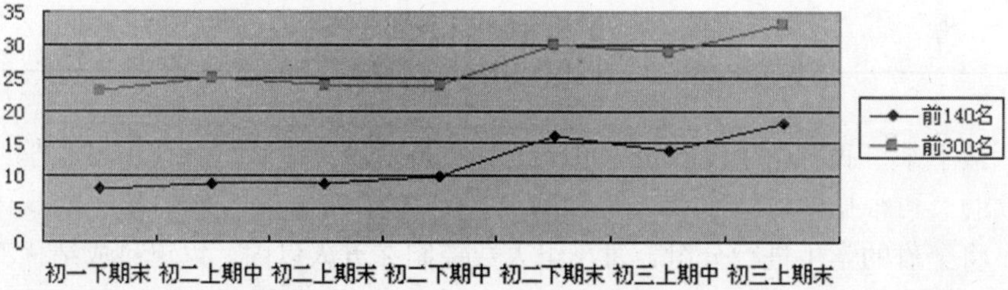

（四）创造机会展现自我，增强信心体验成功

心理学认为，人与生俱来就有一种积极的自我表现的欲望，把自己的成绩、智慧展示于众人面前，赢得他人的尊重，享受精神的满足，这是人类事业取得成功的内在动力。然而，由于目前教育的单一评价机制，大部分学生缺少展示自我的机会和平台。记得有位教育学家说过："成功才能滋养成功！"缺乏成功的体验，是中层生发展的障碍。所以，积极为其创造机会，帮助他们获得各种成功的体验，是促使中层生转化的行之有效的方法之一。

1. 通过推选学生干部给中层生表现的机会

在实践过程中，多数的班主任会让成绩优秀的同学当班干部。但是，中层生里面也有很多有协助班主任管理班级的能力的学生，如果合理分配，不但能促进中层生个人能力及成绩的提高，而且有利于班级的建设。在我所带的2010届10班里，有一个男生小黄同学，成绩平平，但与人为善，班级号召力很强，与同学们的关系十分密切，也乐意去承担班级的各项大大小小的任务。经过再三考虑，我大胆推选他为班级的劳动委员。一个学期过去了，他为班级做了一件又一件的好事实事，受到同学们的一致好评。在班干部换届竞选中，我再次鼓励他参加班干部民主竞选。最后，他不负众望当选为班级的团支部书记。他并没有令老师失望，很好地胜任了这个职位。他将班级的大小事情合理地分配给其他班干部，使得班级的面貌焕然一新，学习氛围也有了明显好转，自己的成绩也随着自信心的增强一步步攀升。接下来，这位同学通过努力，成为学校的国旗班班长，又当选了学校学生会主席，并被推选为市级优秀团支部书记。

在班级中，我还特意设立了后备干部库，即已经通过竞选或民主选举且符合干部条件，只是没有干部职缺而暂时储备的干部库。若有担任干部的同学玩忽职守，就立即启用后备干部。这给了中层生一个公平、宽阔的竞争平台，"能者上，庸者下"。当学生干部确实可以锻炼学生的组织协调能力、口头表达能力和综合分析能力，培养主人翁意识，增强社会责任感，提高综合素质等。故班主任应把握好度，并不是每个中层生提出申请或有意向担任就任命其为干部，应按公平竞争、适当调剂的原则进行科学分配。

2. 通过各种有意义的活动给中层生表现的机会

活动是学生的潜能得以激发、表现的基础。学生有活动的空间，有选择的权利，有展示的舞台，就有了更多的感知、观察、思考和探索的机会。学生在实践中发现自己的不足，及时调整自己的目标，使教育指令、外来知识内化为自己新的信息和知识能量，主体性在自主性活动中便能得到较好的发展。老师要充分挖掘活动因素，设计丰富的活动形式，为学生提供展现自我的学习舞台。

比如组织各种竞赛活动，在一个班级里，有激励便有竞争。也可组织游戏活动，这是学生喜闻乐见的形式。学生在游戏兴趣得到满足的同时，活动能力、对生活的感受能力、对知识的理解能力也都能得到有效发展。同样在

2010届10班里面，有一位女同学小吴，各门功课都一般，而且还不时地迟到，上课说话甚至违反学校其他纪律。但是她对表演很感兴趣，从写剧本、找合适的演员、准备道具、进行排练到演出，每个环节都毫不怠慢，充满激情地享受工作。为此，在每次主题班会中我都让她策划情景剧，她也都完成得相当出色，后来多次参加学校的迎新晚会、校庆演出并取得骄人的成绩。在2011届7班里有这样一位男生，成绩不错，但是有一段时间成绩明显下滑，原因是对B-box（属于口技的一种，用嘴模仿各种乐器声响来做节奏音乐）的表演十分痴迷，甚至上课都不时在练习，不仅自己根本没办法安心学习，连周围的同学也受到影响。当我得知这点时，并没有批评他，而是夸奖他的B-box很厉害，流露出老师也非常感兴趣的样子，并让他教我发音的技巧，这位同学有点不好意思地教起我来。接下来，再与他强调上课进行练习的种种弊端，并和他达成“君子协议”，只要能做到在课堂上不练习B-box，下个月的第一个班会课就让他上台表演。这位男同学也因此在接下来的日子里戒掉了这个坏习惯，成绩也有了明显的回升。当然，我也兑现了我的承诺。这种学生只要保持良好的心态，其他功课过得去，具备较突出的特长，今后在社会上就一定会有生存和发展的空间。

（五）增强家长参与意识，促进亲子良性交流

家庭教育是家长在孩子出生到成年期间的重要任务，初中阶段的家庭教育更是其中的关键期和困难期。另外，一个学生，对于班主任来说只是班级的几十分之一，但是对于一个家庭来说就是父母的全部。如果能加强家校联系，联合家长的力量，让家长配合学校有的放矢地做好教育孩子的工作，将会在学生成长过程中取得事半功倍的效果。针对部分家长疏于对孩子的教育与管理、部分家长的教育方式方法不利于中层生的成长等现象，班主任有义务将正确的教育理念与方法传达给家长，并在家长与子女的交流过程中起到“桥梁”作用。每学期一次的家长会就是一个难得的供班主任与家长进行交流的平台。因此，我在每一次的家长会上，除完成常规任务之外，我还进行了以下的尝试：

1. 传递正确教育理念

一个班级的学生来自不同家庭，家长对教育理念的理解以及教育子女的水平也参差不齐。因此，我利用家长会这个平台给家长传递正确的教育理念。我首先向家长强调家庭教育的重要性，让家长积极参与到学生教育中来；其次分析不同年级学生的年龄特点，因为家庭教育更需要有的放矢，因人施教；最后对亲子相处中容易出现的问题及相应的处理措施进行剖析，让家长对处理亲子问题不再盲目。这些举措能为良好的家庭教育奠定基础。

2. 亲子信箱

在每一次开家长会之前，我会让学生给自己的父母写一封信，内容不限，只要求学生把内心最想对父母说的话真实地表达出来，可以是学习生活中的困惑，可以是与家长相处中出现的问题，也可以是对父母说一声“我爱你”或“对不起”等。这样的形式不但给不愿袒露心扉的中层生提供一个合适的表达平台，更让家长更全面地了解自己的孩子。家长会上还让父母给孩子写回信，让自以为不受重视的中层生感觉到父母的理解与温暖。

3. 家长、学生发言

我在平常的家访或电访中，了解到班级里面一部分家长与孩子的关系处理得比较妥当，孩子也在和谐的家庭氛围中得以发展自身。家长会上，我将教育子女颇有心得的家长请上讲台，分享他们的成功经验，还让与父母相处融洽的学生说出自己父母的优点。特别给这些在家庭教育方面有一定问题的中层生家长一个参考的典范，也希望这些家长能发现自身教育的不足，使他们在接下来的亲子相处中更注重科学性和有效性。

综上所述，中层生在班级中的地位和影响是不可低估的，我们应该把促进中层生进步作为班级建设的关键环节，通过教师、家长和学生的良性互动，有效改善中层生的知识积累和非智力因素缺陷，以达到促进中层生全面进步和拉动上下层学生共同进步的目的，同时形成互助学习、互相欣赏的良好班风。走近中层生，关注中层生，使他们健康地成长，也将会使班级建设得到健康而可持续的发展。

给我一首歌的时间

——“因为爱，所以爱”

赖湘萍

接任班主任工作至今已一个多学期，在这段时间里，我与学生之间发生了很多故事，对此我感触良多。教书育人是一条布满荆棘与鲜花的漫漫长路，在摸索的过程中，有过挫折，有过打击，但那是再正常不过的。只是有些人会被挫折击垮，而有些人却从挫折中找到了正确的途径。很多时候，我们总想管住学生，因此，当自己管不住学生的时候，会想方设法去制定新的规章制度，进行各种说服和压制，并且认为这是理所应当的事情。但是，那时候的我们从没想过：管不住，是不是自己的管理方式有问题，是不是从一开始，我们的班级管理方向就走向了一个错误的路口？

教学中的细微经历，让我渐渐明确了一个真理——在爱的潜移默化中完成对孩子的思想品德教育，是班主任工作获得成效的绝佳途径，也是促进师生良好互动的有效方式。以感情赢得感情，以心灵赢得心灵。正如我国著名的教育家陶行知所言：“真的教育是心心相印的活动，唯独从心里发出来的，才能打到心的深处。”

下面，请给我一首歌的时间，诉说这些震撼着我也影响着学生的小故事。

场景一：

2013 年 3 月 12 日，星期二上午 7：25，早读时间。

教室里乱哄哄的。我还没踏进教室，就在楼梯间听到里面传来的各种嘈杂声。收缴作业的声音、说话的声音、嬉戏的声音……各种让我头疼的噪音萦绕于耳。

物理科代表小茹拿着一张名单条走向我，跟往常一样汇报今天物理科作业欠交的同学是哪几个。一看到那些画着叉的再熟悉不过的名字，我大怒：“回家怎么做作业的？每天都这样马马虎虎、心不在焉。看看你们这帮学生，还想不想学习了啊？简直就是不知所谓！”

场景二：

2013 年 3 月 20 日，星期三下午 2：30，午休时间。

当时我到班里检查卫生情况，除了公共地区情况比较理想，其他的全都一塌糊涂：楼梯间稀稀疏疏的几朵小木棉，走廊上还剩下几张小小的纸屑……走进教室一看，饮水机下面一摊水迹，后面的垃圾桶已经承受着超重的负荷，但是，班里的同学都在各忙各的，写作业、喝水、聊天……

于是我大发雷霆："你们看看你们看看，垃圾没人倒，饮水机前那么脏没人想着去清扫一下，还有走廊，你们自己待在这样的环境里心情很好是不是？卫生组长、值日班干都是来干什么的？这还像一个班吗？"

场景三：

2013 年 3 月 22 日，星期五下午 4：35，校会课。

昨晚上 QQ 的时候，有别班的同学向我反映了一个情况，说是我们班的学生中午在食堂吃完饭后很多都回到班里，但不是在学习，而是在玩溜溜球或桌游之类的游戏。他说的这些学生里，不乏平时纪律性很强、学习也挺认真积极的同学。于是在那短短 20 分钟的一节自习课上，我利用最后的五分钟在班里开了一场没有经过验证的"全体批评会"。

"像什么样子！学校课间操广播一响，没看你们这么积极。这种无聊透顶的课外活动就如此用心？如果以后课间或者中午这段时间再发生类似的事情，我再听到诸如此类的投诉的话，那就全都留下来！罚抄课文！"

讲台下一些学生开始嘟囔着："又不是我们的错，跟我们什么关系？"话语中透露着极度的委屈和不服气。

或许对于上面的几个场景，很多班主任都不会感到陌生。尤其是刚刚接手一个班的时候，听到了很多关于这个班的负面消息，那时候我们会觉得压力很大，想要通过自己的努力试图尽快改变别人对这个班的整体印象。但是经过在班会课、校会课、自习课等课堂上一次次不厌其烦的说教、批评之后，现状却没有改变多少，的确让我感到很头疼。然而，就在我完全理不出头绪的时候，班里很多热心的孩子给了我很大的力量。通过短信、QQ 和微博私信，他们向我表达了对于这种粗放式批评教育的看法，也让我知道了问题的根源所在——我习惯把个别同学的错误全面化，把它视为整个班级的错误而进行一致的批评和处罚。这种迁怒的后果非常严重：其一，对那些个别犯错的学生来说，并没有针对性。他们会觉得，自己犯了错，班主任把全班都批评了，这就不是自己一个人的问题了，没关系。于是他们下次还会继续犯错。其二，对于班上的其他同学来说，明明没犯错、没违规，却要一起接受惩罚，这种不公平待遇在心里滋长为消极的集体感受，他们会渐渐在潜意识里给出"我们班就是不怎么样"之类的消极评价。久而久之，对于班级管理来说，是有百害而无一利的。

之前读过一篇文章，里面有一句话让我印象很深刻，那就是"爱的张力使教育成为可能”。经过这几次“迁怒风波”和收效甚微的教育之后，我改变了我的教育策略——想方设法各个击破。孩子的心总是纯真柔软的，谁对他好一点，他就自然而然会对谁好一点。于是，我开始对班里这些经常“捣乱”的学生施以“攻心术”。

对于经常欠交作业的学生，我仔细地进行询问。得知有些学生是作业抄漏了，有些是前一天晚上身体不适没办法及时完成，有些是对某些科目不感兴趣所以懒得做作业……于是，我买了一块大黑板，让每位科代表把每天各科的作业分别写在黑板上，这样一来，同学们每天放学后养成了习惯，会自觉把各科布置的作业抄在小本子上，带回家去完成。对于因特殊原因无法按时完成作业的同学，我们制定了一个“过渡窗口期”，允许这些学生身体恢复之后及时补交。对于没有学习兴趣的同学，我给他们寻找到班里的“帮扶对象”，让他们在同学的帮助下尽快掌握新的学习内容，逐步培养学习兴趣……正所谓事出必有因，找到这些原因之后对症下药，问题就迎刃而解了。另外，在违规学生的处罚问题这方面，我也采取了新的措施。犯了错，不罚抄课文了，改用他们“喜闻乐见”的方式——唱歌、画画、说相声、演小品……其实我们班的孩子最大的优点就在于“多才多艺”，通过这种特殊的惩罚，既让他们发展兴趣爱好，又能对自己行为的是非进行评价，还能让他们展示自己的才华，可以说是“一举三得”！

目前，班里的作业问题得到了很好的改善，也得到一些科任老师的认同。对于这样的改观，我也感到很欣慰。同时我也明白了，用心去沟通和解决问题，才能让教育发挥真正的作用，也能促进和谐融洽的师生关系，从而营造一个良好的班级氛围。

最后，也是最关键的一点，在经过很久的思想斗争之后，我利用一节班会课，真诚地向全班同学道歉。因为我知道，“师道尊严”与班级的和谐比起来，后者是更重要的。选择一个适当的时机公开对自己的错误进行反省，能让学生们更真切地感受到我对这个班级的付出。是的，教育在本质上来说，是一种交往的艺术。教师发挥影响力的前提，在于真诚。

我相信，这种单纯而执着的力量，能够化解任何矛盾，直达心灵深处。我明白，我的真诚会赢得学生的真诚，我的勇敢会换取学生的勇敢，我的心灵会感动学生的心灵。我知道，“捧着一颗心来，不带半根草去”，这样的教育理念至今仍是我们为人师者此生不换的信仰。

“不是为了什么回报，所以关怀。不是为了什么明天，所以期待。”

这段话，我引自香港歌手谢霆锋的歌曲——《因为爱，所以爱》。对于从事育人工作的我们来说，爱是一份不朽的执着。初中生，尤其是初二年级的学生，由于背景、性格、爱好等各有不同，而且他们正处在成长中最关键的时期，对于学业、爱情、未来和人生等，他们存在着很多模糊的认知误区，而“班主任”这个特殊的角色，是学生成长过程中不可忽视的一个重要因素。每天朝夕相处的师生之间，会发生很多很多的故事。在这些故事里，有误解，也有沟通；有隔阂，也有信任。正因为如此，作为这个班的班主任，我想通过每一个教育细节，去捕捉学生的闪光之处，去发现自己在教育管理上存在的不足，从而教会学生“爱与被爱”，做一个向善的人，这就是我的教育目的。

抵达心灵深处的教育，是感情相通，是心灵相融。

因为爱，所以爱。

教育——从“心”开始

周玉冰

国务院前总理温家宝曾经在教师节致词中说：“作为一名教师，首先要有爱心，没有爱心，就没有教育；传道、授业、解惑是教师毕生一定要做好的事情，而做好这一点，一定要以德为先。”作为一名班主任，我对此有着深刻的体会。

何为爱心？我认为对于学生的爱心，是一种尊重，是一种直抵心灵的温暖。

今年我担任了初一级（12）班的班主任，这是我担任班主任的第二个年头，面对这一群正处于叛逆期、青春期的小孩，管理起来还是有些力不从心。特别是作为一名年轻的班主任，我没有丰富的经验，难免会因为年轻气盛、性子急而以气势来压倒学生，这样容易使学生产生抵触的情绪，老师与学生互不相让，老师也容易忽视学生的申辩，造成学生关闭心扉，表面服从而内心极度不满。那么当遇到问题的时候，首先应该沉住气，不能轻易发火，要根据学生的不同情况和不同心理需求，采取不同的方式与他们进行交流沟通，有的真诚表扬，有的暗含期待，有的分析得失，有的提出目标，陟罚臧否，因人而异，才能取得良好的沟通交流效果。

我去年带的班级曾经出现过这样一种情况，一位内宿生在生日时，带了一个蛋糕进入宿舍区，晚自习后回到宿舍里请了全班的男生在寝室里庆祝，从而影响到了其他同学的休息。第二天我找了这位同学，与他进行交谈，一开始，我并没有立刻批评他，指出他的错误，而是先听听他的想法。这位同学很真诚地告诉我，他只想要在这个特殊的日子里与平时一起生活的同学庆祝，分享快乐，留下美好记忆，但并没有考虑到造成的影响。听他说完后，我便语重心长地告诉他，学校是一个严肃、有纪律的场所，而不是一个娱乐的场所，晚自习后进行庆祝活动势必会对其他同学的休息造成影响，而且容易发生一些比较危险的情况，比如点蜡烛、玩游戏等，一旦出现意外后果便不堪设想。在我语重心长的教导下，他接纳了我的意见并保证不会再犯这样的错误。与此同时，我也肯定了他有良好的人际关系，但是应该注意场所，而不是一味由着自己的性子来。我们都知道孩子是在不断犯错误的过程中成长起来的，孩子毕竟是孩子，我们应该允许孩子犯错和改正错误，正面的鼓励是促成孩子成功的有效途径，而不能一味地责罚学生。

在求学阶段，成绩在大多数的学生、家长和老师眼中是大于天的，一次考试考砸了，与其嘲讽学生：“瞧你这样，也只能考这个成绩。”不妨换一个角度鼓励学生：“这么难的题目，也得了60多分，不错呀！还是很有潜力的。”作为一名老师，一名班主任，要学会赏识学生。最好的教育是尊重学生的教育，是赞扬和鼓励学生的教育，要少责备和惩罚学生。尤其是对那些平时成绩较差的学生，更应该多给他们关心、鼓励和赏识，及时发现他们的闪光点。当一个人具有了自尊、自信，他就会走向真善美的境界。

学会倾听学生内心的声音，打开他们的心扉，很多问题都能迎刃而解。现在的许多学生都不愿意当面与老师、家长沟通，他们更愿意把一些想法写在微博、博客，或者是QQ空间，我们作为老师，也要跟上他们的脚步，可以与他们成为好友，成为粉丝，时刻关注他们的内心世界，及时发现问题、解决问题，才能真正做到直抵心灵的教育。

“爱之深，责之切”，是我们老师经常会走进的一个误区，这样常常会于事无补。我们需要的是有一颗包容之心，爱护每一位学生；需要的是对学生的赏识、鼓励，不断发现学生身上的每一点进步；需要的是反思，从我们教育对象的角度去思考问题。这一年多的工作经验告诉我，我们教师要用爱去感染学生，让学生更能接受老师的意见并改正缺点。从“心”出发的爱，让孩子的心中拥有了一片蓝天碧水，建造起一座美丽的心灵大厦。

批评无痕，润物无声

张渲滢

班级管理工作中，批评是班主任做好工作的手段之一。苏霍姆林斯基说："造成教育青少年的困难的最重要的原因，在于教育实践在他们面前以赤裸裸的形式进行，而处于这个年龄期的人，就其本性来说是不愿意感到有人在教育他们的。"这意味着，批评都会对学生的情绪、感情、心理和行为产生直接的影响。如何进行批评，才能起到鼓励先进、鞭策后进的作用，达到既定的教育目的？现浅谈我的体会。

我认为在批评的时候首先要做到多尊重关爱，少粗暴训斥。曾经看到这样一则寓言：南风和北风比赛，看谁能把行人的大衣吹掉，北风用尽力气，行人却把大衣裹得更紧了；南风微拂，带着融融暖意，结果，行人自己把大衣脱了下来。这好比批评学生，善教者总是能撩拨起他人内心的激情，令人振奋，弃旧图新。相反，用强力压制学生，也许会取得暂时平安无事的效果，却不能从根本上解决问题。成长中的孩子不可能不犯错误，当孩子犯了错误后，如果教师用粗暴或过激的语言指责和训斥他们，就很容易造成学生心理上和思想上的压力，形成师生之间的对立情绪，导致学生的逆反心理，从而很难达到教育学生的效果。只有教师怀有真诚、理解、尊重和信任来爱护学生，才能使学生亲近、信任教师，将心底的秘密主动向教师倾诉，心悦诚服地接受教师的批评和指点，学生才会觉得批评是甜的。有一次，刚好年级里领导要检查仪容仪表，一张没有佩戴校章的学生的名单送到了我的手上。我的脸马上拉了下来，又是陈××没戴校章。我刚想大发雷霆，却看到陈××不安地看着我。不知怎么，我的气消了，我走到他身边，轻轻问："告诉老师为什么没戴校章？"他不好意思地低下头。这时有学生抢着说："他的校章壳坏了，才丢了校章，还没来得及买。""老师，他已经把钱带身上了。"此时陈××不好意思地笑了。试想，那时我如果对他狂轰滥炸一番，他势必将不良和不愉快的心理感受结合在一起，心中只有委屈感，接受的只是老师怒不可遏的批评，至于老师说话的具体内容已变成次要的信号了，学生怎能受到真正的启迪？我很庆幸我当时选择的处理方法，因为从那以后，他从没再让班里扣过分。所以批评不是伤害虐待，也不是解恨发泄，更不是体罚或变相体罚，而是唤起学生对自己不良行为的警觉，终止不良行为，让学生向着正确方向前进。

著名演讲家海因兹·雷曼麦说：“用幽默的方式说出严肃的真理，比直截了当地提出更容易为人所接受。”我发现，比起刻板生硬的老师，学生更喜欢幽默的老师。如果在批评的时候多些机智幽默，少些刻板生硬，那就可以让学生在笑声中受到启发和感染，这不就使批评无痕，润物无声了吗？我发现今年接手的这个班级里的部分女生都很喜欢将裤子拉到小腿，大概是为了赶时髦。为了制止这股“风”的蔓延，我在班会的时候谈及这种现象，在批评的时候没有特指某个学生，而是换一种说法：最近女生大概向往当农妇，想到田里种田了。全班同学都“扑哧”地笑了。从学生们的笑声中，我感受到那些女生知道自己特殊在哪里，其他旁观的学生心灵上也受到启迪。所以幽默的批评避免了严厉批评带来的逆反心理，营造一种轻松的教育氛围，从而使学生从心理上消除戒备，乐意接受批评。相反，学生犯了错误，心理上就有消极的反应，他（她）心中已做好应付教师批评的准备。如果此时教师摆出一副刻板的面孔，态度生硬，加上那种盛气凌人的气势，学生也就摆出一副苦面孔，顺从地等着挨批，最后批评是苦的，结果也是苦的。

魏书生老师对待犯了错的学生通常采用唱歌或做好事的形式来相抵，根据所犯错误的轻重而采取不同的方法。如某生迟到，本不是多大的“过”，可以选取合适的时间让他（她）为大家唱歌，这样既活跃了气氛，给大家带来了快乐，又让学生知道有错必究。如所犯错误稍重些，可让其打扫教室、洗洗窗帘等。这种做法能让过失学生乐于接受，大家也赞成，何乐而不为？所以我觉得在批评的时候教师要用一颗宽容的心来看待孩子的错误。这样，对孩子犯的小错我们会宽恕、容忍和谅解，有时面对“屡批不改”的错误也能心平气和地晓之以理，动之以情，而没必要怒气冲天，甚至做出过激的批评行为，导致与最初的批评动机背道而驰。所以对于魏书生的惩罚方法，我非常赞同。如此之“罚”，学生觉得甜蜜，因为他们能感受到教师“罚”中的良苦用心，“罚”中浓浓的关爱。受其影响，我也慢慢学会了宽容。

批评有时候不等于骂或用一些老教条不停地向学生说教。这个时期的学生，如果通过民主沟通，用事实道理来说服他们，是能从根本上帮助他们改掉恶习的。这学期的卫生情况并不是很好，学生本身还没有形成良好的习惯，看到垃圾不会随手捡起，都是要班主任督促才会去做，卫生习惯的形成非常被动。利用班会课时间，我跟他们讲了一个大学生面试的过程，那名学生面试过程非常顺利，但面试的最后考官设了一道关卡，在门口放了纸团，由于大学生看到后还跨了过去，使之与这份本能胜任的工作擦肩而过。我告诉学生，一个人的素质体现于细节。学生是真的听进去了，因为自从讲完这个事例之后，我发现班里的卫生情况改善了很多，学生也日渐养成了良好的卫生习惯。

再者，批评学生要注意场合，一般不要在公共场合批评学生。学生年龄越小，越要注意这一点。因为学生的身心尚未发育成熟，心理较脆弱，承受能力有限，而自尊心又较强，如果在大庭广众之下挨批评，他们的自尊心就会受到伤害，容易失去自信，或与老师产生对立情绪，甚至发生冲突。久而久之，容易使学生对老师的批评教育充耳不闻、漠然视之。大多数时候我会选择在操场的大树下与学生沟通，和学生坐在一起。当我让学生坐下时，他（她）会感到与我的心理距离一下子拉近了，也会感到我对他（她）的尊重，并不会觉得这一次谈话是一次批评，而是我真心希望他（她）健康成长；同时，这也体现了老师平等、民主的教育观、学生观。在这种平等、民主的氛围下，学生容易接受批评，教育的时效性将得到提高。

此外，老师批评学生还应特别注意以下几点：①课上问题不当场批评。对于课堂上出现的学生违纪问题，教师千万不可停下课来专门批评。因为这样做不仅会浪费有限的教学时间，还剥夺了大多数学生学习的时间。②家长在场不批评。有些老师喜欢当着家长的面数落学生的缺点，这样做，容易让学生产生老师在“告状”的感觉，从而与老师产生对立情绪。

总之，在现代教育过程中，我们不是要培养唯命是从的小绵羊，而是要培养具有独立人格的现代公民。在教育孩子的过程中，批评的方式多种多样，不管采用的是赏识教育，还是批评教育，我们的最终目的都是促进学生最优化发展。著名教育家林崇德说得好：“严字当头立，爱在细微中。”老师善意的微笑，关注的目光，鼓励的话语，却有如甘露，滋润着学生的心灵，在心与心愉悦和谐的感应中，学生醒悟了；在心与心的碰撞中，学生的思想升华了，学生的灵魂净化了。

用爱心融化心灵之冰

——转化后进生德育案例

程思强

班级管理是涉及教育学、心理学、教育管理等诸多方面的学问。班主任不仅是知识的传授者，还是培养学生人格、心理健康发展的启蒙者和领航人。金山实验学校秉承“勤奋、活泼、求是、向上”的优良校风，牢固树立与时俱进、精益求精的精神，坚定构建以人为本的教育生态系统，让师生与学校和谐发展，在“人本生态”办学理念的指引下，在关于后进生的辅导转化方面，我们更应该转变教育观念，全面细致地了解后进生的内心需求，因为他们同样渴望得到老师的表扬和同学的赞赏。

一、案例一

姓名：张××

性别：男

年龄：15 岁

年级：八年级

背景：张××的父亲是茶农，母亲患有轻度的精神病，父母亲文化程度都不高，家里有三个小孩，张××是长子，家里还有两个弟弟。

1. “奇怪”的行为表现

在还没有接触这个班级的时候，我就听说该班有一个“小沈阳”，是一个几乎让所有科任老师头疼的“后进生”。担任该班班主任的第一天，还没有走进教室，就听到教室里传来阵阵笑声，进了教室一看，原来是一个男同学在讲台上做鬼脸，惹得同学们哄堂大笑。我的心头不禁涌上一阵不悦，想批评这位同学，但理智战胜了我的冲动。我想：或许班里有这样一位“表演者”，何尝不是为这炎热的“夏天”送来一阵“凉风”？我微笑着大步迈进教室，全班立即平静下来，唯独这位特殊的同学慢悠悠地回到座位。我“高兴”地说：“感谢这位同学用这样特殊的方式迎接新班主任。”我特意对他投以友善的目光，发现他的脸稍微红了一下，但不一会儿又是一脸“无所畏惧”的表情，我心中便认定他就是出了名的“小沈阳”。

经过一段时间的观察和接触，我发现张××不单学习成绩非常落后，而且接二连三地出状况，但也有优点，如他为人仗义，热心助人等。

2. 分析与疏导

首先我对该生采取“软”措施，对其平时经常模仿“小沈阳”的做法适时地给予“赞同”的态度。课后一有机会就找其谈心，先询问他每天内宿的生活起居，再关心他的学习，偶尔了解他家里的近况，通过一番“漫谈”进行“润物细无声”式的思想教育，使其明白“表演”要选择恰当的时机。同时我也利用主题班会的机会让他上台表演模仿“小沈阳”，让他在同学们的笑声和掌声中体会到同学们真正发自内心的赞赏之情。

针对该生学习成绩较为落后的情况，我设法调动他的学习积极性，发扬他热心助人的优点，让他为班级作贡献，如：每天检查同学们戴校章的情况，督查卫生等。我适时对他做得好的工作给予表扬鼓励，先帮助他树立自信心，进而一步步要求他端正学习态度、听好课、记好笔记、完成好作业等，逐步养成良好的学习习惯。

二、案例二

姓名：谢××

性别：男

年龄：16岁

年级：九年级

背景：他是家里的独生子，叛逆心强，父母溺爱、放任孩子，不在乎孩子成绩，曾是全年级最棘手的问题学生。

1. “另类”的行为表现

我接手时，从其他科任老师反映的情况看来，该生无论是学习态度、成绩，还是纪律、集体荣誉感等方面都存在着或多或少的问题，具体表现有：

（1）厌学，喜欢网络游戏，学习成绩差。

（2）喜欢为人出头，有时会欺负老实软弱的同学。

（3）有时偷偷抽烟，因为在家有抽烟喝酒的不良习惯，父母没有阻止。

（4）卫生、纪律和荣誉意识较差。

（5）经常迟到，甚至有时逃课去打篮球。

2. 分析与疏导

通过观察、接触和沟通，我感受到该生本性善良，聪明，有进取心。分析他不良的行为表现，对其成因作出如下诊断：

（1）因为成绩差，可能受到同学的嘲讽和个别老师的排挤，受到挫折而产生自卑心理。（心理原因）

（2）他是家里的独生子，叛逆心强；父母溺爱、放任他，对其学习成绩不在乎。（家庭原因）

（3）喜欢模仿电影里的英雄人物，呈现为对抗和攻击。（社会、心理原因）

（4）喝酒寻求刺激，抽烟自我陶醉，认为是成熟男性的象征。（社会、家庭原因）

（5）由于同学的鄙视，他表现出叛逆行为：课堂捣乱，乱丢垃圾等。（心理原因）

3. 为他量身定做的一系列转化措施

（1）促膝长谈，情感沟通。（同情式的理解）

我和他谈理想，谈人生，谈过去和将来。动之以情，晓之以理，肯定他昔日曾有过良好的动机，同时也指出他曾犯下的错误；通过情感沟通，同他交朋友，潜移默化地对他进行转化。借助每周至少三次的谈心活动，帮助其找出问题，引导其走上正路。

（2）树立目标，体验成功。（行为塑造法）

通过心灵的交流，我发现他还是一个思想比较单纯、有正义感的学生。为此，我每天都为其设定目标，这种目标要较容易实现。如果做到了，就在全班表扬他，一次次让他尝试到“经过一番努力而成功”的喜悦。

例如：

①今天不迟到，坚持两天不迟到，坚持一周不迟到（那一个月坚持下来之后，让他迟到他自己都不肯）；

②今天不乱丢垃圾；

③今天上课认真听讲；

④明天按时交作业；

⑤明天按时交自己完成的作业；

⑥带领好班级卫生清洁队；

……

以爱心来感化这个“倔骨头”，让他感受到自己的进步，让他感受到我们在乎他，让他感受到他是班集体的一分子。他的存在，直接关系到整个班集体的荣誉，这个班因他的存在而笑声满堂！

（3）家校沟通，表扬激励。

起初，经常进行家访，表扬他的进步和成绩，同时要求家长在家配合教导，出现问题第一时间打电话联系班主任，做到家校双管齐下。

（4）长期跟踪，爱心呵护。

后进生的转化注定是一种长期的关注和呵护，班主任心里时时处处总是惦记着、牵挂着学生，就这样渐渐地成为一种习惯、一份难以割舍的情怀。

（5）重塑自信心，摆脱自卑阴影。（行为塑造法）

①消除记忆中的挫折经历，在班级里尽可能地为其创造机会，供其展现自我风采；

②重建勇气，要求其学会自立和自律。

（6）重建理性的认知。（行为塑造法）

①积极参与集体活动，摆脱“自认无能”的痛苦；

②学会自我评价，对每一次任务，作出正确的评价；

③自我激励，为自己每天取得进步喝彩。

通过一学期的教育和跟踪，谢同学迟到、旷课的次数迅速减少，直至完全没有；纪律意识、卫生意识、集体荣誉感明显提高；成绩虽不优异，但也有明显进步。

在一次谈话中，他笑称，是我这个亦师亦友的“强哥”让他明白了什么是尊严，感受到什么是成功的喜悦，懂得该怎样当好一名中学生。我问他：“现在你为什么不逃课？”他回答说：“都坚持了一个星期，如果再逃课，那不就都前功尽弃了吗？不舍得！越坚持就越不舍得！”

是啊！给孩子一个支点，再给孩子一个新支点，坚持不懈地呵护下去，“不舍得”就会渐渐变成一种力量，就是这种爱的力量唤醒了沉睡在心灵深处的智慧和斗志。

三、总结

作为教育工作者，我们要及时更新观念、与时俱进，还要有耐心、持续不断地带给孩子信任和鼓励，让他们接受自我磨炼。因为来自心底的最诚挚的爱，才是打开学生心扉的万能钥匙，也只有老师的爱和引导才是一剂最好的灵丹妙药！

我的教育信条是：“没有爱，就没有教育。”一个老师必须热爱学生，才能教好学生。教育者要先热爱教育，教师有了爱心，才能把教育当成一番充满生命活力和激情澎湃的事业。

著名教育家雨果曾说过：“花的事业是尊贵的，果的事业是甜美的，叶的事业是平凡而谦逊的。”教师是叶的事业，我们愿意用自己的一生向世人阐述叶平凡中的伟大。

班主任是知识的传授者，更是培养学生人格、心理健康发展的启蒙者和领航人。在后进生的转化方面，我们应该与时俱进，转变教育观念，以人为本，全面了解后进生的内心需求，他们同样渴望得到老师的表扬和同学的赞叹，甚至他们的自尊心、好胜心和上进心比其他同学还要强，只是他们在展示自我、树立自我形象的时候受到挫折。受挫后，他们就自甘堕落，并通过过激行为来引起同学、老师的注意，以此来满足自己的虚荣心，抱着“破罐子破摔”的心态，堕落下去。因此，我们需要抱着为学生服务的思想，用爱心来包容和抚慰这些受伤的心灵，引领他们走上正轨，走出美好的人生。

学生具有个体差异，各个阶段心理状态也各不相同，因此，教师要根据不同的对象，不同的实际情况，有的放矢地来渗透心理健康教育，有策略地转化后进生，用爱心来融化他们的心灵之冰，引领他们全面和谐地发展！

润物细无声

周 冰

大学毕业至今，我当了五年初中班主任，期间出现学生成绩不好、学生顽皮不听话，家长不理解、不支持等负面事件是家常便饭。许多时候灰色情绪不请自来，加上备课、上课和改作业，工作量非常大，有时候觉得当班主任真是累，真有一种心力交瘁的感觉。

如果不是懂得享受我的工作，懂得悦纳学生、悦纳班主任工作，我是无法收获快乐、享受教育成功的喜悦的。而如果没有一颗真正关爱他们的心，我就无法真正取得学生的理解与支持，更不用谈快乐与收获了。

“教育需要爱，也要培养爱。没有爱的教育是死亡的教育，不能培养爱的教育是失败的教育。”这一教育名言告诉我们，爱是教育的生命，是教育的催化剂、润滑剂和黏合剂。担任班主任这五年以来，我一直带着这份执着的爱，了解学生、感染学生，走进学生的心灵，跟他们做朋友。为给他们营造一个爱的环境，我在日常生活中时常给他们关怀与示范，让他们自然地感受爱与被爱。

每个班级的学生素质都是参差不齐的，但基本上可以分成三个层次，也就是所谓的优生、中等生和差生。所谓差生也就是后进生，一种表现为成绩差，另一种表现为思想落后及行为习惯差。但是大量事实说明：今天的“尖子”不一定明天还是“尖子”，今天的差生，不一定明天还是差生。所谓“优生”与“差生”的评判标准本身就有局限性和片面性。比如许多在校的优生，在社会实践中不一定工作就很出色，而有一些所谓在校时的差生，反而在以后的社会实践中表现出了很强的创造性。

魏书生老师认为：“差生最不容易。”因为差生往往在心理上承受更大压力，在生活中少了很多得到赞扬的机会。因此给他们一些关爱，帮助他们进步应是教师义不容辞的责任。

而“光强调教师要爱学生是不全面的，还应具体研究怎样去爱”。作为班主任的我也跟所有教育者一样，一直热爱学生。但一开始的时候，我一遇到学生犯错就对其大声斥责、批评，没真正试过从孩子的角度去考虑问题，用“学生的眼光”看待事物，用“学生的情感”体验事物，这样如何走进他们的世界，如何心平气和地用道理去说服他们呢？班主任应把学生当孩子看，冷静而辩证地看待学生的错误，宽容学生的过失，减少学生犯错误的可能，多给学生一些改过的机会，用自己博大的爱心去温暖学生的心灵。

小许是我的一个学生，也是我们班上成绩较差的一个男生，经常迟交或忘记交作业，上课喜欢搞小动作或直接趴在桌子上面“听课”，也经常遭到其他科任老师的“投诉”。而且当老师批评教育他的时候，他通常都是采取“不理不睬”的策略，呆站在那里一言不发，完全无视老师对他的教导。但是，通过观察，我发现其实他是一个挺有想法的孩子，并不是那种完全叛逆到“无药可救”的“差生”。

我尝试着通过各种途径了解小许，通过与他家人联系和与他周围的同学朋友交流，我更加肯定了我的想法，他其实是一个善良热心、很为家人朋友着想的孩子。而且，他在班级里面还有着很不错的人缘。这些事实都说明了他并不是一个“差生”，如果多花点时间，多花点心思在他身上，他一定会变得更好！那么，到底是什么制约了他的进步呢？我决定与小许进行直接对话，了解他的真实想法。

有一次，我在巡堂的时候发现小许同学又趴在桌子上面，双目无神、表情呆滞地盯着自己的课本。我没有让其他同学提醒他，也没有马上批评他，而是等到下课后才走到他的旁边（那时，他依然趴在桌子上面）。我摸摸他的头，轻声地问他：“怎么了？是不是身体不舒服呢？”他显然被我吓了一跳，发现是我，马上调整表情，换回他一贯桀骜不驯的样子：“我没事！”我依然微笑地看着他，再次摸摸他的额头：“真的没事吗？有没有发烧？好像不会呢！是昨晚休息得不好吗？用不用喝水或搽点药油呢？我看你很没精神的样子……”他没有料到我会再次摸他的额头，那一刻，我发现他脸红了。“果然是个单纯可爱的孩子呢！”我心想。“我真的没事！谢谢您！”他的表情有点“软”下来了……“没事就好，要注意多休息，那样上课时才能打起精神听课，好好加油吧！”

自此之后，我经常关心他的生活点滴，就算他做错事情，比如忘记带作业，我也不是马上板着脸批评他，而是冷静地询问他原因，并且，最重要的是相信他——相信他所说的理由，并且给予他肯定的眼神，给予他改过的机会。我还常常找他聊天，在班里找机会表扬他，肯定他的一些表现。

了解到他上课走神是因为自己基础差、听不懂而难以跟上老师课堂的节奏，所以才开始自暴自弃。于是我鼓励他，让他相信自己，因为其实他是个脑子非常灵活、思维敏捷的孩子，他的数学经常考得很好，一些成绩优异的学生无法解决的数学题，他都可以解答出来。他现在缺乏的就是对自己的信心与别人对他的肯定。于是，我给予他信心，并安排了学习比较好的同学在下午放学后帮他辅导当天的功课。刚开始，他还有些不耐烦，觉得留下来加时学习简直是浪费他的时间，还不如去玩耍；他甚至有时候还偷偷地溜走，让辅导他的同学又气又急……遇到这种情况，我并没有对他的行为产生反感，而是再次找他聊天。那一次，我们聊了很多，从篮球、电脑、下棋，到家人、理想、未来……我发现他是个很渴望爱与关怀的孩子，他的爸爸妈妈一直忙于事业，一个星期难得见几次面，他是由爷爷奶奶照顾长大的。而爷爷奶奶只知道一味地疼爱他和满足他，并不懂得如何教导他。

他跟我说，他是多么想考出好成绩，让爸爸妈妈不是为他烦心，而是为他而自豪！但是，小学时曾经遭受考试失败的打击让他对自己、对学习失去了信心……他讲着讲着竟然留下了懊恼的泪水……他，其实是个很好的孩子！接下来的时间，我以自己的一些亲身体验跟他交流，安慰、鼓励他，让他自己意识到学习在一个人的成长中是多么的重要，对一个人未来的发展将会产生多大的影响。这次的交流给了他很大的感触，他开始下意识地改变自己，每天下午的加时课上他都用心地投入学习，使加时学习变得有趣而富有意义，他就像海绵一样努力地吸收着各科知识。果然，下午的加时学习取得了很明显的成效，他的作业质量提高了，并且在那次的月考中，他的成绩有了非常明显的进步。这些成绩不仅给予了他信心，也让他对学习再次充满了热情，更让他感受到班集体的温暖——在这个大家庭中，大家互帮互助，团结友爱，共同进步！而看到他自信阳光的笑容，就能感同身受地觉得扫去了他心头阴霾的阳光是那么的温暖，我打心底里感到满足与快乐！

小许同学现在已经毕业了，但是，他还是经常发信息给我，说：“想念老师了……”一有机会就要回学校看看我们这些曾经教导过他的老师，看看他可爱的母校，因为他嘴里总是念叨着：“学校是我家，要常回家看看！还是我们学校的老师最好，最疼我！”

爱是双向的，我对学生们的尊重与理解让我享受到了莫大的快乐。此时，我一点也感觉不到当班主任的苦和累。

“用心灵赢得心灵”是教育的精髓。浮躁的心、生硬的态度，永远也不可能换来心与心真诚的沟通。我想我会继续试着从孩子的角度去考虑问题，用“学生的眼光”看待事物，用“学生的情感”体验事物，用真心、爱心、诚心和耐心，换来孩子们纯真的笑容，赢得孩子们的尊敬和爱戴。只有这样，才能让学生们“亲其师，信其道”，才能真正达到教书育人的目的，才能使一个班集体健康积极地发展，也才能使我们的教育深入人心，直抵心灵！

爱，需要智慧

孙玲玲

班级是由一个个鲜活的个体所组成的，他们有思想、有个性，所以在管理、教育上我们不能墨守成规，而应该用智慧去感化、去关爱每个学生。对于我这个毕业不到一年的新老师、新班主任来说，我的经验实在太少了，但我却有很深的体会。在班级管理中，我确实还存在很多不足，往往很难把握一个度。对他们太严，会让他们有距离感；对他们太友好，他们会无视规矩。但由于我跟他们年龄相差不大，所以我更多的是站在他们的角度去理解、宽容他们。然而，一个班级不管多好，往往都会存在那么几个让你头痛、忧虑甚至发怒的学生。

自去年开始接手初一（8）班，一开始班里都处于一种比较和谐的状态，但渐渐地，在班里几个调皮的同学的鼓动下，整个班的班风、纪律出现了问题。其中最让我头疼的是谢同学，她比班里任何一个男生都调皮，但由于是女同学，所以在教育方面更要小心翼翼。

谢同学家庭背景较好，家中众星捧月式的过分溺爱使她养成了娇纵的个性。上学期几乎每天都是办公室常客，经常遭到其他科任老师的“投诉”，比如说，上课吃零食、不专心听课、爱说话等。她在校午宿，午宿老师说：“我从没遇到这样的女孩，经常不遵守午宿纪律，迟到现象严重，又爱跑进跑出，影响其他同学睡觉，还屡教不改。”她不顾学校规章制度，擅自修改校服，她试图通过这样的表现来获得“与众不同”的感觉，引起老师和同学的关注，个性张扬。她视手机如命，她父母说，她回到家的第一件事就是关在房里玩手机，作业没有按时完成。由于上半学期成绩退步明显，父母要没收她手机，她就怒气冲冲地表态：“如果你们没收我手机，我就不去上课。”结果，她第二天就赌气不来上课，父母也拿她没办法。她是个“起床困难户”，经常迟到，甚至睡过头到第三节课才进教室，每天起床还得依赖父母，完全停留在小学状态。她古灵精怪，有着男孩子气的一面，在班里自封“班草”，经常调皮捣蛋，跟班里的男生混在一起，有时候捉弄他们，例如在他们身上喷香水，在他们的桌子上画些乱七八糟的东西，给他们起绰号……

像这样的问题学生，我确实费了很多精力在她身上，毕竟这个年龄阶段是比较叛逆的，我也理解。对于她，我软硬兼施，既对她作适当的惩戒，又多次耐心地找她谈心。通过与她谈心走近她，我觉得她并不坏，只是个被宠坏的小女孩罢了。

我跟她说："教室之所以是教室，为什么不叫厨房，就是因为它是学习的地方，不是吃东西的地方。"她"扑哧"一笑。"由于上课不专心听讲，爱说话，自己成绩退步的同时，也影响到其他同学学习。其他科任老师都反映说，全班所有人都会的题你还老做错，考试成绩经常是在拖班级后腿。你就甘于落后吗？"她脸红地摇摇头，我知道她听进去了。针对午宿纪律问题，我用了一个星期的时间来处理。每天时间到了我就去查午宿情况，每次她都被我逮个正着。后来，午宿老师说她现在纪律比之前好多了。针对她改校服，我每看到她穿一次"缩脚裤"就抓一次，并罚她当天扫地，罚多了，穿的次数也就少了，现在也不敢穿了。针对她经常迟到，每迟到一次，我就让她到操场跑两圈，运动是她最怕的事。所以，这学期她都没迟到过。我知道她很喜欢玩手机，基本到了难以控制的地步，我跟她说："为了你好，为了你成绩有所提高，白天你把手机寄放到我这儿，放学的时候就还给你。"她欣然同意了。同时，我改变了方式，由与家长通电话变为与学生通电话，这样她就不会反感老师的"告状式"电话，电话成了我们沟通的桥梁。其次，采用 QQ、微博跟她进行交流，并且对她进行"监督"。

我想，不管怎样的一种教育方式，都要让学生知道你是在为他们好，每个学生都渴望得到老师的爱，只有让学生处处感受到你的关心与呵护，才能打开他们的心扉，并及时客观地分析原因，正确引导，加以点拨。

同时我还发现她很喜欢表现自己。对老师安排她做的事，能够尽心完成；发现同学有违规行为，有时她也能告诉老师；班里或同学需要帮助，她第一个站出来帮忙。

给我印象最深的一次是那天刚好下雨，我们班得去图书馆搬书，当时班里男生都走了。正当我焦急之时，她主动留下来对我说："老师，要我帮忙吗？"我毫不犹豫地同意了，内心也为此很感动。她组织班里仅剩的几个女生一起去，并把搬来的 100 本书按顺序放得整整齐齐。还有一次是隔壁班的某位同学摔断腿那段时间，她每天都能主动去给那位同学提重重的书包，我调侃说："活雷锋呀，现在都没迟到了呢。"她说："她是我的好姐妹嘛。"原来，她是个很重视友谊、很重情义的人。不管多么调皮的一个人，他（她）身上都有闪光点，却容易被我们所忽略。作为班主任，我们更应该善于发现他们身上的闪光点，并以此来鼓励他们。

俗话说：冰冻三尺，非一日之寒。所以我认为要使像谢同学这样的学生在学习上、生活上和行为习惯上有改变，不能硬攻，只能智取，要进行“持久战”。我感觉在教育工作上，真的要多花点工夫，既要不失亲和力又必须严格，且对学生要多一分理解，多一分期待，多一分欣赏，多一分关怀，这样才能融化学生心中的坚冰。

作为一名教师，一个班主任，要用不同的钥匙去开启学生的心灵之锁，用爱心、信心、细心为学生撑起一片蓝天。我相信，真正的教育是潜移默化的，一切尽在无言的感动中。爱，需要智慧，才能成功建立和谐快乐的班集体！

直抵心灵的教育

——谈班级“文明用语与行为习惯”养成

陈晓妮

俗话说，“习惯成自然”。心灵的态度，随着自我意识的形成而被催生，具有可塑性且因人而异。初一学生容易受外界影响，会无意识地出现不文明用语与不良行为习惯，但这个时期的青少年学生思想敏感，行为可塑性强，他们有较强的上进心、荣誉感，这一时期是养成良好的学习、生活文明习惯的最佳时期。所以我在初一这一学年中就为加强班级的文明建设开展了多项活动，言传身教，从理论和实践中指导学生使用文明用语，养成文明的行为习惯，树立全体学生的礼仪观念，增强学生的文明意识，创建一个具有文明班风的班集体。

一、触动心灵的文明之弦——举行主题班会，矫正粗俗用语

与以前的学生不同，我发现现在的孩子已经不像其某些父辈兄辈们，开口就是粗俗的本土脏话，取而代之的是一些外来的粗俗用语，如“操”、“靠”、“你妹”、“傻逼”等，很多学生甚至还把其当成自己的口头禅。在某次与学生的交流中，我了解到他们接触的这些词汇很多都是来自网络，更让我惊讶的是，说出这些话的包括很多平时文静的女生，而他们完全没有意识到这就是脏话，反而认为是一种时髦的流行用语。这种无意识的不文明用语使我认识到加强文明用语教育的紧迫性和重要性，随即我班开展了“文明用语”的主题班会。班会课上，以一句“谁说过‘cao’、‘kao’呢?”开始了我们的对话，很多学生都不好意思地笑了，用他们的表情回答了我。我并不是一味地批评学生的这些网络用语，而是首先正视了网络发展使这些粗俗用语得以流行的必然性，站在学生的角度分析了他们会说这些话的社会背景并对此表示理解。当学生放下心中的抗拒感时，我适时地点明这些就是脏话，特别点到了“逼”字，随着网络用语的泛滥，“二逼”、“傻逼”、“装逼”等词汇的出现，很容易让我们产生这是一种流行用语的错觉，可是，这个字却是北方方言中一个很粗俗的字眼，相当于我们方言中最低俗的粗话。我深刻地记得当时大部分学生脸上表

现出的惊讶神情，我想，他们是被深深地震撼到了。原来自己在有意无意之间，让文明的心灵蒙上了一层粗俗的尘埃。班会的最后，我留给了他们一个问题："或许很多人心里还会认为老师小题大做，但如果让你现在站起来说出刚才提到的那几个词汇，你会不会觉得不好意思？如果会，老师要恭喜你，你已经能够分辨对错，并树立了文明用语的意识。"此后，我发现班里出现粗俗词汇的频率明显减小。可见，开展"文明用语"的主题班会收到了非常好的效果，触动了他们心灵的文明之弦，拂去了他们心灵上那层无意识蒙上的尘埃。

二、浇灌心灵的文明之花——结合生活实际，养成文明行为

除了无意识的不文明用语，日常生活的行为习惯中，见到长辈不打招呼、单手接过他人的东西、得到帮助不懂感恩、与人沟通语气生硬、在集会中交头接耳等现象屡见不鲜，这同样是大多数学生存在的无意识不文明行为。

学习"文明礼仪"重在实践，每个人都要在理解文明礼仪要求的基础上，敢于在日常的言行中、平时的待人接物中展现自己文明有礼的形象。

一些学生平时也知道要讲文明、懂礼貌，但在公共场合或遇到不很熟悉的人时，其"礼仪"规范就无法发挥，这是他们缺乏自信的表现。最直接的体现就是很多学生见到不认识的老师异常羞涩，问好的话到了嘴边又咽了下去。我经常利用班会课、午写时间等机会向学生强调："见到人要微笑问好。"学生都知道我是一个爱笑的老师，我便结合自己的实际经历告诉他们，微笑问好，是一种友好、礼貌的体现。此外，我也要求学生应双手接过长辈的东西，鼓励学生多用"请"、"谢谢"等这些看似普通但非常重要的文明用语，并结合语文课的口语交际让学生在创设出的特定的语言环境中体会文明用语带给人的舒适感，最终将其运用到实际生活中，取得了良好的效果。

生活是最好的老师，我经常会关注学生的日常行为并及时进行教育，让学生在实践中反思，在反思中一点点进步。例如某一次年级的升旗集会，台上的老师、同学轮番发言，可能是时间稍长的缘故，台下开始蠢蠢欲动，很多学生开始窃窃私语，最后甚至变得闹哄哄的。由于我们班是排在最边上的，我来回踱步就能很轻易看到整班的学生，所以整个班级在一片哄闹声中显得格外安静，我对此非常满意。随后的班会上，我并没有直接表扬他们，而是让他们回忆刚才的情景，然后问他们："台上的人在讲话，台下的人也在讲话，今天，你是一个旁观者，你对台下讲话的人是什么感觉呢？是非常希望老师走开，我也想讲一会话？还是会皱皱眉头，觉得这是对台上讲话者的一种不尊重呢？"我没让学生直接回答，但我看到了大部分学生用摇头或点头的方式来附和着我。我知道我的目的达到了，"当局者迷，旁观者清"，他们认识到了集会时

“静”是文明的一种体现。最后，我表扬了全班同学的表现，让他们用掌声献给今天文明的自己。此后的各种集会，大部分学生都能牢记自己是“当局者”，要有良好的素质才能得到“旁观者”的肯定。

通过我的多次提醒与督促，大部分学生能从内心真正认识到日常行为习惯中那些无意识的不文明行为并加以改正，用良好的行为习惯浇灌心灵上这朵文明之花。

三、直抵心灵的对话——利用网络周记，提高文明修养

随着网络的迅猛发展，网络用语也以惊人的速度在学生中流行。初中生对外来新鲜事物一向热衷，但由于其心理尚处于不成熟阶段，对事物的好坏难免产生偏差，无法分辨，当一些无意识的不文明行为发生时，便需要老师给予及时的纠正与指导。

作为一名“80后”的教师，我同样加入了网络大军的行列，借此平台与学生直接对话，了解到了学生一些不文明用语的由来并对其作出及时的纠正。例如开展了“文明用语”主题班会之后，有个女生在微博上看到朋友讲了个“逼”字，还特地@了一下我，跟朋友说我们老师说这是粗口，最好不要说。我及时回应了她，对她的这种文明意识给予肯定，同时也以朋友的口吻再次强调了文明用语的重要性，收到了非常好的效果。

周记交流是班主任了解学生内心及班级动态的重要渠道，每一周的周记都能看到孩子们一点一滴的收获。初一即将结束时，班上有个男生在周记上向我表示，虽然自己还不时会不自觉地说“kao”，但更多的时候会想到老师强调过“kao”是不文明的，他说脏话的次数也就减少了。我在批复中给予了他很大的赞赏，告诉他这是他在这一学年中一个非常大的收获。

一些学生会在周记中和我探讨交流在学校与社会中所经历的不文明行为，有些学生多次在周记中向我提到了食堂插队的问题，有的表现出不解，有的表现出不屑。我趁机对其进行文明教育，强调这同样是他们的一种无意识的不文明行为，有序排队是文明礼仪的一种体现，不能因为年长就有插队的特权，即使将来你升上初二、初三，当了大哥哥、大姐姐，我们也不能做这种自己曾经鄙视的行为。及时的沟通与“解惑”，可以尽可能地避免学生产生“为了自己方便也去插队”的不文明思想。

除此之外，更多的学生总会在周记中倾吐与同学、家人相处时的困惑，大部分都是因为一时冲动的言语而造成的，我便适时指导他们如何巧妙运用语言的艺术文明地解决问题，久而久之，文明用语、礼貌待人的行为习惯慢慢融入他们的生活。

网络和周记，成了我和学生之间沟通的桥梁，在轻松的交流中，有意识地进行文明教育，这种直抵心灵的对话，增强了学生的文明意识，帮助学生不断提高自己的文明修养。

通过一学年来的实践，有主题班会的正确导向，有网络、周记的跟踪沟通，以及实际生活中的贯彻落实，全班同学能深刻地认识到文明用语和养成良好行为习惯的重要性，并将文明落实在实际行动中，让文明行走在校园里。虽然偶有瑕疵，但我相信一个具有良好文明班风的班集体必将是最有生命力、最有凝聚力的集体。

守护成长中的心灵

吴冰封

初中的孩子们正处于他们人生中至关重要的阶段，因为他们正从幼稚走向成熟。在他们身躯里跳动着一颗和他们的身体一同成长的心灵，晶莹剔透，却棱角分明、娇弱易碎。虽然在初中阶段他们会出现让我们觉得棘手的状况，但是，或许我们应该庆幸，因为那说明他们正在成长！

心灵的成长有其一定的规律，如果我们的成长环境违背了这些规律，我们的心灵就会受伤。人有自我实现的需要。而所谓自己，就是一个人过去所有的生命体验的总和。所谓自我实现的需要，也就是成为自己。假若，这些生命体验是我们被动参与的，或者说是别人的意志的结果，那么我们会感觉到我们并没有做我们自己，成功与失败跟自己关系不大，或是都归咎于别人。如果我们爱学生，就不能把意志生硬地强加给学生，而是要打开他们的心窗，让心灵相互交流，给这些孩子相对充分的自由。自由意味着他们的精神胚胎可以充分获得发育，也意味着他们的意志得到尊重，被允许并被鼓励走向自我实现。我们更要在爱的氛围中给予学生心灵自由。爱就是深深的理解和接受。我们只有理解了学生，站在学生的角度思考问题，找出能让学生接受的解决方法，才能让学生感受到爱。

在学生出现状况的时候，我都暗暗地提醒自己，静下来听听他们内心的想法。当他们说出自己的心声的时候，我也愿意去倾听和理解，然后谈谈我的看法……学生是主要发言者，而我是倾听者和引导者，最后再一起分析讨论，让他们自己作出自己的“总结”，相信这样的教育效果比讲大道理、严肃批评更加有效。若是一开始就没有了解他们真实的缘由就对他们进行警告、命令和斥责，那学生就会敏感地进行自我保护，把自己闭锁起来，既不能讲出其内心的想法，也不能真正接受教师的引导，获得正确的教育。现在，我的学生都很乐意和我分享他们的想法，例如学习压力大，宿舍气氛不和谐等，即使做错事，也能主动告诉我，承认错误。我也会很认真地倾听，并及时给予引导，让他们试着找出适合自己的解决方案。回想起来，学生找我倾诉的大多是负面的状况，这却让我很是欣慰。因为在成长的道路上，谁能一帆风顺，谁能不犯错？在我们遇到困难或遭受挫折及犯错时，我们只有不断感悟、学习和改正，才能成长。同时我也暗自窃喜，他们愿意向我倾诉自己遭遇的状况，并接纳我的参与和引导。这是学生和我之间的相互尊重和信任！

初中的孩子身体在成长，心理上也想尽快进入成人世界，寻找一种全新的行为标准，扮演一个全新的社会角色，获得一种全新的社会评价，体会人生的意义。但是他们的认知能力、思想方式、人格特点和社会经验还不完善，所以会有很多困惑。种种矛盾使他们敏感和焦虑，所以我们还要多站在他们的角度去理解他们，不能急功近利，而是要慢慢疏导并观察跟进。珍惜并创造更多机会与学生交流。

教育是人与人心灵最微妙的相互接触。作为一名教师，面对的是一个个鲜活的生命，在尊重与信任的基础上，在宽容与乐观的期待中，平等、温和地走近每一个学生，与学生们进行心灵的交流、心灵的对话，守护这些正在成长的心灵，让他们在爱和自由的环境中成长，使他们有良好的感受能力，充分信任自己的感觉，对任何事情都要寻求自己的判断和理解，最终成为一个极具独立判断能力和丰富的创造力的人。

重塑心灵的人文教育

张燕玲

时间匆匆如白驹过隙，我从初为人师到如今已有八年光景。在这期间，我遇到过各种各样的学生，在和他们相处的过程中，也曾无数次遇到棘手的问题，但作为教育工作者，我始终认为，没有教不好的学生，只有不会教的老师。记得台湾的证严法师曾经说过："普天之下，没有我不爱的人。"这是何等开阔的胸怀。教师应该懂得如何去爱自己的学生，跟他们平等地交流，给予他们充分的尊重，及时肯定他们身上的优点，适当宽容他们的一些缺点，在日常生活中给予他们无微不至的关心，用自己的言传身教去感化他们冰封的心，最终才能培养他们做人的品质，使他们获得一种能够触及灵魂的影响。

记得我在广州一所私立中学实习时，遇到一位叫张子君的初一级女生，她的学习成绩一直都很好，并且担任班长的职务，办事能力很强。长久以来，她优异的学习成绩和教师的赞许使她形成孤傲的性格，看不起周围的同学。而她所在的这个班纪律性很差，作为班长，张子君在管理班级的时候，做法非常粗暴，引发众怒。除此之外，她脖子上有一大块类似于烧伤的疤痕，这对她的外貌造成很大影响，她很介意这一点。曾经有一次，一个男生在路过她身边的时候冷冷地说道："那块疤真丑！"子君听后脸刷地一下就黑了。因为这块疤，她要承受很多恶意的人身攻击，这使得她对自己外貌深感自卑的同时形成了暴躁的性格，经常会因为一点小事就对同学大发脾气。

针对张子君的情况，我采取了一些方法去解决问题。首先，通过师生交流了解原因。我通过和张子君聊天，了解到她这种管理班级的方式来源于军训时期对教官的崇拜心理。当时的教官对他们很严厉，使得同学们不敢违反纪律，所以她希望效仿那位教官的做法来管理好班级。明白原因后，我问她："那你觉得你用这种方式效果如何？"子君说："效果很差，班里还是很乱，但起码他们怕我！"我接着说："那就说明同样的方式并非所有的人都适用。同学们与你年龄相仿，而教官对同学们来讲毕竟是长辈、是上级，这种身份让同学比较容易接受他的指示。但如果你也这样做的话他们就很难接受，不如我们换另外的方式试试看效果如何？"子君听后若有所思地点点头。

其次，通过主题班会重获自信。为了消除同学对张子君样貌的歧视，我开展了一场主题为“我最美的青春年华”的班会课。在班会课上，同学们各抒己见，畅谈什么是最美的青春，有些同学讲有活力才是最美的，有些说认真学习的时候最美，还有些同学讲自信的时候最美。轮到张子君的时候，她说：“我觉得为理想而奋斗的青春最美。”听完她的想法后，我顺势说：“通过今天的讨论，我们可以看到不同的人对美的想法各有不同，外貌的美并非是美丽的唯一标准，有些人空有美好的样貌却没有理想、没有文化修养，那这样的美丽是不长久的。你们正值青春年华，花一样的美好，应该保持青春的活力，培养自己的内涵和积极进取的精神，为自己的青春增色。”该主题班会后，张子君逐渐变得自信起来。

初中生的心很敏感。张子君因为自身外貌形成了自卑的心理，但她的个性又比较强。为了掩饰自己的自卑，她用强硬的态度、暴躁的方式去处理问题，反而激化了她和同学之间的矛盾。作为班主任，要及时对这类学生进行心理疏导，并且要帮助他们化解周围的一些矛盾，让他们重获自信，学会冷静地思考问题，以及懂得如何和其他同学友好相处，这样他们的初中生涯才能充满阳光。

周记——师生心灵沟通的桥梁

张植琴

刚刚接手一个新的班级，有效地管理一个班级，针对所接的班级开展工作，掌握班级情况的第一手资料，对提高班主任工作的时效性、实效性是至关重要的。从担任班主任工作以来，我坚持让学生写周记，可以写自己的思想情绪、内心感受、学习生活、班级管理、家庭问题、师生关系、同学关系、社会见闻，甚至发牢骚，无所不包。班主任亲自认真地阅读批改，以周记为载体，了解班级的人和事，掌握学生的思想动态，全面了解学生，妥善处理班级矛盾。

一、周记使班主任更快地了解学生

一个班级是由很多个个体组成的，每个个体都有他们各自的秘密，有自己的喜怒哀乐，有自己的痛苦、烦恼和渴望，这种种情况必将影响到学生的生活。班主任如果能及时了解到这种种情况，更深入地了解他们每一个时期的心事，并运用自己的经验能力细心化解，把学生的思想工作做得更细致，并及时开导学生，就能更好地避免学生因为种种情绪影响到他们的身心健康。这时，周记就起到了绝好的桥梁作用。学生通过自己的笔把真实的思想感情表露于字里行间，让我触摸到每个学生的真实思想，知道他们在学习过程中遇到的困难，在班级同学之间由于不小心造成的误会及他们的思想变化。有一个学生在周记里这样写："这周，进行了数学测试，又考砸了，努力了很久，依然考砸了。或许，心里太想考好了，考试前想太多了，心里很不好受。为什么努力后没有结果？Why？这学期，我端正了学习态度，每天认认真真地上每一节课，复习好每个知识点，可最后呢？"从周记里可以看出，至少这个学生在这段时间对学习有点绝望，如果不及时对其开导，有可能会使她对数学失去信心。我在周记里这样回复她："学习是个循序渐进的过程，不是三两天的事。别为过去的失败不高兴，面对明天，努力、加油，你一定能行！"在平时我对她多一点留意和鼓励，这名女学生在这学年里学习非常刻苦，成绩突飞猛进，在年级排名由原先200多名进步到年级前50名内。

一篇篇周记就是一颗颗透明的心灵，班主任投入情感地阅读学生的周记，写下真诚的评语。我通过周记“对话”等方式，了解学生的难言之隐，走进了每个学生的内心深处。

二、周记可使班主任更好地掌控班级

班主任跟学生接触的时间要远远多于其他科任老师，但师生之间直接接触的时间很少。而且碍于各种原因，学生往往比较惧怕班主任，在班主任的面前善于“伪装”，因此班级中出现的一些情况靠正常的途径较难及时地发现。一个班有五六十个学生，每周就有五六十篇周记，这五六十篇周记就在有意或无意之中给班主任提供了最新、最直接的信息。比如有位同学在周记中这样写：“潇潇洒洒的我与为人民服务的三个桶共度了一个星期。在班里，原来它们还有另一个身份。我想它们也是想让大家得分的，但它们能力有限，总无法保持自己居所的洁净。好多次，我把它们打扫干净了，但一转眼又一片邋遢，真是‘深圳速度’呀！”她及时的反映得到了我的高度重视，随后我们便一起探讨解决问题的方法。我充分调动了她作为副班长的积极性，认真地和她商议整改的措施，并且大多数采用她所提出的方法，不出两天，这个问题便得到了较为彻底的根治。同时以点带面，使得班级的卫生工作越来越好。

一个班级综合实力的强弱，好的学习风气不是靠班主任和班干部的努力就够的，而是要靠全班同学团结协作，朝共同的目标迈进才能实现的。周记就给了学生一个有效的交流平台，班级中的大事小事、好事坏事，都被学生记录在案，使每位学生都参与到班级管理建设中来，把班级凝聚成一个同舟共济的文明集体。

三、周记是师生情感交流的平台

很多同学不愿意当面跟老师讲一些心里话，更愿意通过写的形式来表达，这是普遍的心理规律。在周记中学生能够将所有的烦恼、快乐、悲伤向老师诉说。班主任不仅成了他们信任的长辈，还成为他们的笔友、知己……教师不仅可以了解学生心底最深处的秘密，还可以用自己“过来人”的身份对他们言传身教。班主任可充分利用“周记”这一书面媒介，增进师生间的相互了解，互通感情，建立起一种良好的师生关系，为学生营造一种宽松、亲切的学习生活氛围。这样，周记就如一座坚实的桥梁，使师生之间的沟通畅通无阻。班里有个学生成绩很好，人缘也不错，很多同学遇到不懂的题目，都会去问她，她也很乐意很详细地帮忙解答。但她在周记里提到她有慢性咽喉炎，最近特严重，发不出声音了。有很多人去请教她问题，可她没办法说话，很多同学有点不满。我看完她的周记，在最后写了这句话：“注意身体！”在下一篇周记里，我看到了这样的一段话："老师，很感谢你！我真的很感动，那一句'注意身体'，也不知为什么，看到之后，有点流泪的冲动，或许，这么多天以来，没有多少人关心过我的身体吧！"我在周记里那简短的一句话，却温暖了她的心灵。周记可以拉近师生之间的距离，使教师进一步了解学生，并在无形中引导学生健康地成长进步，何乐而不为呢？

四、周记有利于班主任自己的反思

随着时间的推移，学生与班主任越来越熟悉了，学生已将周记当作一个自己畅所欲言的最佳场所。他们不仅对班级事务，还会对同班同学持有各种不同的看法和评价，甚至对老师的一些教育教学方式也敢于说真话、实话了。学生借助周记，能够态度鲜明，毫不客气地说出自己的想法，使得班主任老师在批阅之后，反思自己的教育教学管理，提醒自己，努力完善自己的工作，鞭笞自己不断地学习新的知识，掌握更新更好的教学方法，以适应时代的不断发展。比如：以前的自习课我允许学生遇到什么问题可以前后左右几个同学讨论，共同解决。后来有学生在她的周记里跟我说，还是自己独立学习好，有时候班主任有事不在班里，很多学生会乘机说话，影响周围其他同学的学习。看到她的这篇周记，我反思了自己的规定，觉得学生提得有理，毕竟有小部分学生是不自觉的，"挂羊头卖狗肉"，想想这样发展下去，肯定会将"好说话"这一坏风气扩大的。于是在隔周的班会课上我将这个问题提出来讨论，让学生自己分析，最后得出结论：遇到问题先做记号，课后再找其他同学讨论。这让学生从心里接受这种措施上的改变。以后，每每遇到自习课，班里都会很安静。

五、周记带给师生无穷的回忆

我所教的学生有的已经升上高中了，当他们得知我要结婚的消息后，很多学生给我写了饱含深情的祝福。在这些话语中，我发现有几位学生提到了周记，其中一位是这么写的："那天周末在家，翻到了以前初二时写的周记，我一页页地看，您那熟悉的字迹和温暖的话语让我眼里充满泪水……"还有一位学生是这么写的："翻开那一页页写满你字迹的周记，重温那充满你对我们的鼓励的话语，好感动，好幸福，我会永远将它保存起来，回忆，铭记……我会永远记住你写的'知足常乐'、'加油'！"真的没想到，学生依然珍藏着那一本本的周记，当时的一段段批语目前仍然影响着他们，甚至在以后更长一段时间都会影响着他们。批改周记时的辛苦顿时烟消云散，在我的内心，我只想到一个字：值。

六、引导学生写周记的技巧与注意事项

班主任刚开始让学生写周记时，学生总会叫苦连天，嚷着作业很多等理由。所以刚开始，班主任可以不要求形式内容、篇幅长短，这样可以让学生放下包袱，想要写什么就写什么，只要写出自己所见、所闻、所感的事就行了，但必须每周完成，坚持不懈。另外，还要规定收发的时间，学生交周记的时间必须固定，使学生知道班主任对待周记是很认真的。班主任发周记的时间也要固定，这是老师对学生负责任的表现。慢慢地，学生就能养成写周记的好习惯，不写周记反而感到少了什么。班主任还得让学生将周记写在周记本上，而非每周一张纸。这些资料如果保存下来，对于学生而言，这将代表着他们的成长历程，是人生的一笔财富。

应该说，周记让班主任多了一份额外的付出，但它同样会给你意外的收获。周记使班主任在管理班级方面获得了更多的第一手信息资料，加强了师生对话，工作更有针对性，便于防微杜渐，为班主任工作扬帆助航，使得班主任工作更加得心应手，游刃有余。

直抵心灵的教育——关心、鼓励

蔡晓丹

“教师是塑造人类灵魂的工程师，辛勤的园丁，渡人的小船……”这些是人们对教师职业的赞誉。“以天心点燃烛光，引导人类走向光明”更道出了为人师表的神圣和职责。怎样做才无愧于这些称呼和赞扬呢？而教师中的班主任，其教育对象是一个个五彩斑斓的心灵，加之中学生所处的年龄段决定了他们心灵变化的微妙性及承受力的脆弱性，所以，班主任必须更用心地去“读懂”、更细心地去“呵护”学生的心灵。

我们班的小罗是个文静内向的女孩，入学成绩在班里排名最后，由于离家较远，故是学校寄宿大军中的一员。由于年龄尚小，生活自理能力不强，加上学习压力大，她的心情一直处于低迷状态。入学后又没能找到有效的学习方法，所以她的成绩一直未能提上去。今早我刚到校，看见一个急匆匆的身影在办公室前徘徊。一问才知，班里小罗的家长又来了，掐指一算，开学两周已来了五次，问其究竟，还是那回事——来向班主任请假，小罗生病要回家。见到我后，家长用那无奈的表情指着小罗就开始责备，而小罗也用那愤怒的眼神回应着。

此时的场景令我想起了故事《太阳与风》。太阳和风争论谁更强而有力，风说：“我来证明我的力量。看到那儿有个穿着大衣的老头吗？我打赌我能比你更快使他脱掉大衣。”于是太阳躲到云后，风就开始吹起来，愈吹愈大，如同一场飓风。但是风吹得愈急，老人愈把大衣紧裹在身上。终于，风平息下来，放弃了。然后太阳从云后面露面，开始以它温柔的微笑照着老人。不久，老人开始擦汗，脱掉了大衣。太阳对风说：“温柔和友善总是要比愤怒和暴力更强有力。”想到这儿，我赶忙设法缓解家长激动的情绪，然后试着劝说家长回家。既然家长与子女缺乏沟通，两者间只存在痛斥与仇视，那么作为班主任，我想尝试以一颗关爱的心去了解该学生，希望能在帮助这位学生的同时也能解除家长的烦恼。因为家长那风一般的冷酷和攻击，只会让孩子更加封闭自己，假如我能以太阳一般的温暖与热情去处理此事，或许可以让师生双方坦诚相见，真诚协作。

在我看来，小罗生病是假，找借口回家是真，可究竟问题的症结在哪里呢？我带着小罗往学校医务室方向走去，试着从关心的角度切入话题，我了解到小罗并不是真的肚子痛，只是想离开学校，逃避同学那嘲笑的眼光。原来她的成绩一直就是同学们的笑柄，回到家后家长又只关心她的学习成绩，还总把她的成绩与其他同学作比较，最终也只有以争吵和斗气收场，所以，小罗选择以这样的方式来逃避学校生活，甚至常有退学的念头。为了帮助她消除这种心理障碍，我以她做事认真的优点及拥有绘画功底的优势，鼓励其竞选并让她名副其实地当上了宣传委员。每次出黑板报及手抄报时都给予了她积极表现的机会，让她在班级生活中慢慢打开心灵，学会与同学相处，让她感受到同学间并不仅仅存在嘲笑，更让她明白：只要你用心，没有办不到的事，就算学习成绩也不例外！

时光飞逝，一转眼一个学期过去了，眼前的一幕让我感到欣慰：透过教室的玻璃窗，我看到原本内向的小罗在与同学们欢快地交谈；原本的“请假大王”如今已是全勤的积极学生；原本成绩排名靠后的被嘲笑的对象，现在已名列前茅；原本见面就责备女儿的家长现在时常主动联系我，向我诉说小罗在家的优良表现……

班主任对学生的教育，只有赢得学生的理解与信任，才会有效。而要打开理解与信任大门，我想用关爱和鼓励之匙是再合适不过的。请从关爱与鼓励的角度出发，开启我们直抵学生心灵的教育之旅！

发掘心灵宝石　点亮人性光辉

——“道德讲堂”教育课记事

辜镇江

“每个学生都是藏着宝石的矿石，只是有的宝石外露，有的宝石深藏，有待我们发现和挖掘。”经过参加本校开设的“道德讲堂”教育课活动，我对学生道德教育的体会更深刻了。

根据多年的班主任工作经验及思想品德课教学体会，我深知现今初中生在道德方面存在着许多不良现象，而道德教育者（父母、教师等）在教育上也存在很多不科学之处。有一个困扰很多老师的问题就是对学生的道德教育是“投入巨大，收效细微”，也就是道德的教育流于形式和空洞，效果细微，“心锁”打不开。北京大学中文系温儒敏教授认为：“思想教育再也不能走照本宣科、强制灌输的老路，需要充分考虑这一代学生的心理和接受情况，进行有针对性的教育探索。”经过“道德讲堂”教育课活动的实践，我也认识到道德教育的成功与否关键是教育能否直抵学生心灵的深处，挖掘到学生心里最本真、最纯粹的东西，通过一系列科学的方法点亮人性的光辉，使其穿越假恶丑的层层阻碍，绽放内心深处的人性的真善美。

以下是我开设“道德讲堂”教育课活动的准备和实施记事。

首先是准备工作。凡事预则立，不预则废。心灵的教育需要做好“开锁”的准备。

第一步是立主题。根据这几年对初中生心理特点和道德品质的了解，我认为孝敬是道德教育的起步，也是比较切合初中生实际的题材，更是当前的一个社会热点话题，由此确立了本次教育课的主题——孝敬父母。这是一个心灵教育的好题材。

第二步是备学生。根据从教的经验，我一直把学生作为备课的重点，学生就是我们教育的出发点和归宿点，我根据性格、性别、学习成绩等不同，有目的地找到本班的几位学生，了解他们在家里与父母的相处情况（包括与父母的感情、对父母的态度、对父母的了解等），初步掌握到当前许多初中生与父母交往多以自我为中心，缺乏对父母设身处地的理解，对孝敬父母在思想认识上和行为表现上还有很多不正确的情况。这些是学生心灵深处等待挖掘的东西。

第三步是找材料。我有目的地选择那些贴近学生生活的、具有时代感的、为学生所津津乐道的素材作为辅助材料。这些是承载心灵光辉的载体。

第四步是备教师。我给自己提出了一些要求：语言要和蔼、态度要真诚、尊重要真心、交流要平等。这是点亮心灵光辉的润滑剂。

第五步是备思路。这次教育课我设计的思路是由感官体验到心理感化，从生活常事到人生哲理，像掰竹笋般由表及里、从浅到深，层层开启、层层深入、直达真谛。这是点亮心灵光辉的步骤。

接着，经过两周的准备工作，我开设了这次关于孝敬父母的“道德讲堂”教育课，过程中采用了一系列有针对性的教育方法。

第一步是氛围渲染——定神。良好的开始是成功的一半，针对学生进入状态慢的特点，为让学生能更尽快自然地进入状态，我安排了一张描绘四口之家幸福生活的图片，并设计歌曲《让爱住我家》作为背景音乐在教育课开始前播放，从视觉和听觉上吸引学生的注意力。不出所料，音乐开始播放后学生很快就投入情境之中，有的欣赏唯美的画面，有的甚至跟唱起来，整个教室洋溢着一股温馨而祥和的气氛。这一环节把学生成功地带入了角色之中，为后面的环节渲染了氛围。

第二步是生活体验——激趣。教育的本质应该是源于生活、归于生活且服务于生活，这样学生才更乐于参与其中。为此，我设计了学生日常生活中与父母经常会面对的四对问题，当堂做一个调查体验，四对问题分别是：“父母记得你的生日吗？你记得父母的生日吗？”；“父母关心你的学习吗？你关心父母的工作吗？”；“父母有主动找你谈心吗？你有主动找父母谈心吗？”；“你生病父母有照顾你吗？父母生病你有照顾他们吗？”问题提出后，学生们开始活跃起来，同桌之间相互询问，有的学生对问题的回答信心百倍，有的则带有遗憾和惭愧的神情。当我对问题逐个地进行提问并让学生举手示意“有”时，学生的反应各不相同，有四个问题都举手的，也有一些没有举手的。看到这个结果后，我因势利导，以平和的语气在肯定部分做得较好的学生后，也鼓励其他做得不足的学生要自我反思，改正不足。可以看出，通过比较与反思，学生们都很受教育，参与活动的积极性提高了。这一环节让学生的心里泛起了涟漪。

第三步是事例启发——动心。教育离不开案例的辅助，运用与学生密切相关的案例，能触动学生的心灵，启发学生深刻的思考。根据本次教育课教育学生学会孝敬父母的目的，我选择了播放一个动画视频，内容是描述父母从孩子出生到长大成人的过程中怎样教育子女的点点滴滴。其中的事例选择朴素真实，文字描述细腻感人，音乐渲染动人心弦。在观看的过程中，我发现很多学生包括在座听课的老师都沉静地看着，有的人眼角早已湿润，整个教室一片沉寂。这一环节学生们都感动了。

第四步是心灵震撼——动情。我认为心理教育中最难的地方就是对心灵深处的震撼，它犹如心灵大门之锁，没有与之匹配的钥匙是打不开这道锁的。伴随着第三步的结束，我的声音打破了教室的沉寂。我给大家简单地讲述我自己经历的一个事例，讲到我读大学时在一次手机没电的情况下，我是何等地不以为意，而母亲却因为打不通我的手机而惊慌失措的事例，讲述中我的声音一直是哽咽、低沉的，我的眼角一直是泛着泪水的。或许是我的事例触动了学生们，他们也开始流泪了。借着这个情境，我操作电脑，继续放映第三步中视频的后半段，内容是描述孩子长大以后怎样对待父母，而父母又怎样慢慢老去的悲凉情境。此时我发现，学生们和在座听课的老师们早已控制不了自己的泪水和抽泣声，很多人低下了头没有再看下去，有的人桌子上早已堆满了纸巾。

第五步是情感升华——感化。人的情绪越接近极限越容易实现情感的升华。正当学生们还在抽泣之时，我提高了声音，用发自肺腑的声音激励学生们，在课前发下去的心形小红纸上面用真心写下自己当时的心声。我的话音还没结束，学生们已个个埋头奋笔疾书，教室里只听见一阵阵“沙沙”声。几分钟过去后，我开始播放了歌曲《感恩的心》，并让几位学生代表对着大家读出他们的心声。在悠扬音乐的伴奏下，一个个稚嫩的声音显得那么自信和慷慨，一声声悠扬的音乐变得那么铿锵和有力。

第六步是行动磨炼——“蜕变”。心灵的教育是一个漫长的过程，其中更重要、更根本的是付诸行动，进而形成习惯，终生受用。在教育课的最后一个环节中我号召学生们将自己此时的认识付诸以后的行动之中，持之以恒、善始善终。在人生的道路上勤苦磨炼、不断蜕变、健康成长。

开设“道德讲堂”教育课后，我从平时对学生们的观察和跟踪了解中，明显地感到学生们对父母的态度和看法改变了很多，变得更加了解父母了，对父母的态度更好了，与父母的关系也更和谐了。作为教师，此时的感受就如同沐浴在这三月的春光里，身外鸟语花香，心里惠风和畅，这种付出的感觉是充实的，这种充实的收获是美好的，这种美好的教育是幸福的。

总之，我认为不能触动学生心灵的教育不是真正的道德教育，只能说是道德说教，只注重知识、徒有表面且流于形式。真正的道德教育，应该是以核心价值观来凝神铸魂的教育，也就是要紧紧以学生为教育主体，一切教育的准备和实施都从学生中来，到学生中去，只有真正做到了解学生心灵特点，满足学生心灵需要，挖掘学生心灵宝石，开启学生心灵窗户，才能最终点亮学生的心灵光辉，让心灵教育水到渠成、实至名归，才能真正立德树人，培养身心健康、品质高尚的有用之才。

身体力行，润物无声

郑锐佳

陶行知先生说：“学高为师，身正为范。”的确，班主任首先应是一名合格的教师，要有扎扎实实的专业知识，能够为学生传授知识、启迪思想，开启学生的心智。其次，作为一名合格的班主任，更应该引导学生树立正确的道德观、价值观和人生观。所谓“己所不欲，勿施于人”，我当班主任的感想就是要身体力行，当好学生的榜样，润物细无声。

送走了一届初三学生，2010 年我接了一个新班，这个班学生的成绩还不错，在全年级中居于中上的位置，而且班里的学生也比较老实，没有特别喜欢捣乱的学生。开学一个月后，我却慢慢地感觉到这个班缺乏团结，全班同学都以自己为中心，“各人自扫门前雪，不管他人瓦上霜”，缺乏集体主义精神。我也多次找班干部了解情况，记得班里的体育委员曾经跟我这样描述：“去年全校运动会，很少同学主动报名参加，都要班主任逐个去动员。更糟糕的是，运动员入场时，其他班级每当自己班的运动员经过主席台，都会大声喊口号，而我们班，一点声响都没有。”更不能忍受的是班里的同学有一个很不好的习惯，平常很不讲卫生，经常不自觉地往地上扔垃圾，值日的同学不但没有认真做好值日工作，还经常逃避值日，班里的卫生问题严重。针对这种情况，我三番两次地对学生进行教育，举一些生活中的例子，说明养成良好卫生习惯的重要性，强调：“不乱扔垃圾是你的本分，随手捡垃圾是你的举手之劳，只要人人都付出一点，我们班将是最干净、最整洁、最优秀的班级。”我甚至采取了强硬措施，罚乱扔垃圾或没有做好值日的同学扫地一星期等。但是，老师亲自在场监督他们时他们就应付过去，老师不在场时，有些学生就松懈了，卫生情况仍不理想。

记得有一次，在我的数学课上，上课铃声响了，我走进教室，发现教室里的课桌椅摆放得乱七八糟，地上废纸很多，更可恶的是，饮水机旁边盛洗杯水的桶里的水已经溢了出来，流得满地都是，加上学生倒水时留下的脚印，地上满是污水。学生们却一个个熟视无睹，仍然把水倒到桶里面。我当时气愤极了，每天都强调学生把教室整理干净，今天教室里怎么成了这个样？我怒容满面，双眼严厉地扫视全班，希望当天做值日的同学站出来。这时，学生们一个个睁大了眼睛惊恐地望着我，他们感觉到暴风雨就要来临了。看到这个情景，我明白此时必须冷静，否则不仅会影响学生的情绪，也会影响自己的心情，同时还会影响课堂效果。我只好强压怒火，面带笑容地说："看来今天是有人要雇佣我为他劳动了！"同学们看见我的脸色由阴转晴，紧张的气氛一下子缓和了许多，大家都长长地舒了一口气。我走到饮水机旁，提起满满的一桶水，刚准备要走时，由于桶里的水实在太满了，不小心就溢了出来，刚好淋在我的皮鞋和裤子上，全班"呀"的一声，顿时几十双眼睛直盯着我，眼中充满了内疚和不安。我当作什么事情都没有发生，继续把水提到外面，倒在了排水沟里。这时全班响起了雷鸣般的掌声。当我回到教室时，发现已有几位学生正拿着拖把在拖地，另外几位学生则拿着扫帚在清理地上的垃圾。其中一位学生怯怯地站起来，低着头说："老师，今天是我值日，由于上节课老师布置的作业有点多，下课了大家做了一会儿作业，所以课间还没来得及整理课室，希望您原谅我们这一次。"我微笑着对全班学生说："我也是班里的一分子啊！是我管理不善，班里搞成了这样，我自然有义务去做点什么。如果这一桶污水，不是你的责任也不是我的责任，那么到什么时候才有人把它提走呢？那时我们305班将会变成怎样呢？只要我们班的每一员都能尽自己的一份义务，从我做起，从小事做起，我想就不会有今天这种情况发生。"大家听了都点了点头。借这个机会我也表扬了这几位同学这种负责任的做法："刚才这几位同学能自觉地担负起这个责任，老师为你们高兴，为你们鼓掌，希望以后有更多的同学站出来。"经过了这件事后，每当我走进教室时总能看到饮水机旁那一个整洁的角落，偶尔当我看到地上有一个纸团想弯腰捡起时，总有一个声音说："老师，让我来！"我的心被深深地震撼了。原来老师一个小小的举措在学生的心中是这么重要！再严厉的批评教育、再严厉的惩罚，也比不上老师身体力行的教育啊！

从此，劳动的时候，我都是第一个自愿留下来劳动的人，我不再是站在一旁指手画脚，而是亲自动手与学生一起打扫教室；看到教室地板上的纸屑，我会主动弯下腰去捡并把它扔入垃圾桶中；我会为学生捡起掉落在地上的东西；在天气突变的日子里，我会叮嘱学生注意冷暖，照顾好身体；在学生回家的路上我会叮嘱学生注意交通安全等。慢慢地，他们懂得了如何付出，懂得了如何关心其他人，懂得了集体的力量才是无穷的，懂得了为我们这个家出一点力等。从毕业典礼上全班学生那句嘹亮的发自肺腑的呼喊"我爱你305班"，我看到了一个新的305班。总之，班主任应以身作则，言传身教，善于利用生活中的细节，以人格的力量去感染学生，赢得学生的尊敬，引导学生向正确的方向前进。

教育是一项经营人心的事业

——小记初中生思想、行为转化工作

周 斌

[摘要] 教育是一项经营人心的事业。笔者担任同一个班初一至初三的班主任工作，对个别学生尝试了个性教育，通过对这个年龄段学生特殊的心理状态和思想动向的了解，尝试借助师生心灵上彼此的认同感和信赖感进行“因材施教”，期间投注大量的时间和耐心。而这种以感情认同和积淀为铺垫的个性化教育方式在初中三年完整的教育阶段里也取得了一定的成效。

[关键词] 情感信任；耐心；方式；经营

刚进入新学习环境的初一学生仍然带着孩童般的稚气，一些行为举止仍显得任性不羁。他们或许茫然无措，不知道如何面对突然而至的这么多科目的学习任务，也开始把青春期一些性格中的叛逆成分慢慢地展现了出来，如和同学闹别扭，出现了交际障碍；对异性的感兴趣和喜欢，让他们在朦胧中对“恋爱”蠢蠢欲动；网络游戏和社会上的流行风等无不刺激着他们年轻而脆弱的神经。

诚然，每个孩子的成长都伴随着大大小小的错误。成熟是经过一系列的经验和教训而习得的。犯错没有关系，走了弯路也没有关系，如何去认识自己的错误，改正错误并且最终走上正确的道路才是最重要的。过来人总可以以自己的经验和教训帮助这些茫然的孩子，但是这个时期的他们却是个性十足，喜欢关起心门，营造自己的小世界。该如何知道他们的所思所想，取得他们的信任，让他们愿意向你倾诉并聆听你的指引呢？下面我介绍自己在日常班主任工作中的一些工作方法以及比较典型的学生转化例子。

一、每周一篇的周记

每周一篇的周记，不限题目，不限字数，唯一对学生的要求便是把自己心里的想法写出来。他们或写一周的学习总结，或写一些随笔和读书心得。但更多的同学则将他们日常的心情记录了下来。这是我在工作中十分注重的方面，因为心境和情绪深刻地影响了一个人的学习和生活。

小丽，活泼漂亮，和另一个同学从小学一直同班到现在。升上初中后，她的好朋友开始更多地和其他人交朋友。这个时候，小丽开始感到了寂寞、沮丧，认为自己和这个朋友的友谊不如从前。每当看到她的好朋友与其他同学来往亲密，小丽就感到十分的不愉快和落寞，她将她的心情都写在了周记中。我及时和她沟通，帮助她了解友谊并非对另一个人的占有。我们一起散步，一起谈笑，小丽对我十分信任，慢慢地解开了心结，和她的朋友更能自然地相处。也因为对我的信任，她向我透露了对于异性朋友的喜欢。这个时候我更坚定地肯定这个是青春期正常的心理，也帮助她了解这个时期的“恋爱”很难有好的结果。因为我对她的思想动向的时刻关注，小丽开始收心学习，并且从初一下学期开始成绩稳步提高，并积极组织和参加学校的各项活动，成了一名积极向上的学生！

二、轻松交谈，重塑信念

小烁同学从小学起就是一个十分有个性和叛逆的学生。他长期不写作业，多次教育也无效，但天赋较高，所以他的成绩并不糟糕。所有的老师对他都已经无计可施，家长也十分头疼。小烁不能正确对待家长和学校的教育，甚至认为家长和老师只会针对他而漠视他的改变和努力。

刚接触他不久，有一次我发现他因为没完成语文作业被老师批评的时候，虽然一言不发，却握紧拳头，全身发抖！其实那个时候老师并没有很严厉地批评他。但后来他却在一次课后作文中透露出了他的童年是在家长的棍棒下和老师的忽略中度过的，他说他恨父母也恨老师，觉得其他所有同学都比自己幸福，他痛恨所有幸福的人。

这是个危险的信号。小烁并没有认识到打他的父母和那些教育他的老师都是为了他更好地成长才采取了那些方式。相反，他却坚持以一种怨恨的心理对抗外界。于是上课不听讲和发呆、不写作业、沉迷游戏就成了他报复的方式！

针对这个孩子有心理偏差的问题，我通过长期定时的家访，了解到了小烁和父母多年以来的紧张关系。父母对他期望较大，但小烁叛逆个性十分强，脾气乖张。父母之前对他多采用打骂的方式，这使得他长期累积了许多怨气！小学老师的倾心教育得不到他的认同，也使得他在学校缺少关注。

因为有了持续的家庭沟通，加上平时的观察，我发现他是个比较单纯的孩子，他爱玩电脑游戏，我就偶尔跟他谈游戏。他喜欢看军事新闻，我也偶尔向他了解最新的新闻和他对时事的看法。因此，小烁并不讨厌我，并且常常在课后跟我说这个说那个。他很聪明，上课听听就能记住许多知识，考试许多科目仍能考七八十分，却偏偏不写作业。对于他的特殊，我在作业上并不对他强加要求，只叮嘱他不要浪费自己的才能。只要有机会我就跟他聊天，在这个过程中我有意识地借机肯定他的闪光点，指出他比别人优秀的地方，有时候我会看到他开心但又有点不好意思地低下头笑了笑；我也会和他聊家庭生活，引导他正确认识父母的教育以消解他对父母的误解和怨气；也聊他的学习，肯定他的聪明，我一有机会便在公开场合表扬他的聪明。慢慢地，我发现小烁开始亲近我，也比较能接受我的教育。班级的一些事情他很主动地去帮忙，上课也能比较专注地听。到了初二，有段时间他坚持写作业。后来他主动跟我说觉得在理科方面还能靠自己补，但因为语文和英语长期的缺漏，要赶上班集体已经有点晚了。我鼓励他在理科上要好好努力，而语文和英语方面，只要他有需要，我们都很愿意帮助他。他回家也会主动要求父母给他请家教补习。但因为从小学到现在的基础知识缺漏太多，小烁在耐性和毅力上还是表现不足。

初二期间的小烁，在相对自由的活动课和自习课，只要他愿意，我都会另外给他补习英语，要是课堂跟不上，我会鼓励他可以拿自己感兴趣的科目来学习，他甚至和他爸爸一起购买了许多哲学方面的书并不断阅读。有时候他会跟我讨论作者的一些想法和观点。小烁的情况一直在慢慢好转。接下来的工作是如何培养他坚持下去的毅力和耐力。他是个特殊的学生，有比较特殊的成长经历，也有特殊的思想，通过沟通了解他的想法成了工作的重点。这样的学生需要别人去亲近他，正视他的优点，同时他身上的许多不足仍然考验着我去想方设法帮助他。初三的小烁开始意识到自己要考个比较好的高中，于是开始很认真地学习理科，补习文科。他开始变得自觉，在人际沟通方面开始变得温和而从容，看到他能用比之前健康的心态去面对学习和家庭生活，我感到很欣慰。

教育是一个长期的过程，付出不一定能立刻得到很大的回报，但我从他家长那里了解到很让人欣慰的一点就是他回家跟父母说："我们学校的老师很有素质和水平，不错！"他家长说，从小学读书到现在还没听他夸过老师，这是第一次。他们都很欣喜！

教师的工作并非只是简单地传播知识，我想它的神圣更在于这是一份持之以恒的感情经营事业，往往在当时当刻，付出了不一定有收获，但要一直坚持和忍耐，真心诚意地为孩子们的将来着想。我相信有一种水滴石穿、润物无声的力量会慢慢渗透人心，从而会促使学生的转变，而这细微的思想、行为或态度上的变化也许会深深地影响孩子们的人生路程。教育是一份经营人心的事业，需要付出耐心和等待。

参考文献

1. 孙云晓．教育的秘诀是真爱．北京：华语教学出版社，2007.

2. ［美］莫尔盖恩・L．唐纳森，布赖恩・普恩．给新教师的忠告．北京：中国青年出版社，2006.

3. 魏书生．班主任工作漫谈．桂林：漓江出版社，2006.

用“心”教育

刘炎虹

苏联教育家苏霍姆林斯基在《我把整个心灵献给孩子》中说：“心灵既是指教师的心灵，也是指学生的心灵。所谓教育就是心灵对心灵的感受、心灵对心灵的理解、心灵对心灵的耕耘、心灵对心灵的创造。”教育的核心是什么？是育人。我们的教育不仅仅要给学生以知识，更重要的是培养学生成为具有优良道德品质、学习品质、心理品质等各种优秀素养的人。马克思也说：“教育绝非单纯的文化传递，教育之为教育，正在于它是一种人格心灵的唤醒。”因此，从一定意义上来说，教育的核心就是唤醒孩子生命中的灵性和欲求。

小卢同学是一个好动、爱出风头且自尊心很强的孩子，又因为生长在一个比较富裕的家庭，还是家里的独孙，自然备受宠爱。长期的养尊处优造成其唯我独尊的个性，处处炫耀自己。他经常跟其他班的“活泼分子”打成一片，然而好奇心和张扬的个性让他沾染了不好的习惯，没少让人费神。初一的时候，他跟其他班的一个学生学着别人在山顶上的砂土墙上乱擦乱涂，被当场逮到并被严肃地“处理”；他一直是个作业“光蛋专户”，被老师们列为“专门监护对象”；上课极为“活跃”，喜欢跟老师唱反调，按照他自己的话讲“就是要把老师‘打’下去，把课堂‘闹’下去”；面对老师的批评，他嬉皮笑脸，歪理一大堆，就是不把自己的错误当一回事。最严重的一次是他居然与那帮所谓的“哥们”干起盗窃学校学生自行车，然后拖到外面去买的事情。

当时，面对他信誓旦旦却丝毫不改、继而再犯的劣迹，我一度觉得真的很累，很想放弃他。但一个老师的责任又让我不得不在他每一次犯错误的时候都耐心地开导他，约他的父母到学校就孩子的教育问题进行交流。当我得知父母也深感不安却又无助的时候，我深感肩上责任的沉重，心中一直深思着怎样才能让这个孩子改邪归正，找回他的纯真。我向老教师们讨教，自己也在不断地摸索着这个孩子的特性。我发现，其实他对于我有一种很强烈的抵触，从他的父母口中，我了解到他老是认为老师们跟他“过不去”，凡事针对他，于是我思索着，怎样才能解开他心底的这个死结，让他了解老师其实也是人，也是有爱心的，是真心爱护他的。

我尝试着走进他的心灵深处，去感知他内心的想法。

事实上他心地并不坏。汶川地震赈灾活动的时候，他毫不犹豫地把自己的零用钱都拿出来捐给灾区，这说明他是个有爱心的人。借着这个机会，我在班上大肆表扬了他一番，当所有的同学都给他以热烈的掌声时，我看到他脸上洋溢着幸福的笑容。考虑到他爱面子、爱表现的特性，我一方面不再让他的父母直接到学校来交流而是我亲自到他的家里去家访，一方面尝试让他自己去争取当个班干，好好表现自己。因为我发现，每一次我约他的母亲到学校来的时候，他的情绪便会很暴躁，并且抵触心理特强，因为他觉得父母被叫到学校交流是一件很损面子的事情，从他的自尊心理出发，我选择尊重他。另外，他很喜欢管闲事，生怕别人忽略了他，哪里有热闹他便往哪里凑，课堂上也要强烈地自我表现一番。针对他纪律松散的问题，初一升初二的那个暑假，我又一次去了他家，主要做好两件事：与他签订一份合约并鼓励他去竞选班干部。有了他自己写的保证书以及三方许诺签的字，他想赖也赖不掉。我的用心、耐心和爱心，让他最终有点感悟。

可事情往往没有我们预想中的那么简单，小卢同学果敢地上台并争取了纪律委员一职，当足了三天优秀的班干部后，就拿职位来要挟人："我是纪律委员，我管纪律!"发展到后来，他居然以职位为名义带动其他学生"造反"，面对其他班干部的强烈抗议，我耐心地安抚他们给他机会并争取多方开导他。而他时好时坏，有时竟严重到连科任老师也因为他而向我大吐苦水，我决定给他下最后的通牒，让他"自作自受"。第三个月，班里重新选举班干，他被刷了下去。他终于有些沉默，而我也开始对他进行新的思想工作。这次终于让他明白，很多事情不是任着性子去玩的，是必须付出代价的。

我依然关心着他的作业、他的纪律和他的成绩，更关心他的爱好。班里需要制作海报的时候我总是争取让他跟其他同学一起编制，让他体会到同学之间融洽的关系。为了改掉他散漫的习惯，在座位上我也作了新的安排，让一个热心、有耐心且性格开朗的女生成为他的同桌，这招果然还是起了一定的作用，他居然也变得会关心人了。现在初二下学期了，小卢的很多坏习惯正在慢慢地改变，作业能积极交了，学习的热情也提高了，和班里同学的关系也变融洽了。

著名教育家陶行知先生说过一句话："真的教育是心心相印的活动，唯独从心里发出来的，才能打到心的深处。"班主任只有捧着一颗真诚的爱心去呵护学生，才能使自己的工作更出色。教育学生，就要与学生建立心灵相通的爱心桥梁，教育的过程不是技巧的施展，而是充满人情味的心灵交融。教育也是播种，我们的职责就是在学生的心灵里播下爱的种子，用健康的思想、丰富的知识去播种，用真诚的行为去慰藉学生的心灵，使他们成为品德高尚、心灵纯洁的人。学生的成长需要爱，班主任要把自己的热情、柔情和激情都聚集在对每一个孩子的爱中，用自己的爱感染学生幼嫩、丰富的情感，才能激励学生去奋斗，去爱我们生活的世界。

从“心”开始，构筑爱的教育

卢银辉

德育是学校工作中的重中之重，而班主任德育工作的秘诀就是“爱”。苏霍姆林斯基说过：“成功的教育源于高尚的师德，师德之核心为师爱。”古今中外，大凡成功的教育工作者都善于用爱心来教育学生。高尔基说：“谁爱孩子，孩子就爱谁，只有爱孩子的人才会教育孩子。”的确，爱是一种情感的交流，当你把炽热的爱通过一言一行传给孩子时，就会激起孩子对你情感的回报，从而乐于接受你所给予的一切。英国教育家罗素认为：“爱是一缕金色的阳光，凡是教育缺乏爱的地方，无论是学生的品德还是智慧都不能充分或自由的发展。”所以说，成功的教育源于爱，爱和谐了师生的关系，滋润了教育园地。

教育又叫“爱的教育”，有了爱，教育工作才能顺利地开展，解决学生的问题也有了有效的方法。作为教育工作者，我们首先要做到爱学生，其次还要懂得爱的艺术。懂得了爱的艺术，我们的爱便是阳光、是雨露，让师生关系亲密无间、和谐融洽，能让教学园地桃李芬芳、春色满园。在教育实践工作中，以下几点让我获益匪浅。

一、爱就是尊重

苏霍姆林斯基曾指出：“要把学生当作活生生的人，要尊重学生的自尊心，不要让差生感到他是一个不合格的人。”因此爱学生就要平等地对待每一位学生，绝不能以智商高低、成绩好坏来定优劣。爱是无私公正的，绝不能存在丝毫的偏见，教师应该树立正确的学生观，平等地对待每一个学生。绝不能因个人好恶而偏爱优等生，嫌弃“差生”。

刚刚接手初二（3）班的时候，就有很多老师向我表示“恭喜”，原因是3班有一群调皮捣蛋的男生，被原先的班主任称为“十三太保”，他们不仅纪律差、成绩差，而且思想觉悟不高，所谓的问题学生不止一两个，其中还有性格内向孤僻的学生。既然我已经成为他们新的班主任，我下定决心要带领他们同全班其他同学一起进步，共同营造一个新的班集体。于是，我很快进入了这个新角色中，担负起新的责任。

课间操时候，许烁怀疑彦锟藏起了他的眼镜，于是两人在班里发生口角，差点就打了起来，幸好有学生及时制止，才避免矛盾恶化。我把两人带到办公室，看着他们，不禁火冒三丈，心想：平时不爱学习，整天只会打闹，没事还净会添麻烦，这次要给你们点颜色看看。许烁一脸泪水，很是受伤的样子，而且一问三不答，一直抽泣答不上话来。而彦锟一脸无辜，委屈地说："这事不是我做的，跟我无关，冤枉啊。"彦锟平时爱开玩笑，有很大的可能性会捉弄许烁。不过他的态度很坚决，不像说假话。我迟疑了，该如何处理呢？我只好让他们把事件发生的经过完整写出来，以便辨认。我仔细看了他们所写的内容，应该是许烁丢了眼镜，刚好彦锟走过来取笑他，便发生了刚才的一幕。这时，林凯同学手里拿着一副眼镜走了过来，不好意思地说："老师，对不起，许烁的眼镜是我拿的，是我想跟他开玩笑，没想到把事情闹得这么大……"

尊重和理解化解了学生间的矛盾。我始终坚信：只要我们用眼睛去观察，用心去体会，就可以发现每一位学生身上的闪光点，你就不会感到爱优生容易，爱差生难了。可实际情况恰恰是受表扬的多为优生，挨批评的多为差生，结果是优生越表扬越优秀，差生越批评越差。如果我们也能够像表扬优生一样经常去表扬差生，差生也是会变优生的。

二、爱就是赏识

作为教育工作者，应该相信学生的确潜藏着巨大的发展能量，坚信每个学生都可以获得学习上的成功。在教育实践中，有不少探索，正是基于每个学生都相信自己拥有获得学习成功的潜能，才取得了全面提高学生学业成绩的良好效果，如布卢姆的掌握学习、卢扎洛夫的暗示教学、阿莫纳什维利等的合作教育、国内的成功教育等。而那些要求学生十全十美，对学生求全责备的做法违背了学生的成长特点，反而会产生消极影响。教育者应当从各方面去关心他们，发现他们的闪光点，使其树立进取的信心和勇气。

有一次班会课上，我跟学生一起讨论新一期黑板报的策划问题时，大家都静下来不开口，过了一阵，板报成员小清站了起来，委屈地说："老师，我们不干了。"我急切地问："为什么呢？你们都干得很出色啊！"她接着说："不是我们不想干，是几个男生老在背后说三道四，还说我们浪费班费，乱画……"我安慰她后说："我们都是班集体一分子，都应该为班集体出力，同学的辛勤工作应该得到我们的尊重，提出一些建议甚至批评是好事，特别是有建设性的意见，但一些不恰当、伤害同学的话我们应该为此负责。"那几个男生低下了头，其中一个大胆的男生站起来说："老师，我为我们说过的话道歉，但我提议诚同学参与黑板报组，他更擅长画画。"话刚说完，全班同学都赞同这一提议，诚同学是非加入黑板报组不可呀。“欢迎诚同学加入我们的板报组！”小清对诚同学表示庆祝。

诚同学是一个较内向、不善言语，却对班级事务很热心的学生。他的交际圈较为狭窄，其他同学也很少跟他交流，加上自己不主动交往，把自己关闭起来，其他同学都认为他内向，不敢跟他多说话。这样，诚同学也就成了一个“独行者”，躲在班里的一个角落中。但他画画的天赋才能却让很多同学认识到他的优点。

参加黑板报组后，诚同学每天放学后都认真地在班里出黑板报，他提出在描绘金山全景鸟瞰图中设计出一条书山幽径通向金山顶，意味着在金山求学的学子通过努力走向人生的顶端，成为一个英才，这富有创意的设计得到全班同学的赞赏。我趁机找来了诚同学，表扬了他的奇思妙想，并借此机会想让他学会交往，鼓励他利用自己的绘画才能多与其他同学或绘画爱好者交流学习，增进友谊，还推荐他参加学校举行的绘画比赛和潮州市中小学生绘画摄影展征文比赛。诚同学不负众望，在两项比赛中都拿到了一等奖。事后诚同学告诉我说：“我在准备画一个连环漫画，想把它整理成漫画集，等我完成后第一个告诉您。”看他高兴满足的样子，我原先的忧虑和担心都烟消云散了，高兴地为他祝贺。这无形间增进了师生间深厚的情谊。

心理学研究表明：信任、期待的感情，可以使对方感到一种“被器重”的心理暗示，从而增强自信心。教师的信任是对学生人格的尊重，它会变成一股无形的力量，促使学生奋发向上。

三、爱就是沟通

接近暑期的时候，我突然接到诚同学家长的来电，说诚同学最近闹着要转学，说了一些悲观丧气的话，完全听不进父母的劝说，忽然间整个人很消沉，父母急在心头却无能为力，于是向我请求帮忙。据了解，原来是诚同学自己认为班里的同学看不起他，不愿与他交往，感觉到老师不重视他，自己在学校感觉不到快乐，想换一个环境来读书，还写了一些消极的话，如：我像一缕烟，随风而消失；人生像吸烟，为的是吐出来的那口气。听了这件事后，我心想：这么有思想，而且对艺术这么执着的学生，是不会产生轻生的念头的。我先让家长不要太过于担心，只要诚同学的心结打开了，就会没事的。

由于诚同学本身较为内向，又把自己的想法封闭起来，难免一时会想不开。俗话说，憨人也要发点脾气。鉴于这个情况，眼看他就要升上初三，进入另外一个新环境，这对他本身来说也是一个挑战，因为花很多时间去适应新的环境反而不利于完成初三备考的任务。分析清楚这些后，我亲自到诚同学家做了家访。我表明来意，也把情况分析给诚同学听，对于我的到来，诚同学意外之余更显激动，认真地听我分析，也说出自己的想法。我又问他："假如老师我在课上提问题，有可能每节课都提问到你吗？如果我没提问到，那我是不是不重视你？事实上我很关心你吧？"他一个个回答我的问题，最后，他承认说因为最近心情不好，加上期末考试压力大，刚好老师提问的时候落下了他，自己想得太复杂，想换一个环境透透气，因此才说了那些话，还跟父母顶嘴。现在想通了，觉得舒服了。他还说早上起来的时候发现阳台的花真好看。听完他的话，我会心地笑了。

过了几天，诚爸爸打来电话高兴地说："诚正打算明天跟他小学同学一起去农村体验生活，学做豆腐呢。"

成功的教育源于爱，爱可以构建和谐的师生关系，爱可以融洽课堂气氛。一分耕耘，一分收获。细心一想，爱的教育不就是从平时的点滴、细小的事情中积累起来的吗？你对班级付出了多少，就有多少回报，而这种回报是爱的回报，是一份充满满足感和成就感的回报，它比任何物质的回报都要来得珍贵。让我们从点滴中去体会爱的教育和教育的爱吧！

新班主任如何当一个好“后妈”

陈燕曼

今年我接手了新的班级——初二（10）班，对我来说，还是第一次中途接班级，这是大家常说的“当后妈”。班主任工作当中，相信这种“当后妈”的情况大家都已经遇到或者将会碰到，那么如何当好学生接受、认可、喜欢的“后妈”呢？如何让学生尽快进入到新的学习环境中来，适应更加紧凑的学习节奏，并形成良好的班风，给学生添加更肥沃的成长土壤？针对这些问题，我作了比较仔细的分析和思考，并做了一些初步的尝试。

一、新班主任的特殊角色与接班策略

经过一年的相处，原班级师生已经形成相对定型的班级文化和一定的默契，学生很容易出现怀旧情绪，基本上都会觉得过去的老师好，过去的日子很难忘，从而对新的环境、新的老师、新的班主任有排斥心理，这也是人之常情。但是，与此同时，这个年龄阶段的学生，具有比较强的好奇心，对新的事物的接受能力强，可塑性也强。对于新班主任来说，这既是挑战，也是机会。关键是新班主任如何找出对策，在继承原班级好的文化的同时，激发学生对新知识领域进行探索的欲望，完成顺利的过渡和树立新的目标。

接班前，新班主任必须做好充分的准备，最有效的途径是跟原班主任交流沟通，了解班里的实际情况：比如了解已经形成的班级文化特点，关注个别特殊群体，如家庭离异的，空巢家庭的，有身体缺陷的等，了解班干队伍的建设情况等。接到班之后，我再进一步跟班干部交流，从多渠道获取相关信息，对信息进行整合与整理，才能对班级进行比较准确和全面的认识与定位，根据班级的实际情况和特点，制定新的教育目标。在整个教育过程中，让学生明确我们共同的目标，并要采取具体的实际的措施，推动并进一步完善班级的建设。以下我根据自己班的情况谈谈自己在这方面所做的尝试。

二、新班主任推进班级建设的具体途径与方法

（一）收集学生的座右铭

利用收集座右铭活动，了解、认同和欣赏“家人”，这是当“好家长”的

关键。在班会课上，我先为学生讲解什么叫做座右铭，并列举了一些伟人的座右铭，让他们明白座右铭的作用，然后给学生充分的时间，让他们想出对自己影响最大并激励他们前进的座右铭。座右铭收集完后，我亲自将它们录入电脑，并拿去喷画，贴在教室的墙上，时刻激励着他们。我相信，一句好的座右铭能使人受益终生；一句发人深省的座右铭能使人的思想受到启迪；一句催人奋进的座右铭，能使人得到提升。我对座右铭逐一分析，初步对学生的座右铭进行归类：有引用古诗词的：比如“有志者，事竟成，破釜沉舟，百二秦关终属楚”、“天生我才必有用，千金散尽还复来”、“明日复明日，明日何其多。有生待明日，万事成蹉跎”、“宝剑锋从磨砺出，梅花香自苦寒来”等；有创新励志的：比如“挫折是一种催化剂，强者遇则更强，弱者遇则更弱”、“跪着虽不会跌倒，但可能被践踏，摔倒了爬起来就好”、“一星陨落，黯淡不了整个星空；一花凋零，荒芜不了整个春天”等。当然，刚刚收集起来的座右铭存在着一些问题，从座右铭里看出一些同学的思想不积极，比较偏激，有的比较小气，比如冷漠的“事不关己高高挂起”。看到这个座右铭后，我关注起这位学生来，他是内宿生，不怎么搭理宿舍室友或者同学，一般都是一个人做自己的事，回到宿舍也很少跟室友交流，缺乏与人合作的精神，属于非常内向的类型。利用这个机会，我找他交流，让他明白，在校园也好，步入社会也好，一定得学会跟人合作、与人相处，才能更好发挥自己的才能，会读书是暂时的成功，会做人才是长久的成功。通过对座右铭的征集与分析，我不仅可以对存在问题的同学进行引导，也能进一步了解这些学生的心理特点，一举两得。

（二）利用好电脑桌面平台

利用电脑桌面平台展示师生心灵世界，使“家人”感情融洽，并让“家人”从中感受到“家”的温暖和乐趣。一直以来，我就想抓住机会培养学生与人分享的习惯和善于感悟生活中的点点滴滴的能力。这学期开始，我就想着可以利用电脑桌面平台！看到好的文句或富有哲理的短句，我就上网找一张合适的图片，把好的文句利用图片处理软件输入进去，并设为班里的电脑的桌面，每天教室里的电脑一开，同学们就可以看到这些有文字的图片。还有，在各种活动日和节假日里，我都会找来跟这些节假日有关的图片，把祝福语输入进去，比如在校运会期间，在月考期间，在圣诞节时，在感恩节时，我都会根据活动日、节假日或班里的实际情况，更新电脑的桌面，让学生得到一些小惊喜和前进的动力。有一次，去巡察学生宿舍的时候，我无意间得知一些学生的生日，于是在他们生日当天电脑桌面上就有了生日的祝福语，着实让他们感动了一番。我做这个尝试最根本的动机是：潜移默化，让学生懂得用心去观察和发现生活中美好的事物，并懂得去分享。这项尝试，将在下学期继续进一步开展，我打算让他们自己去制作电脑桌面，课前跟大家分享自己的心得体会。恰好下半学期学校组织了语文阅读课，我想着，下学期也可以让他们分享自己喜欢的书，这样不仅可以配合好语文阅读课，还能培养他们与别人分享自己的快乐和收获的好习惯。

（三）汲取新的教育理念

汲取新的教育理念，促进“家人”成长成才。“问渠那得清如许？为有源头活水来。”在两年多的班主任工作中，我逐渐感受到，必须通过摸索或借鉴，才能形成自己正确的教育理念。通过聆听著名教育家的讲座和与其他老师进行交流学习，我深刻地意识到，在教育过程中以“孩子的生命成长为中心”的重要性。老师要尊重每个孩子的个性发展，给孩子切实的温暖和关爱，让他们能在校园生活中留下美好的回忆。上次在韩山师范学院举行的粤东基础教育教研会上，刘铁芳教授也谈到这一点，他指出“教育的有用性有两种：长效和短效的有用性”，长效的教育包括兴趣、爱好、特长等，短效的有用性包括成绩等，目前教育很多都注重短效的教育而忽视长效的教育。所以，在教育工作中，我也渐渐有意识地去关注学生的长效教育，让每个学生都可以展示自己的特长，并且在这些特长的展示中，树立起他们的自信心，塑造他们的人格。对于后进生，我们要投入更多的爱去感化他们，帮他们重获信心。班里的小越、小齐和小权都是成绩很差的学生，但都喜欢表演小品。为了树立他们的信心，我就找机会让他们大展身手。每次班会课，都会有他们自编自导的小品，给同学们带来快乐。在每次表演节目后，我都会在小结时对他们进行表扬并正式地发给他们纪念品，他们也更加积极了，心态也更加乐观了。有的学生体育方面很好，我就支持和鼓励他们参加校运会，并在校运会上，为他们加油、喝彩，在终点处等他们，给他们擦汗……我知道，每个学生都是复杂的生命个体，我们只有和学生共同经历生命的成长，才能成为更优秀的班主任。

（四）利用好主题班会

利用主题班会，规划好“家庭”发展计划，解决“家人”的矛盾和问题，共创和谐“家庭”。在每个学期开学前，我都会拟好每个学月要开展的主题班会的主题。9 月份恰逢教师节，所以主题是“师恩难忘”，在整个班会的准备过程中，学生更加了解老师，也拉近了师生的距离，学生更加懂得尊重老师，老师也更加有动力为学生付出。10 月份，恰逢国庆节和期中考试前夕，主题定为“爱国和奋斗”。11 月份，恰逢学校的校庆，主题定为“我在母校的怀抱里成长”。12 月份，学期即将结束，开展“在反思中成长”主题班会。1 月份，期末考试到了，开展“期末总动员”主题班会，指导学生进行复习和心理调节。这是整体的计划。当然，有时候，计划赶不上变化，班级临时出现的问题，应该及时解决。比如在开学初，我发现同学们的卫生习惯不好，很多同学总要把用过的纸扔在地上，或放在桌底下不及时清理。针对这个问题，我及时开展了“我文明，我快乐”的主题班会，收到了非常好的效果，到目前为止，班里的卫生总是保持非常好的状态。期中考试后，我发现不少同学上课不认真，一些同学不珍惜现在的生活，没有目标、没有方向、没有动力，于是，我班开展了“珍惜现在，展望未来”的主题班会，在班会中，引用了刘伟的故事——一个身残志不残的人，在失去双臂后，依然微笑着面对生活，依然怀着自己的音乐梦想，并用双脚实现了弹钢琴的梦想，成为《中国达人秀》总冠军。在看关于刘伟的视频的时候，我注意到一些同学的眼里闪着泪花，他们被这个故事深深触动了。通过课余时间的观察，我发现一些学生跟异性的关系过于密切，就及时开展“男生女生”主题班会，引导学生处理好跟异性的关系，也收到明显的教育效果。以后我也会继续利用好班会这一平台，更好地促进学生的德育发展。

（五）重视身教

利用身教，树立“家长”良好形象，感化“家人”的思想。身教重于言传，寓教于无声之中。我自身对此有深刻的体会。一次跟一位同事去逛街买东西，那同事是一个环保主义者，我买了一个小饰品后，店主习惯性地拿了一个袋子给我装，我也习惯性地接受了。这个时候，同事开口了：“袋子就不要了。”我说：“那怎么办呢？小饰品拿在手上很不方便啊。”“我帮你拿。”在我还没反应过来时，她已经接过饰品，拿在自己手里，并把我带出了那家店。从那以后，我能不用塑料袋的时候就尽量不用，并且还感染了身边其他朋友，一起做环保者。我就想着，如果当时同事没有那样身教，只是言传，那我也不会跟她一样。所以，在教育中，我更加注意这一点，地面上有碎纸时，我先口头教育他们，再亲自把纸片捡起来；讲台乱了点或有粉笔灰，我也都会亲自动手收拾。现在每天的讲台和黑板，都是十分干净的，里边有同学们的功劳，也有我的功劳。

“教育的目的就是激发学生内心的梦想，激发对美好的事物和梦想的追求。”教育为学生的成长提供肥沃的土地，让他们的成长有了更充足的营养，在爱中感受确实的温暖，在被爱中学会去爱人。当他们离开校园时，留下的更多是温暖而美好的记忆。在整个教育过程中，班主任老师影响学生的更多是人格和对生活、对生命的态度。教育家们说："真正的教育要搅动人的灵魂。"我正努力朝着这个方向前进！

用爱心呵护心灵，让生命绽放光彩

徐　蓁

魏书生说：“走进孩子的心灵世界中去，就会发现那是一个广阔又迷人的新天地，许多百思不得其解的教育难题都会在那里找到答案，对孩子细致入微的了解，使教师的教育工作如同有了源头活水，常做常新。”从事班主任工作五年，我用心关注着身边的学生，在学生中，我注意到一个特殊的群体——来自单亲家庭的学生。他们不同于一般的后进生，他们更敏感，更易受到伤害。他们无论是在学习、心理上，还是在劳动、纪律等方面，都明显与其他孩子有所不同，在性格上也经常表现出乖张、任性等弱点。对于这些学生我们不但不能戴着有色眼镜去看他们，而且更重要的是我们要走进孩子的心灵，用我们的爱心来呵护他们，让他们得到社会、家人、老师们更多的关爱，帮助他们重塑信心，找回自我。而在这方面我做了一些尝试，取得了较好的效果。

小铭是我三年前带的班级里的一名学生，刚入学，我就发现他行为异常。学习上，他上课不认真听讲，学习成绩差；生活上，他常常以自我为中心，对他人漠不关心，也不信任，敌视一切，十分顽劣。尤其是对老师提出的要求，他不但不予理睬，还有一种明显的抵触心理。面对这样一个学生，我确实感到头疼。

刚开始，我找机会和他交谈，但每次他都闭口不谈，而且心里还很不乐意接受我对他的劝导。有时到最后，他勉为其难、敷衍地接受了我的要求，但第二天，他就又变回原样。面对这样的一个学生，我真有点不知所措。

然而，在一篇他写的周记中，我终于了解到了问题的实质所在。原来他的父母因感情不和离异了，他长期与爸爸住在一起，爸爸对他非常严格，经常对他又骂又打，这让他非常伤心。他觉得母亲就这样丢下了他，没人真心地关爱他。看到这些我恍然大悟，其实从单亲家庭走出来的孩子，对于“爱”的渴望要比同龄人多得多。于是我又找他谈话，这次我用了鼓励的言语帮助他树立信心，告诉他既然父母离异，这已经成为一个事实，就要去接受它，并且正因为如此，自己更需要比那些在父母的娇惯中长大的孩子更加独立、更加自强，用事实证明你自己是最棒的，你不比其他人差。

接下来的日子，我经常找他谈心，时常地对他嘘寒问暖，把他的衣食起居经常挂在心上。他过生日时，我组织全班同学给他庆祝，每人一句真诚的祝福，让他感受到真挚的友谊。我还发动班中的同学主动和他交朋友。他开始有了变化，但还是经常反复犯错误。每到这时，我就告诫自己，要给他时间，要有足够的耐心，同时给他创造一个展示自我的机会，让他在活动中发挥自己的潜力，培养他的自信心和责任感。他喜欢打篮球，于是我利用年级的篮球比赛，让他在班中组织一支篮球队，并带领班里的同学跟其他班级比赛。为了给他助威，我还组织了啦啦队为他们加油。在比赛中，球队取得了胜利，为班级争了光，他也从同学和老师信任的目光中找到自己存在的价值，在学习上也更用心了，成绩有了明显的提高。

去年，小铭以优异的成绩进入了理想的高中。他在给我的信中写道："曾经的我，像一只小刺猬，独自彷徨地走在黑暗里，或是出于本能，我深深刺痛了您。但您用您的宽容、您的爱心关爱我、鼓励我，让我渡过暗礁，走向光明，驶进爱的港湾。谢谢您，老师。"

这个案例只是我从教生涯中这类在单亲家庭里成长的孩子的一个缩影。对于此类学生，我主要采取了以下措施：用爱心培育迟开的花朵；用宽容抚慰他们的创伤；用鼓励与需要重塑他们的自信。走进他们的心灵，用爱心呵护心灵，让生命绽放光彩。其实，孩子的健康成长是家庭与学校共同努力的结果。对于家庭婚姻的不幸，我们学校的教育工作者无能为力，但是在孩子的教育问题上，我们可以尽力而为。这些来自单亲家庭的孩子往往更需要爱。爱像一团火，能点燃学生心头的希望之苗；爱像一把钥匙，能打开学生心头的智慧之门；爱是洒满学生心灵的阳光，能驱散每一片阴霾，照亮每一个角落，融化每一块寒冰。希望这些孩子经历过早期的不幸后，能在学校里感受到不亚于亲情的关爱和照顾。希望我们努力的结果能够让他们在人生之路上走得更远、更好！

第四编　道德讲堂（附教案）

让爱住我家

覃镇江

＊**讲堂目的：**帮助学生解读为什么要孝敬父母并引导学生学会正确孝敬父母。

＊**讲堂提纲：**

播放歌曲《让爱住我家》。

活动一：了解爱

从以下四种情况对学生进行调查了解：

1. 父母记得你的生日	你记得父母的生日
2. 父母关心你的学习	你关心父母的工作
3. 父母主动找你谈心	你主动找父母谈心
4. 你生病父母照顾你	父母生病你照顾他们

从学生的反应中总结：有必要解读父母对子女的爱。

活动二：解读爱

1. 短片观看：《读懂父母》

2. 故事讲述：《感悟母爱》

3. 事例点评：品味父母之爱

父母对子女的爱是细致入微的、纯洁无私的、深刻伟大的且需要付出代价的（包括生命），这种爱往往围绕在你的身边而你却没有察觉，或许是你太天真，又或许是你……

活动三：学会孝

1. 经典诵读：《弟子规》

《弟子规·入则孝》

父母呼　应勿缓　父母命　行勿懒　父母教　须敬听　父母责　须顺承
冬则温　夏则清　晨则省　昏则定　出必告　反必面　居有常　业无变
事虽小　勿擅为　苟擅为　子道亏　物虽小　勿私藏　苟私藏　亲心伤
亲所好　力为具　亲所恶　谨为去　身有伤　贻亲忧　德有伤　贻亲羞
亲爱我　孝何难　亲憎我　孝方贤　亲有过　谏使更　怡吾色　柔吾声
谏不入　悦复谏　号泣随　挞无怨　亲有疾　药先尝　昼夜侍　不离床
丧三年　常悲咽　居处变　酒肉绝　丧尽礼　祭尽诚　事死者　如事生

2. 礼仪学习：孝敬之道

（1）态度之孝。

（2）出返之孝。

（3）成长之孝。

（4）赡养之孝。

3. 作出承诺：孝的决心

每位同学根据自身的情况，在小卡片上写下你对父母的道德承诺。

4. 行动证明：孝的见证

每位同学根据自身的情况，在家里做孝敬父母的事。

爱心·奉献

辜镇江

＊**讲堂目的**：通过看身边人、讲身边事、明人生理，培养学生对同学、老师、家乡和国家的爱与奉献精神。

＊**讲堂提纲**：

引入：

教师以每年三月份的“学雷锋活动月”为背景引入，播放歌曲《学习雷锋好榜样》，在讲堂开始时渲染氛围，从视觉和听觉上吸引学生的注意力。

教师以歌词内容为启发，引导学生总结出讲堂主题——“爱心·奉献”，并借机会向学生发出号召：我献一片爱心，愿你十分开心，中华百倍信心。

环节一：关爱同学

教师对学生提问：你关爱你的同学吗？

学生齐声回答：关爱！

教师用PPT展示一些描述本班学生相互关爱的照片，选择其中一张内容是三名学生帮助一名脚受伤的学生的照片，请这四名学生讲述当时的经过和感受。

教师在学生讲述过程中适当引导、评价和总结。

环节二：敬爱老师

教师对学生提问：你敬爱你的老师吗？

学生齐声回答：敬爱！

教师用PPT展示一些关于师生的照片，照片内容包括教师节时学生寄给老师的鲜花和贺卡、学校校长与学生交流学习心得的场景、校友郭国英捐资兴学的事迹等。

教师让学生谈谈自己与老师的一些相互关爱的事例，在学生讲述过程中适当引导、评价和总结。

环节三：热爱家乡

教师对学生提问：你热爱你的家乡吗？

学生齐声回答：热爱！

教师用PPT展示一些家乡潮州的照片，并请学生讲述自己热爱家乡的事例，同时指出一些不热爱家乡的行为，在学生讲述过程中适当引导、评价和总结。

教师播放视频《潮人俊彦陈伟南》，启发学生从小树立远大志向，培养热爱家乡亲人、关心家乡发展、报答家乡恩情的情怀。

环节四：热爱国家

教师对学生提问：你热爱你的国家吗？

学生齐声回答：热爱！

教师设计当堂播放国歌《义勇军进行曲》，观察学生的反应。当发现学生们都坐着时，指出学生的错误并说明国歌的含义和作用，告诉学生听到国歌时应该立正、行注目礼等。这一情景体验给学生心灵的震撼，然后再重新播放国歌《义勇军进行曲》，给学生矫正错误的体验。

教师在学生讲述过程中适当引导、评价和总结。

环节五：诵读经典

《三字经》（节选）

“幼而学，壮而行。上致君，下泽民。”

【解释】我们要在幼年时努力学习、不断充实自己，长大后能够学以致用，上替国家效力，下为人民谋福利。

“扬名声，显父母。光于前，裕于后。”

【解释】如果你为人民作出应有的贡献，人民就会赞扬你，父母也可以得到你的荣耀，为祖先增添了光彩，也给后代树立了好的榜样。

环节六：品悟人生

（1）组织学生写下自己对爱心与奉献的学习心得，在学生写的过程中播放歌曲《奉献》渲染氛围。

（2）学生代表当堂与大家分享学习心得。

学生刘焕聪：爱心无价，伟大坚强。把孝心献予父母，和谐融洽；把忠心献予社会，繁荣昌盛；把爱心献予他人，温馨感人；把信心给予自己，坚强勇毅。当我们把各种各样的“心”汇在一起，融成一首以爱为主旋律的赞歌时，飘扬的乐曲将瞬间滋润人心，鼓励斗志，慰藉人们的心灵。

学生刘梓淳：常存感恩之心，多行奉献之举。用热忱之情怀、赤诚之心灵、有为之行举回报、奉献我们的同学、我们的老师、我们的家乡、我们的国家。人生价值不在于索取了多少，而在于奉献了多少。我会努力，同时也呼吁每一位同学奉献爱心，用爱渲染世界的每一个角落，点亮人心的每一寸黑暗！

学生蔡志嘉：我们是炎黄子孙，是中华民族的一分子，我们要为自己是中国人而自豪。我们的家乡在潮州，它是我们成长的摇篮，它是如此的美丽而富饶，我们要为自己是潮州人而自豪。我们身边有许许多多的温暖和欢乐，它们来自我们的家庭、班级、学校等，我们要为这美好的氛围而自豪。那么，就让我们用自己的感恩之心、关爱之心、祝福之心去对待我们身边的每一个人和每一件事吧！

环节七：正在行动（实践作业）

每位同学围绕“奉献”主题，将感悟付诸每一个行动之中，让三月里的阳光因更多新雷锋的涌现而更加绚丽、更加灿烂！

环节八：诗歌朗诵

师生共同朗读诗歌，升华精神，感悟人性的真善美：

奉献，是一种无私的爱，是对自己事业的不求回报的爱和全身心的付出。奉献者收获的是一种幸福、一种崇高的情感，是他人的尊敬与爱戴，是自己生命的延伸。

孝敬父母，心有感恩

阮奕璇

一、班会目的：

（1）让学生在活动中感受到父母的爱是世界上最伟大、最无私的爱。

（2）让学生体会感恩是最幸福的、最甜美的，懂得怎样去感恩。

（3）培养学生的集体荣誉感和团队精神。

（4）帮助学生树立信心，培养他们说、唱、演、合作等能力。

二、班会形式：

配乐诗朗诵、配乐散文、才艺融情、学生互动。

三、活动过程：

甲：舐犊情深，父母之爱，深如大海。

乙：他们是我们今生最大的恩人，是值得我们永远去爱的人。

甲：他们的爱是无私的、无畏的、真诚的、伟大的，是不追求回报的。

乙：我们要感恩父母，感谢他们给了我们生命，感谢他们给予了我们人世间最浓的亲情和最深的挂念。

甲：敬爱的老师。

乙：亲爱的同学们。

合：初二（11）班“孝敬父母，心有感恩”主题班会现在开始。

甲：一个人只有懂得感恩父母，才能算是一个完整的人。

乙：父母是我们人生的第一任老师，从一个孩子呱呱坠地的那一刻起，他的生命就倾注了父母无尽的爱与祝福。或许父母不能给我们奢华的生活，但是，他们给予了我们最宝贵的生命。

甲：父母为子女撑起了一片爱的天空。当你受伤时，哭泣时，忧郁时，难过时，你可以随时回到他们身边，享受父母的爱。这，便是他们的幸福了。感恩父母，哪怕是一件微不足道的事，只要能让他们感到欣慰，这就够了。

乙：因为有了父母才有了我，才能使我有机会在这五彩缤纷的世界里体味人生冷暖，享受生活的快乐与幸福。

甲：让我们用真挚的言语来感恩父母的爱。

乙：是谁，在我们生病时无微不至地照顾我们？是谁，在我们伤心难过时陪我们谈心？是父母。感恩父母，是他们帮你体验生命，是他们使你不断长大，是他们让你渡过难关。

甲：《弟子规》里说：“亲有疾，药先尝，昼夜侍，不离床。”

乙：我们虽然不能像古人那样去孝敬父母，但我们可以从小事做起，如为父母洗一次脚，为他们做一次饭，献给父母一束鲜花，对他们说一声谢谢，为他们的节日（例如：父亲节、母亲节……）送上真诚的祝福，等等。

甲：多少年来，赞美父母亲的诗歌是那么多，接下来请同学们欣赏诗歌《父爱和母爱》。

父爱和母爱

爸爸妈妈给了我们多少爱
无穷无尽的爱
这爱加起来
是一座高高的山脉
一片浩瀚的大海
当我们呱呱落地
来到父母的身边
父母的嘘寒问暖
呵护我们一天天成长
父爱和母爱
算不尽的爱
风雨中
您护送我们驶进安全的港湾
寒冬里
您融化我们心中苦恼的冰霜
父爱和母爱
是写不完的爱
我们在爱的海洋中得到幸福
我们在爱的甘露中长大成材
我们热爱您，亲爱的妈妈
用盛开的鲜花抒发我们的情感
我们赞美您，亲爱的爸爸

用嘹亮的歌声表达我们的祝福

父爱和母爱，我们要报答

乙：让我们学会感恩父母吧！用感恩的心去对待父母，用一颗真诚的心去与父母交流。

甲：他们把我们带到这美丽的世界，将我们养育成人，并不求回报地默默为我们付出。

乙：请同学们讲述父母关爱自己的故事。

甲：父母的爱是无声无息的，是无法形容的，让我们为父母送出最美好的祝福，感谢天下所有的父母。下面请同学们欣赏相声《孝敬父母》。

甲：欣赏完小品，我们来做一个小调查。请大家拿出活页纸。

调查表：（1）你父母亲的生日是________。

（2）你父母亲的体重是________。

（3）你父母亲的身高是________。

（4）你父母亲的鞋码分别是________、________。

（5）你父母亲喜欢的颜色是________。

（6）你父母亲喜欢的食物是________。

（7）你父母亲喜欢的日常消遣活动是________。

（8）你父母亲喜欢的运动是________。

（9）你妈妈经常用来教育你的口头禅是________。

甲：能够写出一半以上的题的答案的同学请举手。

乙：看来大多数同学都还很了解自己的父母，希望同学们在生活中多和父母沟通交流。

甲：父母为我们做了这么多，我们又怎么来回报他们呢？其实父母并不要求我们回报什么，只要我们能孝顺他们，他们就已经满足了。

乙：可是我们又该如何孝敬他们呢？请看屏幕。让我们抱着一颗恭敬的心一起来朗诵《弟子规》。

《弟子规·入则孝》

父母呼　应勿缓　父母命　行勿懒　父母教　须敬听　父母责　须顺承

冬则温　夏则凊　晨则省　昏则定　出必告　反必面　居有常　业无变

事虽小　勿擅为　苟擅为　子道亏　物虽小　勿私藏　苟私藏　亲心伤

亲所好　力为具　亲所恶　谨为去　身有伤　贻亲忧　德有伤　贻亲羞

亲爱我　孝何难　亲憎我　孝方贤　亲有过　谏使更　怡吾色　柔吾声

谏不入　悦复谏　号泣随　挞无怨　亲有疾　药先尝　昼夜侍　不离床

丧三年　常悲咽　居处变　酒肉绝　丧尽礼　祭尽诚　事死者　如事生

甲：父母叫我们的时候，我们应该及时回答，并主动看看有什么事需要帮忙。出门时要和父母说一声，别让他们担心。回来时，我们也要和父母报一声平安。

乙：作为学生，我们要好好学习，长大以后承担起赡养父母的义务，这是最基本的道德规范，也是国家的法律规定。

乙：下面让我们看一段视频《献给父母的爱》。

乙：父母给了我生命，给了我生活，给了我无微不至的爱，我应该感恩父母。“百行孝为先。”何谓“孝”？“孝”不就是我们怀着一颗感恩的心来对待父母，以切实的行动来为父母分担忧愁，增加他们的快乐吗？其实，孝行并非一定是那惊天动地的壮举，感恩之心也可隐藏于小事之中。

甲：从我们呱呱落地的那一天起，爱就像阳光一样，无时无刻不在普照着我们。生育我们的母亲用甘甜的乳汁一天天把我们养大，父亲用宽厚的肩膀将我们高高地托起，让我们看见外面的世界，像大树一样为我们遮风挡雨。父爱如山、母爱如海。在我们成长的过程中，给予我们最多的是父母。因此，我们要感恩父母。

乙：当然，我们不仅要感谢养育我们的父母，还要感谢身边其他的人。如：老师、同学，社会上默默无闻地为我们的生活作贡献的人们。感恩是一种美德，学会感恩是人生的必修课。作为一名当代中学生，学会感恩，对生活中的一切都能怀着一颗感恩的心，这对我们现在的学习生活乃至以后的人生都有着至关重要的意义。总之，希望同学们：孝敬父母，尊敬师长，学会感恩。

合：初二（11）班“孝敬父母，心有感恩”主题班会到此结束。

感恩的心

赖湘萍

＊**讲堂目的**：帮助学生理解为什么要感恩父母，并由此引发对身边人事物的感恩，引导学生学会正确孝敬父母。

＊**讲堂提纲**：

活动一：爱的启程——播放沙画表演《恩・爱》。

1. 爱的实验

心理游戏——下面我们一起做一个心理实验。做完实验，我们每个人的心灵深处会受到一种强烈的震撼。

2. 爱的感悟

生活就像洋葱。你一层一层地剥，总会有一片，让你泪流满面。能够珍惜身边的人和事物，是一个人最大的幸福。

活动二：爱的疑惑

1. 观看 MV：《父亲》

2. 点评故事：成长之孝与爱的冲突

3. 思考

（1）面对爱着我们的这些人，我们能做些什么？

（2）请同学们写出与父母发生矛盾时，你的处理方法。

请选择一个问题，把你的答案写在便利贴上。

活动三：爱的方式

故事叙述：《有一个奇迹叫亲情》

在视频、音乐和故事里，我们都能很明显地看出在成长的过程中，我们与父母之间发生的变化。我们在一天天长大，而他们在一天天变老。可是不管岁月如何变迁，我们与父母之间爱的天秤总会有所倾斜。他们的付出总是比我们的回报多得多……

活动四：爱的践行

1. 经典诵读：《弟子规》

《弟子规·入则孝》

父母呼　应勿缓　父母命　行勿懒　父母教　须敬听　父母责　须顺承
冬则温　夏则清　晨则省　昏则定　出必告　反必面　居有常　业无变
事虽小　勿擅为　苟擅为　子道亏　物虽小　勿私藏　苟私藏　亲心伤
亲所好　力为具　亲所恶　谨为去　身有伤　贻亲忧　德有伤　贻亲羞
亲爱我　孝何难　亲憎我　孝方贤　亲有过　谏使更　怡吾色　柔吾声
谏不入　悦复谏　号泣随　挞无怨　亲有疾　药先尝　昼夜侍　不离床
丧三年　常悲咽　居处变　酒肉绝　丧尽礼　祭尽诚　事死者　如事生

2. 礼仪学习：孝敬之道——观看《弟子规》动画片之《入则孝》模拟小剧场

3. 身体力行，领悟爱的真谛

在这个周末，请大家动动手指，用短信或 QQ 等，任选一种你喜欢的途径，对父母说出一句你想说的话。

活动五：爱的表达——全班同学在几位城南小学（新老校区）学生的带领下一起学习手语歌曲。

道德讲堂——舌尖上的文明

蔡杰华

讲堂背景： 学校大力开展学习传统文化特别是推行学习《弟子规》的活动，全校上下掀起了学习《弟子规》的热潮，本人在学习的过程中不仅收获了知识，也净化了心灵，并从中获得了指导教育实践的灵感。现在的学生大多是独生子女，由于父母的溺爱，许多学生喜欢以自我为中心，文明意识淡薄。再加上网络媒体的影响，学生“粗”口成章的情况屡见不鲜。针对这种情况，班级以《弟子规·信》为指导，开展了主题为“舌尖上的文明”的“道德讲堂”（主题班会）活动。

讲堂目的： 通过班会，让同学们认识到文明用语和文明待人的重要性，促进班级成员之间的和谐相处，也使校园氛围变得更加文明，让每一位学生都能够礼貌地对待师长和朋友。

讲堂准备：

1. 确定两位主持人（柯晓仪和张晓琪）及一位制作 PPT 的同学（黄晓茜），在老师的指导下进行相应的准备。

2. 在同学们之间针对一些文明或不文明的事例进行调查。

3. 整理调查结果，再针对调查结果创作关于文明的情景对话。

4. 在班会前几天，利用早读时间，全班齐读《弟子规·信》，让同学们对此内容有初步认识。

讲堂形式： 通过小组讨论、表演、分享经典故事等形式引导同学们在日常生活中要使用文明用语，做文明的学生。

讲堂内容：

一、引入：播放歌曲《微笑说你好》，并引出班会主题

播放完歌曲后，与同学们分享其中的几句歌词：“先给孔子问声好/教育我们要懂礼貌/见面友善握握手/千万别忘了说开口/Hello/早安说你好/发自内心我多周到/请问这城市哪里好/有礼处处有风貌。”

二、活动内容

活动一：文明用语

就文明的网络用语与不文明的网络用语展开讨论，如“kao”、“次奥”、“SB”等。

让同学们在生活中学会使用文明礼貌的“十字用语”，即“请、你好、谢谢、对不起、再见”。

活动二：情景对话

主持人即兴模拟一个对话，让同学们懂得说话时指手画脚、态度蛮横是没有礼貌的表现。(见资料一)

情景对话，让同学们懂得，在相同的场景使用不同的语气会有不同的反应。(见资料二)

主持人讲述自己在公车上亲眼所见的一连串不文明行为。(见资料三)

引用《弟子规》教会同学们说话的原则和技巧：“凡道字，重且舒，勿急疾，勿模糊。”

活动三：人之言，慎重为信

1. “信”与“不信”的空间如何?

主持人：“信”字就是“人之言”，建立诚信就等于勾勒了未来。《弟子规》里说：“凡出言，信为先；诈与妄，奚可焉。见未真，勿轻言，知未的，勿轻传。”“信”的发展空间——立身、立命、安心。“不信”的发展空间——让我们失去一切。

故事欣赏：《唐太宗与390名死囚》(见资料四)

名言朗读：“得黄金百斤不如得季布一诺”

经典故事：《一诺千金》(见资料五)

随机抽同学讲述关于不诚信的小故事：《狼来了》、《烽火戏诸侯》。(见资料六、七)

2. 如何做到讲诚信?

主持人：人格如瓷器，要建立高尚的人格需经过长时间的诚信，但要人格破产却只需做错一件事。无信不立，无信不远，无信不安。

(1) 生活中少说多做，做事先做人。“话说多，不如少，惟其是，勿佞巧。”

(2) 说话的原则和技巧。“凡道字，重且舒，勿急疾，勿模糊。”“奸巧语，秽污词，市井气，切戒之。”

(3) 为什么不能骂人?

主持人：垃圾桶中，倒出来的是什么？恶语永远不要出自我们的口中，不管环境如何，只要我们口出恶语，我们的心就被玷污了。

案例：马加爵杀害同学的案例。（见资料八）

三、拓展：指尖上的文明

文明不仅仅是语言上的文明，还包括书面上的文明。主持人及时拓展班会内容，从“舌尖上的文明”拓展到“指尖上的文明”，升华了主题，也为下次开展“指尖上的文明”主题班会埋下了伏笔。

四、承诺与行动

让同学们在便利贴上写下自己要如何做一个文明的人。

有的同学写道：“我在生活中要少说脏话，信守诺言，说到做到。”

有的同学写道：“我以后会懂道德，讲文明，言必信，行必果。”

主持人及时分享了部分同学的承诺，并激励大家信守承诺。

五、经典诵读《弟子规·信》

凡出言　信为先　诈与妄　奚可焉

话说多　不如少　惟其是　勿佞巧

奸巧语　秽污词　市井气　切戒之

见未真　勿轻言　知未的　勿轻传

事非宜　勿轻诺　苟轻诺　进退错

凡道字　重且舒　勿急疾　勿模糊

彼说长　此说短　不关己　莫闲管

六、讲堂总结

在人们交往过程中，如能经常使用文明用语并注意语气和神态，就可以避免许多不必要的误会和摩擦。因此，文明礼貌的语言是人际关系和谐的润滑剂，是我们中华民族精神文明的具体体现，希望同学们都能注意“舌尖上的文明”，时刻铭记自己所作的文明承诺，不要做语言的巨人、行动的矮子。

七、讲堂反思

（1）对通过调查所反映出的情况进行有效的分析讨论，提高同学们的文明意识，比较有针对性，容易引起同学们的共鸣，教育效果较好。

(2) 中国传统文化比如《弟子规》的推行，需要采取多种方式提起同学们的兴趣。本次班会是在老师的指导下，由学生主持进行的，容易引起同学们的兴趣，是一种有效的探索。

(3) 班会的形式虽然比较简单，即由主持人提出问题，大家即兴发言、讨论或表演，但重点突出，讨论场面热烈，同学们参与热情高。

附录：

资料一：

仪：“你长得这么难看，还在我面前晃来晃去，烦死了！”（指手画脚）

琪：“我难看？你又好到哪里去？还有资格说这种话，草！”（呸）

仪：“你要粗话连篇，我也会！次奥！”

（矛盾激烈到极致，恢复）

合：“其实刚才只是跟大家开了一个小小的玩笑，想让大家懂得文明用语，礼貌待人的重要性。”

资料二：

社会人员：情侣、老大爷、老大娘

主持人：同学们，文明礼仪是人类为维系社会正常生活而要求人们共同遵守的、最起码的道德规范，是一个国家社会文明程序、道德风尚和生活习惯的反映，是一个人的思想道德水平、文化修养、交际能力的外在表现。在接下来的系列片段中，我们每个人在公共场所中表现的一言一行、一举一动，都会折射出我们的文明意识和道德水平——

说话间，一对年轻的情侣亲昵地手挽着手，有说有笑地上场，他们一边笑，一边旋转着舞步般轻盈地绕着长椅走，最后开心地坐在长椅上。然后，从包里取出卤食、鸡爪、花生等，一边吃一边随手乱扔包装袋、花生壳等，毫不顾忌自我形象。他们十分亲昵地你一口我一口地相互喂食，吃剩的就随手倒在地上。随后，小伙子斜靠在姑娘身上，双脚放在椅上，把位置占得满满的。

这时，一对老年夫妇肩背包袱、相互搀扶着上场，左右环顾却找不着座位。老人走到这对年轻人面前几次欲言又止。

大爷：小同志——

小伙子抬头看看，不屑地扭开头。

大爷：小同志——能让一让吗？

小伙子：嗯——哼！

大爷无奈地看着。这时大娘发出咳嗽声。大爷于是上前。

大爷：小同志，能让一下吗？她、她有……

小伙子：碰我干什么？你有毛病呀？

大爷：是——是有毛病，她有毛病——

小伙子：有毛病？有毛病到这里来干什么？有毛病到医院去喽，我看你当真有毛病……

大爷无助又无奈，只好佝偻着身子，与大娘相互依偎地站在一旁……

主持人：喂，你们的东西丢了，刚才小偷拿了你们的东西就跑了……

小伙子：（站起）什么？小偷？他们跑哪去了？

主持人：往那里去了，快去追呀——

这对年轻人连忙追去。这时，主持人走到老年人身边。

主持人：大爷大娘，来，你们这里坐！

小伙子：喂，你骗我干什么？我什么东西都没丢……

主持人：是啊，东西丢了不要紧，做人的良心和品德不能丢呀。敬老尊老是中华民族的传统美德，这个东西我们可千万不能丢。你们也会老，你们也会需要社会的关爱——

小伙子还想争辩，姑娘拉了他一把，有些愧疚地对着他一扭头。小伙子看看这里、望望那里，有点手足无措，鞠了一躬。

小伙子：对不起。

主持人：其实礼仪的内容涵盖着社会生活的各个方面，包括仪容、举止、表情、服饰、谈吐、待人接物等，在道德实践中我们每个人必须注意礼仪，使人们在“敬人、自律、适度、真诚”的原则上进行人际交往，告别不文明的言行。

资料三：有一天，我上公共汽车不久，一位大叔也上了车。他上车时，左手拿着一台黑色手机，手机里播放着《爱情买卖》，声音很大，像商场门口的小音响。一首《爱情买卖》结束，又是一首《老婆老婆我爱你》。旁边的人投来异样的眼光，但是该大叔依旧站在走道上，摇头晃脑地享受着他的音乐。

一个站后，旁边一位女士提醒他：“你音乐放小声点，声音太大了，听不见公车报站。”该大叔点头，把音乐关了。没过几分钟，大叔又大声地煲起电话粥来，分贝还真不小。旁边的人咬牙切齿，都朝他瞪眼睛，并用手捂住自己的耳朵。

资料四：《唐太宗与390名死囚》

《资治通鉴》记载了一个让现代人觉得不可思议的故事。白居易的诗《新乐府》中“死囚四百来归狱”的诗句说的就是这件事。

贞观六年年末（公元632年），唐太宗李世民亲自审查复核案件。当唐太宗看到390个死囚时，觉得他们很可怜，就下了一道圣旨：把他们一律放回家，与家人团聚，一年之后的秋天来京城执行死刑。接着唐太宗又下了一道命令：把全国的死囚都放回去，来年都到京城，一起问斩。于是，390个死囚都回了家。

贞观七年（公元633年），被放回去的390个死囚，没有人带领，也没有人监督，都按时从全国各地返回长安，没有一个逃跑或躲藏的。最后，唐太宗将这些死囚全都赦免了。

资料五：《一诺千金》

秦朝末年，在楚地有一个叫季布的人，性情耿直，为人侠义好助。只要是他答应过的事情，无论有多大困难，他都设法办到。为此，他很受大家的赞扬。

楚汉相争时，季布是项羽的部下，曾几次献策，使刘邦的军队吃了败仗。刘邦当了皇帝后，想起这事，就气愤不已，便下令通缉季布。

这时敬慕季布为人的人，都在暗中帮助他。不久，季布经过化装，到山东一家姓朱的人家当佣工。朱家明知他是季布，仍收留了他。后来，朱家又到洛阳去找刘邦的老朋友汝阴侯夏侯婴说情。刘邦在夏侯婴的劝说下撤销了对季布的通缉令，还封季布做了郎中，不久又改任河东太守。

有一个季布的同乡人曹邱生，专爱结交有权势的官员，借以炫耀和抬高自己的身份，季布一向看不起他。听说季布又做了大官，他就马上去见季布。

季布听说曹邱生要来，就虎着脸，准备发落几句话，让他下不了台。谁知曹邱生一进厅堂，不管季布的脸色多么阴沉，话语多么难听，立即对着季布又是打躬，又是作揖，要与季布拉家常，并吹捧说："我听到楚地到处流传着'得黄金千两，不如得季布一诺'这样的话，您怎么能够有这样的好名声传扬在梁、楚两地呢？我们既是同乡，我又到处宣扬你的好名声，你为什么不愿见到我呢？"季布听了曹邱生的这番话，心里顿时高兴起来，留下他住了几个月，把他作为贵客来招待。临走时还送给他一笔厚礼。

后来，曹邱生又继续替季布到处宣扬，季布的名声也就越来越大了。

资料六：《狼来了》

从前，有个放羊娃，每天都去山上放羊。

一天，他觉得十分无聊，就想了个捉弄大家的主意。他向着山下正在种田的农夫们大声喊："狼来了！狼来了！救命啊！"农夫们听到喊声急忙拿着锄头和镰刀往山上跑，他们边跑边喊："不要怕，孩子，我们来帮你打恶狼！"

农夫们气喘吁吁地赶到山上。一看，哪有狼啊？连狼的影子都没有！放羊娃哈哈大笑："真有意思，你们上当了！"农夫们生气地走了。

第二天，放羊娃故伎重演，善良的农夫们又冲上来帮他打狼，可还是没有见到狼的影子。放羊娃笑得直不起腰：“哈哈！你们又上当了！哈哈！”

大伙儿对放羊娃一而再、再而三的说谎十分生气，从此再也不相信他的话了。

过了几天，狼真的来了，一下子闯进了羊群。放羊娃害怕极了，拼命地向农夫们喊：“狼来了！狼来了！快救命呀！狼真的来了！”

农夫们听到他的喊声，以为他又在说谎，大家都不理睬他，没有人去帮他，结果放羊娃的许多羊都被狼咬死了。

资料七：《烽火戏诸侯》

周朝的周幽王是一个非常残暴而腐败的君主。他有个爱妃名叫褒姒，长得非常美丽。《东周列国志》中有这样一段话来形容褒姒：“目秀眉清，唇红齿白，发挽乌云，指排削玉，有如花如月之容，倾国倾城之貌。”褒姒虽然很美，但是“从未开颜一笑”。为此，周幽王给出了赏格：“谁要是能博得娘娘一笑，就赏他一千斤金子（当时把铜称为金子）。”于是有人想出了一个点起烽火戏诸侯的办法，以换取娘娘一笑。一天傍晚，周幽王带着爱妃褒姒登上城楼，命令四下点起烽火。临近的诸侯看到了烽火，以为西戎（当时西方的一个部族）来犯，便领兵赶到城下救援，但见灯火辉煌，鼓乐喧天。一打听才知是周幽王为了取悦于妃子而干的荒唐事儿。各诸侯狼狈不堪，敢怒不敢言，只好气愤地收兵回营。褒姒见状，果然淡然一笑。但事隔不久，西戎果真来犯，虽然城楼点起了烽火，却无援兵赶到。原来各诸侯以为周幽王又在故伎重演。结果都城被西戎攻下，周幽王也被杀死了，西周从此灭亡了。

资料八：马加爵杀害同学的案例

据学校的一些老师和同学介绍：马加爵和被害的四名大学生之间平时关系都相当不错，他们经常在一起活动，这五个人又是同一个专业的毕业班的学生。而根据当时警方的判断，马加爵就是杀害其他四名学生的嫌疑人。如果真是这样的话，那么留给我们最大的一个疑问就是，马加爵为什么要这么做？他的作案动机是什么？据调查发现，马加爵的杀人动机缘于日常生活中的一次争吵。同学之间进行娱乐活动时，有人说马加爵作弊，而马加爵认为自己是被冤枉的，很受委屈，便和同学争吵起来，从而动了杀人的邪念。如果没有那一场争吵，马加爵也许不会做出如此残忍的事。那四名大学生也不会英年早逝。

我爱我家·感恩父母

吴少洁

导入：家是什么？先由学生阐明他们眼中的家。

其实，有爱的地方就是家。那么，我们该如何爱家呢？先想想我们的小家，我们的亲人，我们的爸爸妈妈，要怎样去爱我们的爸爸妈妈呢？

第一环节：

展示《弟子规》的第一篇。

《弟子规·入则孝》

父母呼　应勿缓　父母命　行勿懒　父母教　须敬听　父母责　须顺承
冬则温　夏则凊　晨则省　昏则定　出必告　反必面　居有常　业无变
事虽小　勿擅为　苟擅为　子道亏　物虽小　勿私藏　苟私藏　亲心伤
亲所好　力为具　亲所恶　谨为去　身有伤　贻亲忧　德有伤　贻亲羞
亲爱我　孝何难　亲憎我　孝方贤　亲有过　谏使更　怡吾色　柔吾声
谏不入　悦复谏　号泣随　挞无怨　亲有疾　药先尝　昼夜侍　不离床
丧三年　常悲咽　居处变　酒肉绝　丧尽礼　祭尽诚　事死者　如事生

学生诵读，在诵读中初步理解其中含义。

第二环节：

展示“爱的天平”：

父母记得你的生日吗？	你记得父母的生日吗？
父母关心你的学习吗？	你关心父母的工作吗？
父母会主动找你谈心吗？	你会主动找父母谈心吗？
你生病时父母会照顾你吗？	父母生病时你会照顾他们吗？
父母知道你喜欢什么吗？	你知道父母喜欢什么吗？

让学生了解父母对子女与子女对父母的爱是否对等，由此让学生感受到父

母的爱无处不在。

第三环节：

展示“爱的账单”：

有一天晚上，妈妈正在厨房张罗晚餐时，小男孩手拿一张清单给妈妈，妈妈放下手头的工作一看，清单上面写着：

拖地　………… 10 元
倒垃圾　………… 5 元
打扫房间　………… 10 元
帮忙买酱油　………… 5 元
老师今天表扬我 1 次　………… 10 元
数学单元考试 100 分　………… 100 元
总共欠我 140 元

妈妈看着他充满期待的眼神，往事浮现脑海，于是她拿起笔把纸反过来，写下一些字：

十月怀胎，你住在我肚子…………免费
半夜你肚子饿，为你泡牛奶…………免费
你生病发烧，带你看医生，为你担心、难过、着急…………免费
给你买衣服、玩具、图书…………免费
教你读书识字，教你学会做人…………免费
总计：0 元

进一步让学生感受到父母对子女的爱是无私与伟大的。

第四环节：

设置情境：

你还记得吗？

你总认为父母不理解你，代沟大，不喜欢父母对你的约束；

你不顾父母劝阻，长时间上网，荒废功课；

你贪玩，放学迟迟不愿回家；

你宁可待在家里无所事事，也不愿与父母外出；

你长时间看电视，与父母争吵……

你知道吗？父母是一本永远读不完的书！

播放视频《解读父母》。

第五环节：

我的感想：

在现实生活中，我们为什么会与父母关系紧张呢？你能举一些具体事例吗？

第六环节：感恩父母，祝福父母

家是什么？用英文解释“家”：Family—Father and mother，I love you！（爸爸妈妈，我爱你们！）

再次诵读《弟子规·入则孝》，进一步体会为人子女如何感恩父母，要用实际行动去证明一切。

给学生发放爱心便利贴，写上自己给父母的最真挚的祝福，并将其贴在教室墙壁的“祝福栏”上面。

播放歌曲《感恩的心》，结束班会。